最新法律文件解读丛书

民事
法律文件解读

MINSHI FALÜ WENJIAN JIEDU

人民法院出版社 编

总第 238、239 辑 2024.10、2024.11

人 民 法 院 出 版 社

图书在版编目（CIP）数据

民事法律文件解读. 总第238、239辑 / 人民法院出版社编. -- 北京 : 人民法院出版社, 2025. 1.
(最新法律文件解读丛书). -- ISBN 978-7-5109-4368-3

Ⅰ. D923.05; D925.105

中国国家版本馆CIP数据核字第2024PU1392号

民事法律文件解读·总第 238、239 辑

人民法院出版社　编

责任编辑　杨　洁

出版发行　人民法院出版社

地　　址　北京市东城区东交民巷 27 号　邮编　100745

电　　话　(010)67550656(责任编辑)　67550558(发行部查询)
65223677(读者服务部)

客服 QQ　2092078039

网　　址　http://www.courtbook.com.cn

E - mail　courtbook@sina.com

印　　刷　三河市国英印务有限公司

经　　销　新华书店

开　　本　787 毫米×1092 毫米　1/16

字　　数　230 千字

印　　张　16

版　　次　2025 年 1 月第 1 版　　2025 年 1 月第 1 次印刷

书　　号　ISBN 978-7-5109-4368-3

定　　价　56.00 元

卷首语

民法典施行以来，民事审判实践中遇到了一些新情况新问题，亟须明确和统一法律适用标准。最高人民法院为正确实施民法典，回应社会关切，结合审判实践中遇到的新情况新问题，制定了《最高人民法院关于适用〈中华人民共和国民法典〉侵权责任编的解释（一）》(法释〔2024〕12号，以下简称《解释》)，于2024年9月25日正式发布，并自2024年9月27日起施行。

《解释》共计26条，主要涵盖非法使被监护人脱离监护的侵权责任、被监护人侵权的责任承担、用人单位责任的适用范围及侵权形态、机动车交通事故责任的适用规则、高空抛坠物致害案件中建筑物管理人的责任范围等方面内容。《解释》的出台明确了民事审判实践中遇到的新情况、新问题并统一法律适用标准，是回应社会关切和实践需求、提高司法服务保障水平的重要举措。

为便于读者更加准确、全面地理解与适用《解释》，本专辑特别收录了《解释》并收集整理与侵权责任纠纷密切相关的司法解释、司法文件及其解读文章，涉及人身损害赔偿案件、道路交通事故损害赔偿案件、医疗损害责任纠纷案件等，以飨读者。

最新法律文件解读丛书

编 辑 部

兰丽专　（010）67550626

丁丽娜　（010）67550608

周　敏　（010）67550562

杨　洁　（010）67550656

路建华　（010）67550682

丁塞峨　（010）67550656

投稿邮箱：

《刑事法律文件解读》　xingshijiedu@ 163. com

《民事法律文件解读》　1216921515@ qq. com

《商事法律文件解读》　shangshijiedu@ 126. com

《行政与执行法律文件解读》　1290312696@ qq. com

目录

民法典侵权责任编司法解释相关法律文件专辑

民法典侵权责任编司法解释相关法律文件专辑

最高人民法院
关于适用《中华人民共和国民法典》侵权责任编的解释（一）

法释〔2024〕12 号

（2023 年 12 月 18 日最高人民法院审判委员会第 1909 次会议通过
2024 年 9 月 25 日最高人民法院公告公布
自 2024 年 9 月 27 日起施行）

为正确审理侵权责任纠纷案件，根据《中华人民共和国民法典》、《中华人民共和国民事诉讼法》等法律规定，结合审判实践，制定本解释。

第一条　非法使被监护人脱离监护，监护人请求赔偿为恢复监护状态而支出的合理费用等财产损失的，人民法院应予支持。

第二条　非法使被监护人脱离监护，导致父母子女关系或者其他近亲属关系受到严重损害的，应当认定为民法典第一千一百八十三条第一款规定的严重精神损害。

第三条　非法使被监护人脱离监护，被监护人在脱离监护期间死亡，作为近亲属的监护人既请求赔偿人身损害，又请求赔偿监护关系受侵害产生的损失的，人民法院依法予以支持。

第四条 无民事行为能力人、限制民事行为能力人造成他人损害，被侵权人请求监护人承担侵权责任，或者合并请求监护人和受托履行监护职责的人承担侵权责任的，人民法院应当将无民事行为能力人、限制民事行为能力人列为共同被告。

第五条 无民事行为能力人、限制民事行为能力人造成他人损害，被侵权人请求监护人承担侵权人应承担的全部责任的，人民法院应予支持，并在判决中明确，赔偿费用可以先从被监护人财产中支付，不足部分由监护人支付。

监护人抗辩主张承担补充责任，或者被侵权人、监护人主张人民法院判令有财产的无民事行为能力人、限制民事行为能力人承担赔偿责任的，人民法院不予支持。

从被监护人财产中支付赔偿费用的，应当保留被监护人所必需的生活费和完成义务教育所必需的费用。

第六条 行为人在侵权行为发生时不满十八周岁，被诉时已满十八周岁的，被侵权人请求原监护人承担侵权人应承担的全部责任的，人民法院应予支持，并在判决中明确，赔偿费用可以先从被监护人财产中支付，不足部分由监护人支付。

前款规定情形，被侵权人仅起诉行为人的，人民法院应当向原告释明申请追加原监护人为共同被告。

第七条 未成年子女造成他人损害，被侵权人请求父母共同承担侵权责任的，人民法院依照民法典第二十七条第一款、第一千零六十八条以及第一千一百八十八条的规定予以支持。

第八条 夫妻离婚后，未成年子女造成他人损害，被侵权人请求离异夫妻共同承担侵权责任的，人民法院依照民法典第一千零六十八条、第一千零八十四条以及第一千一百八十八条的规定予以支持。一方以未与该子女共同生活为由主张不承担或者少承担责任的，人民法院不予支持。

离异夫妻之间的责任份额，可以由双方协议确定；协议不成的，人民法院可以根据双方履行监护职责的约定和实际履行情况等确定。实际承担责任超过自己责任份额的一方向另一方追偿的，人民法院应予支持。

第九条 未成年子女造成他人损害的，依照民法典第一千零七十二条第二款的规定，未与该子女形成抚养教育关系的继父或者继母不承担监护人的侵权责任，由该子女的生父母依照本解释第八条的规定承担侵权责任。

第十条 无民事行为能力人、限制民事行为能力人造成他人损害，被侵权人合并请求监护人和受托履行监护职责的人承担侵权责任的，依照民法典第一千一百八十九条的规定，监护人承担侵权人应承担的全部责任；受托人在过错范围内与监护人共同承担责任，但责任主体实际支付的赔偿费用总和不应超出被侵权人应受偿的损失数额。

监护人承担责任后向受托人追偿的，人民法院可以参照民法典第九百二十九条的规定处理。

仅有一般过失的无偿受托人承担责任后向监护人追偿的，人民法院应予支持。

第十一条 教唆、帮助无民事行为能力人、限制民事行为能力人实施侵权行为，教唆人、帮助人以其不知道且不应当知道行为人为无民事行为能力人、限制民事行为能力人为由，主张不承担侵权责任或者与行为人的监护人承担连带责任的，人民法院不予支持。

第十二条 教唆、帮助无民事行为能力人、限制民事行为能力人实施侵权行为，被侵权人合并请求教唆人、帮助人以及监护人承担侵权责任的，依照民法典第一千一百六十九条第二款的规定，教唆人、帮助人承担侵权人应承担的全部责任；监护人在未尽到监护职责的范围内与教唆人、帮助人共同承担责任，但责任主体实际支付的赔偿费用总和不应超出被侵权人应受偿的损失数额。

监护人先行支付赔偿费用后，就超过自己相应责任的部分向教唆人、帮助人追偿的，人民法院应予支持。

第十三条 教唆、帮助无民事行为能力人、限制民事行为能力人实施侵权行为，被侵权人合并请求教唆人、帮助人与监护人以及受托履行监护职责的人承担侵权责任的，依照本解释第十条、第十二条的规定认定民事责任。

第十四条 无民事行为能力人或者限制民事行为能力人在幼儿园、学校或者其他教育机构学习、生活期间，受到教育机构以外的第三人人身损害，第三人、教育机构作为共同被告且依法应承担侵权责任的，人民法院应当在判决中明确，教育机构在人民法院就第三人的财产依法强制执行后仍不能履行的范围内，承担与其过错相应的补充责任。

被侵权人仅起诉教育机构的，人民法院应当向原告释明申请追加实施侵权行为的第三人为共同被告。

第三人不确定的，未尽到管理职责的教育机构先行承担与其过错相应的责任；教育机构承担责任后向已经确定的第三人追偿的，人民法院依照民法典第一千二百零一条的规定予以支持。

第十五条 与用人单位形成劳动关系的工作人员、执行用人单位工作任务的其他人员，因执行工作任务造成他人损害，被侵权人依照民法典第一千一百九十一条第一款的规定，请求用人单位承担侵权责任的，人民法院应予支持。

个体工商户的从业人员因执行工作任务造成他人损害的，适用民法典第一千一百九十一条第一款的规定认定民事责任。

第十六条 劳务派遣期间，被派遣的工作人员因执行工作任务造成他人损害，被侵权人合并请求劳务派遣单位与接受劳务派遣的用工单位承担侵权责任的，依照民法典第一千一百九十一条第二款的规定，接受劳务派遣的用工单位承担侵权人应承担的全部责任；劳务派遣单位在不当选派工作人员、未依法履行培训义务等过错范围内，与接受劳务派遣的用工单位共同承担责任，但责任主体实际支付的赔偿费用总和不应超出被侵权人应受偿的损失数额。

劳务派遣单位先行支付赔偿费用后，就超过自己相应责任的部分向接受劳务派遣的用工单位追偿的，人民法院应予支持，但双方另有约定的除外。

第十七条 工作人员在执行工作任务中实施的违法行为造成他人损害，构成自然人犯罪的，工作人员承担刑事责任不影响用人单位依法承担民事责任。依照民法典第一千一百九十一条规定用人单位应当承担侵权责任的，在刑事案件中已完成的追缴、退赔可以在民事判决书中明确并扣减，也可以在执行程序中予以扣减。

第十八条 承揽人在完成工作过程中造成第三人损害的，人民法院依照民法典第一千一百六十五条的规定认定承揽人的民事责任。

被侵权人合并请求定作人和承揽人承担侵权责任的，依照民法典第一千一百六十五条、第一千一百九十三条的规定，造成损害的承揽人承担侵权人应承担的全部责任；定作人在定作、指示或者选任过错范围内与承揽人共同承担责任，但责任主体实际支付的赔偿费用总和不应超出被侵权人应受偿的损失数额。

定作人先行支付赔偿费用后，就超过自己相应责任的部分向承揽人追偿的，人民法院应予支持，但双方另有约定的除外。

第十九条 因产品存在缺陷造成买受人财产损害，买受人请求产品的生产者或者销售者赔偿缺陷产品本身损害以及其他财产损害的，人民法院依照民法典第一千二百零二条、第一千二百零三条的规定予以支持。

第二十条 以买卖或者其他方式转让拼装或者已经达到报废标准的机动车，发生交通事故造成损害，转让人、受让人以其不知道且不应当知道该机动车系拼装或者已经达到报废标准为由，主张不承担侵权责任的，人民法院不予支持。

第二十一条 未依法投保强制保险的机动车发生交通事故造成损害，投保义务人和交通事故责任人不是同一人，被侵权人合并请求投保义务人和交通事故责任人承担侵权责任的，交通事故责任人承担侵权人应承担的全部责任；投保义务人在机动车强制保险责任限额范围内与交通事故责任人共同承担责任，但责任主体实际支付的赔偿费用总和不应超出被侵权人应受偿的损失数额。

投保义务人先行支付赔偿费用后，就超出机动车强制保险责任限额范围部分向交通事故责任人追偿的，人民法院应予支持。

第二十二条 机动车驾驶人离开本车后，因未采取制动措施等自身过错受到本车碰撞、碾压造成损害，机动车驾驶人请求承保本车机动车强制保险的保险人在强制保险责任限额范围内，以及承保本车机动车商业第三者责任保险的保险人按照保险合同的约定赔偿的，人民法院不予支持，但可以依据机动车车上人员责任保险的有关约定支持相应的赔偿请求。

第二十三条 禁止饲养的烈性犬等危险动物造成他人损害，动物饲养人或者管理人主张不承担责任或者减轻责任的，人民法院不予支持。

第二十四条 物业服务企业等建筑物管理人未采取必要的安全保障措施防止从建筑物中抛掷物品或者从建筑物上坠落的物品造成他人损害，具体侵权人、物业服务企业等建筑物管理人作为共同被告的，人民法院应当依照民法典第一千一百九十八条第二款、第一千二百五十四条的规定，在判决中明确，未采取必要安全保障措施的物业服务企业等建筑物管理人在人民法院就具体侵权人的财产依法强制执行后仍不能履行的范围内，承担与其过错相应的补充责任。

第二十五条 物业服务企业等建筑物管理人未采取必要的安全保障措施防止从建筑物中抛掷物品或者从建筑物上坠落的物品造成他人损害，经公安等机关调查，在民事案件一审法庭辩论终结前仍难以确定具体侵权人的，未采取必要安全保障措施的物业服务企业等建筑物管理人承担与其过错相应的责任。被侵权人其余部分的损害，由可能加害的建筑物使用人给予适当补偿。

具体侵权人确定后，已经承担责任的物业服务企业等建筑物管理人、可能加害的建筑物使用人向具体侵权人追偿的，人民法院依照民法典第一千一百九十八条第二款、第一千二百五十四条第一款的规定予以支持。

第二十六条 本解释自2024年9月27日起施行。

本解释施行后，人民法院尚未审结的一审、二审案件适用本解释。本解释施行前已经终审，当事人申请再审或者按照审判监督程序决定再审的，适用当时的法律、司法解释规定。

解读《最高人民法院关于适用〈中华人民共和国民法典〉侵权责任编的解释（一）》

陈宜芳　杜　军　潘　杰*

《最高人民法院关于适用〈中华人民共和国民法典〉侵权责任编的解释（一）》（法释〔2024〕12号，以下简称《解释》）于2023年12月18日由最高人民法院审判委员会第1909次会议讨论通过，并自2024年9月27日起施行。本文就《解释》制定情况及相关内容的理解进行

* 作者单位：最高人民法院民事审判第一庭。

说明，以便于在司法实践中准确适用。

一、《解释》的制定背景与指导思想

习近平总书记强调，要充分认识颁布实施民法典的重要意义，依法更好保障人民合法权益。[①] 侵权责任是侵权行为人侵害他人民事权益应当承担的法律后果，侵权责任也是制裁违法、救济权益、保障人权的重要手段。民法典施行后，侵权责任法同时废止，侵权责任在民法典中独立成编作出规定，进一步彰显了强化人权保护、维护社会和谐安全的立法宗旨。民法典侵权责任编具有鲜明的中国特色、实践特色和时代特色。

为贯彻落实党的二十大精神和习近平总书记关于加强人权司法保障、推动民法典全面贯彻实施的指示，最高人民法院依据民法典规定及时清理修订了有关审理人身损害赔偿案件、道路交通事故损害赔偿案件、医疗损害责任纠纷案件等在内的多部侵权类司法解释。民法典施行以来，民事审判实践中遇到了一些新情况新问题，亟待明确和统一法律适用标准。

近年来，社会各界围绕“严惩侵害农村留守儿童、拐卖拐骗妇女儿童违法犯罪行为”“惩治校园欺凌、平衡学校与学生的关系”“加强未成年人司法保护”“切实实现好、维护好、发展好劳动者合法权益”“维护人民群众道路交通安全和头顶上的安全”等问题，提出了不少意见建议。坚持系统思维、法治思维、底线思维制定司法解释，按照民法典规定妥善解决实践中的困难和问题，是回应社会关切和实践需求、提高司法服务保障水平的重要举措。

《解释》以习近平新时代中国特色社会主义思想为指导，坚持习近平

---

① 参见习近平：《充分认识颁布实施民法典重大意义，依法更好保障人民合法权益》，载《求是》2020 年第 12 期。

法治思想，在社会重大关切中坚持以人民为中心，切实维护群众合法权益，保障和促进社会公平正义。具体体现为：一是坚持问题导向。坚持多种形式广泛深入调研，掌握真情况真问题，解决民法典施行后社会广泛关注、审判实践中亟须解决的重大争议。条文成熟一个规定一个，力求务实管用，及时回应实践需求。二是坚持依法解释。尊重立法精神，严格贯彻执行民法典规定。坚持法律规则的体系化适用，注重新旧法律制度的适用衔接，依据法律新规定调整不符合立法精神的既往裁判标准。三是坚持社会主义核心价值观。《解释》体现的价值理念和价值导向始终与社会主义核心价值观相贯通，确保符合人民群众的价值认同和情感认同。

二、《解释》的主要内容与司法理念

《解释》共计 26 条，除了第二十六条是关于施行时间及司法解释效力的规定外，其余 25 个条文都是针对具体问题作出的规定。

一是明确非法使被监护人脱离监护的侵权责任。将监护作为纳入侵权责任调整的民事权益予以保护，加强对拐卖、拐骗儿童行为和其他非法使被监护人脱离监护的侵权行为的民事制裁，与刑事制裁共同构成制裁违法、救济权益的一体两翼，切实保障公民基本权益，维系亲情。

二是明确监护人责任，教唆、帮助侵权责任和教育机构责任的实体和程序规则。依法认定监护人和受托履行监护职责的人，教唆、帮助侵权人，教育机构以及教育机构以外侵权人的民事责任，强化监护职责的履行，坚决制裁教唆、帮助侵权，支持合理诉求，助力家校和谐，保障未成年人合法权益，护航未成年人身心健康成长。

三是明确用人单位责任的适用范围和劳务派遣关系中的侵权责任形态。明确工作人员在执行工作任务中实施违法行为构成犯罪承担刑事责任不影响用人单位承担民事责任，并协调刑事追缴、退赔与民事赔偿的关系。分别规定了在执行用人单位工作任务中实施违法行为造成他人损害、承揽人根据定作或指示完成工作过程中造成他人损害的不同侵权责任，确保法律规定正确适用，依法维护劳动群众合法权益，保障被侵权人的损害得到填补。

四是明确机动车交通事故责任的相关适用规则。就机动车强制保险投保义务人与交通事故责任人不是同一人的责任承担，机动车商业第三者责任险中第三者的认定，因转让拼装车、报废车造成损害时责任承担的主观要件问题，贯彻严的基调，强化法定义务的履行和违法制裁，更好地保护群众出行安全，保障被侵权人充分受偿。

五是明确缺陷产品造成的产品自身损害（产品自损）属于产品责任赔偿范围。正确阐释立法精神，切实维护消费者合法权益，保障消费者高效便捷维权。

六是明确规定禁止饲养的烈性犬等危险动物致人损害不适用免责事由。准确阐明民法典“最严格的无过错责任”立法精神，强化动物饲养人、管理人责任意识，维护动物饲养管理秩序，保障群众生命财产安全。

七是明确高空抛掷物、坠落物致害责任的实体和程序规则。在总结实践经验基础上，依法合理确定具体侵权人、可能加害的建筑物使用人、物业服务企业等建筑物管理人的责任顺位和责任范围，依法支持被侵权人合理诉求，维护人民群众“头顶上的安全”，解决“悬在城市上空的痛”。

三、非法使被监护人脱离监护的侵权责任

保护妇女儿童人身权益不受侵犯，是人民法院服务保障人权发展大局、维护社会和谐稳定、维护国家安全、展现负责任大国形象的重要内容。审判实践中非法使被监护人脱离监护的情形，既有拐卖、拐骗儿童等刑事犯罪行为，也有亲子错换等民事行为，还有未达到刑事追诉年龄的未成年人实施的非法使被监护人脱离监护的行为。《最高人民法院关

于确定民事侵权精神损害赔偿责任若干问题的解释》第二条规定："非法使被监护人脱离监护，导致亲子关系或者近亲属间的亲属关系遭受严重损害，监护人向人民法院起诉请求赔偿精神损害的，人民法院应当依法予以受理。"为进一步明确裁判标准，《解释》第一条至第三条作出相应规定。

（一）明确支持赔偿监护人寻亲的合理费用

监护的主要内容为抚养（赡养）、教育（扶助）和保护，既是权利，又是义务。监护权益遭受侵害给监护人造成物质和精神损害的，应对其进行救济，并依法惩戒侵权行为人，故有必要通过司法解释细化民法典关于侵权责任调整对象的规定，为监护权益遭受侵害的民事案件提供规则指引。

非法使被监护人脱离监护，监护人为寻亲往往花费较长时间和一定数额的金钱，产生财产损失。财产损失属于物质损失、直接损失，按照填补损害的基本原则，无论非法使被监护人脱离监护的行为是否构成犯罪，监护人为寻亲花费的合理费用均应获赔偿，但赔偿范围如何确定存在一定争议。《解释》第一条以"恢复原状""禁止得利"为法理基础，协调了拐卖获利刑事追缴与民事赔偿的关系，规定"非法使被监护人脱离监护，监护人请求赔偿为恢复监护状态而支出的合理费用等财产损失的，人民法院应予支持"。为增强财产损失范围认定弹性，又避免不当扩大损失范围，对"财产损失"作出"合理费用"的限定，同时，使用了"等"之表述，给予人民法院一定的裁量权。

（二）明确严重精神损害的认定标准

精神损害赔偿是被侵权人因人格利益或身份利益受到侵害遭受精神痛苦，通过金钱赔偿的方式对其给予精神抚慰。非法使被监护人脱离监护侵害了监护关系这种身份利益，若造成了严重精神损害，依照民法典第一千一百八十三条第一款关于“侵害自然人人身权益造成严重精神损害的，被侵权人有权请求精神损害赔偿”的规定，人民法院应当支持监护人和被监护人提出的精神损害赔偿请求；但非法使被监护人脱离监护构成刑事犯罪的，应当依照《最高人民法院关于适用〈中华人民共和国刑事诉讼法〉的解释》的有关规定处理。

对于如何认定非法使被监护人脱离监护造成严重精神损害，理论与实践中存在不同观点。有意见认为，非法使被监护人脱离监护即构成严重精神损害。我们认为，这种意见对精神损害的认定标准失之过宽。民法典第一千一百八十三条关于精神损害赔偿的规定，体现了防止精神损害赔偿被滥用的立法精神。为严格确立非法使被监护人脱离监护造成严重精神损害的认定标准，《解释》第二条规定：“非法使被监护人脱离监护，导致父母子女关系或者其他近亲属关系受到严重损害的，应当认定为民法典第一千一百八十三条第一款规定的严重精神损害。”审判实践中，可综合脱离监护的时间、使近亲属出现精神疾患等因素作出认定。此条规定中的父母子女关系，不仅包括亲子关系，还包括形成抚养教育关系的继父母子女关系和养父母子女关系。

（三）明确依法支持权利人合并请求赔偿人身损害与寻亲费用

非法使被监护人脱离监护可能同时造成被监护人死亡。作为近亲属的监护人在人身损害赔偿案件中合并主张赔偿人身损害和寻亲费用的，人民法院应否一并支持，审判实践中存在争议。《解释》第三条本着快捷解决纠纷、保障权利人及时受偿的考虑，明确规定依法支持赔偿权利人合并请求赔偿人身损害和寻亲费用。

四、监护人、教唆帮助侵权人与教育机构责任

未成年人是祖国的未来、民族的希望，党和国家历来高度重视未成年人保护事业。习近平总书记深刻指出，“十年树木，百年树人。祖国

的未来属于下一代。做好关心下一代工作，关系中华民族伟大复兴”①。明确要求“对损害少年儿童权益、破坏少年儿童身心健康的言行，要坚决防止和依法打击”②。“校园欺凌”“校闹”问题，农村留守儿童、异地流动儿童和离异重组家庭未成年子女权益维护和健康成长问题，受到社会广泛关注。

针对民法典中监护人责任，教唆、帮助侵权责任和教育机构责任适用中的争议，《解释》明确了四个问题。

第一，明确被监护人侵权，监护人承担全部责任而非补充责任，不以被监护人本人有财产认定被监护人担责。

针对学理与实务中关于民法典第一千一百八十八条规定的监护人责任是补充责任还是全部赔偿责任的争议，《解释》明确规定，被监护人侵权，由监护人承担侵权人应承担的全部赔偿责任。被监护人无论是无民事行为能力人，还是限制民事行为能力人，均不因其本人有财产而承担侵权责任。这一规定彰显了保障未成年人合法权益和让未成年人轻装前行的司法理念。

在非近亲属担任监护人且被监护人本人有财产的情况下，完全由监护人担责可能导致非近亲属不愿担任监护人，这不利于未成年人的成长。为解决上述问题，从公平角度考量，依照民法典第一千一百八十八条第二款“有财产的无民事行为能力人、限制民事行为能力人造成他人损害的，从本人财产中支付赔偿费用；不足部分，由监护人赔偿”的规定，《解释》第五条规定，人民法院在判令监护人担责的同时，应当在判决中明确“赔偿费用可以先从被监护人财产中支付，不足部分由监护人支付”。

① 《习近平：坚持服务青少年的正确方向 推动关心下一代事业更好发展》，载《人民日报》2015年8月26日，第1版。

② 《习近平：让孩子们成长得更好》，载《人民日报》2013年5月31日，第1版。

同时，为保证被监护人健康成长，对从被监护人的财产中支付赔偿费用作出限定，规定“应当保留被监护人所必需的生活费和完成义务教育所必需的费用”。

针对行为人在侵权行为发生时不满十八周岁，被诉时已满十八周岁的情况，《解释》第六条调整了既往裁判标准，明确仍由原监护人承担侵权责任，并协调规定了赔偿费用支付问题。征求意见过程中，有意见建议，依照民法典第十八条第二款的规定，明确行为人在侵权行为发生时已满十六周岁未满十八周岁，但以自己的劳动收入为主要生活来源的，由行为人承担侵权责任。但经广泛征求意见，普遍认为，民法典第十八条第二款有关十六周岁视为完全民事行为能力人的规定，是为了保护以自己的劳动收入为主要生活来源的未成年人，使他们参与的正常民事法律关系处于稳定状态，该规定一般适用于民事法律行为领域，不适用于侵权责任领域。如果规定这部分未成年人还要承担侵权责任，与立法保护未成年人的精神不符。据此，《解释》作出目前规定。

第二，明确未成年子女侵权，由父母共同承担责任，未与未成年人形成抚养教育关系的继父母不承担监护人的侵权责任，由该子女的生父母承担责任。

我们根据民法典的精神对既往裁判规则作出相应调整和补充。

关于未成年子女侵权的父母责任。依照民法典第二十六条、第二十七条以及第一千零六十八条的规定，父母是未成年子女的监护人，未成年子女造成他人损害的，父母应当依法承担民事责任。民法典有关监护人责任的规定并未明确父与母之间的责任形态，《解释》参照夫妻共同债务的立法精神，在第七条明确规定：“未成年子女造成他人损害，被侵权人请求父母共同承担侵权责任的，人民法院依照民法典第二十七条第一款、第一千零六十八条以及第一千一百八十八条的规定予以支持。”

关于未成年子女侵权的离异夫妻责任。审判实践中，未成年子女侵权的，离异夫妻一方往往以未与未成年子女共同生活为由主张自己不承担责任或者少承担责任。以前，司法实践依照“与子女共同生活”标准来判定离异夫妻的责任，会导致不与子女共同生活的一方疏于履行监护职责。依照民法典第一千零八十四条第二款的规定，离婚后，父母对子女仍有抚养、教育、保护的权利和义务。据此，《解释》第八条第一款明确，夫妻离婚后，未成年子女造成他人损害，被侵权人请求离异夫妻共同承担侵权责任的，人民法院依法予以支持。一方以未与该子女共同生活为由主张不承担或者少承担责任的，人民法院不予支持。

考虑到夫妻离异后对财产进行了分割，双方对抚养子女一般会作出约定，《解释》第八条第二款规定了离异夫妻对外承担责任后的内部求偿规则，“离异夫妻之间的责任份额，可以由双方协议确定；协议不成的，人民法院可以根据双方履行监护职责的约定和实际履行情况等确定。实际承担责任超过自己责任份额的一方向另一方追偿的，人民法院应予支持”。

关于未成年子女侵权的继父母责任。夫妻离异后再婚，再婚相对方与未成年人形成继父母子女关系。继父母子女关系有条件地适用民法典关于父母子女关系的规定。继父母和受其抚养教育的继子女之间，属于法律上的拟制血亲关系，依照民法典第一千零七十二条第二款的规定，适用民法典关于父母子女关系的规定；而未形成抚养关系的继父母与继子女之间则不发生父母子女的权利义务关系。未成年人受继父母抚养教育成立了监护关系的，并不因此免除生父母的监护职责，对于未成年人侵权应如何协调生父母责任与继父母责任，实务中争议较大，处理纠纷时应进行“个案考量”和“利益平衡”，不宜“一刀切”。因此，《解释》第九条仅针对未成年子女与继父母未形成抚养教育关系的情形作出规定，明确未与该子女形成抚养教育关系的继父或者继母不承担监护人的侵权责任，由该子女的生父母承担侵权责任。

第三，明确被监护人侵权，受托履行监护职责的人在过错范围内与承担全部责任的监护人共同承担责任，产生责任重合；教唆、帮助未成年人侵权的，监护人在过错范围内与承担全部责任的教唆人、帮助人共同承担责任，产生责任重合。但是，责任主体实际支付的赔偿费用总和不应超出被侵权人应受偿的损失数额。

民法典第一千一百八十九条规定了委托监护关系中的侵权责任，第一千一百六十九条第二款规定了教唆、帮助无民事行为能力人、限制民事行为能力人侵权的民事责任。法律适用中的主要争议为，委托监护关系中受托履行监护职责的人承担的与过错相应的责任，教唆、帮助侵权中监护人承担的与过错相应的责任，实务中如何具体把握。《解释》第十条、第十二条对此予以明确。

关于受托人承担责任应否限于有偿受托的问题。有观点认为，无偿看管孙辈的祖辈不应对被监护人的侵权行为承担责任。鉴于排除无偿受托人担责限缩了民法典第一千一百八十九条规定的适用范围，不利于保障被侵权人充分受偿，也不符合强化监护职责履行的立法精神，《解释》未采纳该观点。实践中，可综合过错情况，合理界定情谊行为与无偿受托等，妥善认定无偿受托人的责任。

关于受托人的过错认定问题。审判实践中应具体分析，综合被侵权人的人身财产权益，被监护人的年龄、性格和过往表现等自身特点，健康自由发展空间，教育义务履行情况，受托人的履行成本等因素，对受托人的过错作出认定。

此外，《解释》对教唆、帮助未成年人侵权的行为持严格否定立场，明确教唆人、帮助人承担责任不以明知被教唆、帮助人为无民事行为能力人、限制民事行为能力人为前提。

第四，明确学生在校内遭受校外人员人身损害的，实施侵权行为的第三人为第一责任主体，未尽到管理职责的教育机构承担顺位在后的补充责任；第三人不确定的，未尽到管理职责的教育机构先行承担责任，并有权向第三人追偿。

民法典第一千二百零一条规定了学生在校内遭受校外人员人身损害的责任承担。针对审判实践中反映的实体与程序问题，《解释》第十四条作出规定。

一是被侵权人可一并起诉实施侵权行为的第三人和教育机构。无须被侵权人先行起诉、强制执行第三人财产后再就赔偿不能部分起诉请求教育机构承担责任。目的是减轻当事人诉累，保障被侵权人及时获得救济。

二是如果诉讼时实施侵权行为的第三人能够确定，一般不单独列教育机构为被告。人民法院应当向原告释明申请追加实施侵权行为的第三人为共同被告。第三人和教育机构作为共同被告的，人民法院在判决中应体现教育机构承担补充责任的在后执行顺位，即明确“教育机构在人民法院就第三人的财产依法强制执行后仍不能履行的范围内，承担与其过错相应的补充责任”。

三是诉讼时无法确定第三人的，未尽到管理职责的教育机构可以先行承担与其过错相应的责任。教育机构承担责任后向已经确定的第三人追偿的，人民法院依照民法典第一千二百零一条的规定予以支持。

五、用人单位责任

用人单位责任与监护人责任均属于侵权法上的特殊主体责任，体现为责任主体与行为主体相分离，由用人单位对其工作人员因执行工作任务造成的损害承担侵权责任。针对民法典第一千一百九十一条用人单位责任适用中的争议，《解释》明确了用人单位责任的适用范围、劳务派遣关系中的侵权责任形态以及职务侵权构成犯罪的用人单位民事责任，彰显了保障受害人充分受偿、保护劳动者合法权益的司法理念，促使用人单位谨慎合理选人用人，加强内部管理。

（一）明确用人单位责任的适用范围

针对民法典第一千一百九十一条规定的用人单位责任是否仅适用于工作人员与用人单位形成劳动关系的争议，《解释》第十五条明确，用人单位责任不仅适用于与用人单位形成劳动关系的工作人员，也适用于执行用人单位工作任务的其他人员；个体工商户的从业人员因执行工作任务造成他人损害的，适用民法典第一千一百九十一条用人单位责任的规定认定民事责任。“执行用人单位工作任务的其他人员”包括提供劳务人员、临时用工人员、公务员及参照公务员进行管理的其他工作人员等。《解释》过程稿曾对此作出列举规定，公开征求意见后，根据有关行政主管部门的修改意见，用“执行用人单位工作任务的其他人员”来指代非劳动关系的其他工作人员。个体工商户属于民法典总则编中规定的自然人，但在市场监督管理中被作为个体经济组织进行管理，民法典第一千一百九十一条规定的用人单位包括个体经济组织。《解释》第十五条第二款据此规定，个体工商户的从业人员因执行工作任务造成他人损害的，适用民法典第一千一百九十一条第一款的规定认定民事责任，从而促推个体工商户为其从业人员购买社会保险，分散用人单位风险，保障劳动者合法权益。

对于实务中提出的工作人员因执行工作任务自身遭受损害的责任缺乏法律规则指引的问题，因涉及人身损害赔偿与工伤保险赔偿的衔接问题，情况较为复杂，尚未形成统一观点，《解释》对此未作出规范，待调研成熟后以适当方式予以明确。

《解释》制定过程中，有意见提出，第十五条第一款应增加但书规定，将承揽人排除在执行用人单位工作任务的其他人员之外。考虑到承揽人按照定作人的指示完成工作，有别于执行用人单位工作任务，现行表述在适用范围上一般不会引发歧义，故《解释》第十五条未采纳该意见。

但是，为解决民法典第一千一百九十三条承揽关系中的侵权责任在适用中的普遍争议，进一步周延法律适用，《解释》第十八条区分规定了承揽人执行定作人指示完成工作任务造成他人损害的责任：一是明确承揽人承担侵权责任的法律依据为民法典第一千一百六十五条有关过错责任和过错推定责任的规定，避免法官依照民法典第一千一百九十三条关于“承揽人在完成工作过程中造成第三人损害或者自己损害的，定作人不承担侵权责任。但是，定作人对定作、指示或者选任有过错的，应当承担相应的责任”的规定，反向推导承揽人当然承担严格责任。二是明确实施侵权行为的承揽人与对定作、指示或者选任有过错的定作人作为共同被告的，承揽人承担侵权人应承担的全部责任，定作人在过错范围内与承揽人共同承担责任，产生责任重合，但责任主体实际支付的赔偿费用总和不应超出被侵权人应受偿的损失数额。这里的共同承担责任是比例范围内的责任重合，不是按份责任。若诉讼中承揽人主张与定作人承担按份责任，实际是减轻了侵权行为实施人即承揽人的责任，人民法院不予支持。同时，按照过错终局的内部求偿规则，承揽人或者定作人各自承担责任后，相互之间进行追偿的，人民法院不予支持，但双方另有约定的除外。考虑到损害发生后不排除定作人愿意先行垫付赔偿费用的情况，为保障受害人及时获利救济和充分受偿，鼓励定作人先行支付赔偿费用，《解释》第十八条第三款规定，定作人先行支付赔偿费用后，就超过自己相应责任的部分向承揽人追偿的，人民法院应予支持，但双方另有约定的除外。亦即支持定作人就超出自己相应责任部分的垫付费用进行追偿，对自己应承担的相应责任部分不支持追偿。

（二）明确劳务派遣关系中的侵权责任形态

劳务派遣的特点是用工关系与用人关系分离。依照民法典第一千一百九十一条第二款的规定，劳务派遣期间，被派遣的工作人员因执行工作任务造成他人损害的，由接受劳务派遣的用工单位承担侵权责任；劳务派遣单位有过错的，承担相应的责任。针对有关“相应的责任”的适用争议，《解释》第十六条作出了与前述《解释》第十八条类似的制度设计，进一步明确规定，劳务派遣期间，被派遣的工作人员因执行工作任务造成他人损害，被侵权人合并请求劳务派遣单位与接受劳务派遣的用工单位承担侵权责任的，依照民法典第一千一百九十一条第二款的规定，接受劳务派遣的用工单位承担侵权人应承担的全部责任；劳务派遣单位在不当选派工作人员、未依法履行培训义务等过错范围内，与接受劳务派遣的用工单位共同承担责任，但责任主体实际支付的赔偿费用总和不应超出被侵权人应受偿的损失数额。这里的共同承担责任是比例范围内的责任重合，不是按份责任。接受劳务派遣的用工单位与劳务派遣单位承担责任后的内部追偿规则，与《解释》第十八条第三款相同。

（三）明确工作人员职务侵权构成自然人犯罪的用人单位责任

工作人员在执行工作任务中实施违法犯罪行为，造成公私财产损失的情况时有发生。刑事案件认定工作人员构成自然人犯罪后，因财产损失较大，存在被害人难以通过刑事追缴、退赔获得足额赔偿的情况。为弥补损失，刑事案件的被害人往往以工作人员所在用人单位为被告提起民事诉讼，请求用人单位依照民法典第一千一百九十一条用人单位责任的规定，承担赔偿责任。

《解释》第十七条就工作人员职务侵权构成自然犯罪的用人单位民事责任作出规定。

一是明确工作人员在执行工作任务中实施的违法行为造成他人损害，构成自然人犯罪的，工作人员承担刑事责任不影响用人单位依法承担民事责任。这是因为刑事法律关系中的责任主体是工作人员个人，民事法律关系中的责任主体是用人单位，两个法律关系的责任主体不同，不属于同一法律事实，可以区分认定责任。当然，如果工作人员的违法行为构成非法集资类犯罪，则应依照民间借贷等相关司法解释的特殊规定，依法确定是否受理对用人单位提起的民事诉讼。

二是明确只有当工作人员的犯罪行为是在执行工作任务中实施的，构成职务侵权，人民法院才能依照民法典第一千一百九十一的规定认定用人单位承担无过错替代责任。关于职务侵权的认定，可以根据行为的内容、时间、地点、场合、行为之名义、行为的受益人以及是否与用人单位的意志有关等因素，予以综合判断。审判实践中应注意的是，工作人员的犯罪行为不构成职务侵权，但用人单位对损害的发生有过错的，人民法院应根据用人单位的过错及其对损害发生的原因力大小，依照民法典第一千一百六十五条第一款关于过错责任的规定认定用人单位的民事责任，要避免不区分情形动辄判令用人单位承担无过错替代责任。

三是明确用人单位承担责任的范围与刑事案件中追缴、退赔的关系。实务中对此问题存在不同意见。有意见认为，民事判决的赔偿范围应扣除刑事追缴、退赔被害人损失部分。而论证过程中相对集中的意见为，刑事责任的承担不妨碍民事责任的认定，而且责任的认定与实际执行应予以区分。刑法第六十四条是关于对犯罪所得财物如何处理的规定，而并非就刑事责任与民事责任关系的规定。因此，刑事判决追缴、退赔被害人损失不妨碍民事判决对于赔偿范围的认定。如果犯罪所得已在刑事案件中返还了被害人，可以在实际执行时予以扣减。据此，《解释》第十七条明确，用人单位依法应当承担侵权责任的，在刑事案件中已完成的追缴、退赔可以在民事判决书中明确并扣减，也可以在执行程序中予以扣减。

六、机动车交通事故责任

据统计，机动车交通事故责任纠纷是人民法院受案数量最多的侵权责任纠纷类型之一。最高人民法院曾专门制定了《最高人民法院关于审理道路交通事故损害赔偿案件适用法律若干问题的解释》（以下简称《道交解释》），对类案审理发挥了积极指导作用。民法典侵权责任编有关机动车交通事故责任的规定，吸收了多条司法解释的规则。民法典施行后，《道交解释》根据民法典的规定进行了修正，对一些裁判规则作出了调整。随着审判工作的发展，实践中产生了新的争议和法律适用问题。

（一）进一步明确未依法投保机动车强制保险的机动车发生交通事故，投保义务人和交通事故责任人不是同一人时的责任承担规则

依照修正前的《道交解释》第十九条第二款的规定，未依法投保交强险的机动车发生交通事故造成损害，投保义务人和交通事故责任人不是同一人的，投保义务人和交通事故责任人在交强险责任限额范围内承担连带责任。在清理修正《道交解释》时，基于连带责任法定的立法立场，将原第十九条第二款关于连带责任的规定修改为“相应责任”。

为进一步明确《道交解释》第十九条第二款规定中“相应责任”的裁判规则，统一法律适用，《解释》第二十一条就投保义务人和交通事故责任人的外部责任形态作出解释：一是明确被侵权人可以请求投保义务人在机动车强制保险责任限额范围内予以赔偿，也可以请求交通事故责任人承担侵权人应承担的全部责任。二是明确投保义务人和交通事故责任人为共同被告的，投保义务人在机动车强制保险责任限额范围内与交通事故责任人共同承担责任。这里的共同承担责任也是比例范围内的责任重合，不是按份共同承担责任。实际履行中仍应坚持损害填补原则，责任主体实际支付的赔偿费用总和不应超出被侵权人应受偿的损失数额。三是明确投保义务人和交通事故责任人的内部求偿规则。机动车强制保险具有一定的公共政策性质，投保机动车强制保险是法定义务。依照民法典第一千二百一十三条的规定，机动车交通事故实行“保险前置、侵权人托底”的赔偿顺序。违反法定投保义务的投保人在机动

车强制保险责任限额范围内承担终局责任，有利于强化投保义务的履行，切实发挥机动车强制保险的保障功能。考虑到肇事车辆未投保机动车强制保险、交通事故责任人亦未及时履行赔偿义务时，不排除作为车辆所有人或者管理人的投保义务人基于道义先行支付超出机动车强制保险责任限额范围的赔偿费用。为保障受害人及时充分受偿，鼓励投保义务人积极履行救助义务，《解释》第二十一条第二款规定，投保义务人先行支付赔偿费用后，就超出机动车强制保险责任限额范围部分向交通事故责任人追偿的，人民法院应予支持。

（二）明确机动车驾驶人脱离本车后能否转化成机动车商业第三者责任保险中的第三者

机动车强制保险和机动车商业第三者责任保险均属于第三者责任险，主要赔偿被保险机动车发生意外事故对第三人造成的人身和财产损害，被保险人不包括被保险机动车本车上人员、投保人和保险人。

机动车驾驶人一般情况下属于车上人员，其因本车发生碰撞等原因脱离本车后，能否转化成机动车商业第三者责任保险中的第三者，实务中主要形成三种观点：第一种观点认为，机动车辆保险合同中涉及的第三者和车上人员均为在特定时空条件下的临时性身份，事故发生时在车上即为车上人员，在车下即为第三者，应当以此判断机动车商业第三者责任保险是否予以理赔。第二种观点认为，当被保险车辆发生交通事故时，如车上人员脱离了被保险车辆，仍不能视其为机动车商业第三者责任保险中的第三者，不能依照第三者责任保险予以理赔，但可以依照机动车车上人员责任保险进行赔付。第三种观点认为，原则上车上人员不可以转化为机动车商业第三者责任保险中的第三者，但乘客因下车休息或下车帮助指引车辆行驶而被驾驶人的过失驾驶行为致伤，乘客可以转化为第三者。

考虑到驾驶人脱离本车遭受侵害的情形比较复杂，针对实务中亟待解决的普遍性问题，《解释》第二十二条聚焦机动车驾驶人因未制动车辆等过错导致其在车外被车辆碰撞、碾压的情形作出规定：“机动车驾驶人离开本车后，因未采取制动措施等自身过错受到本车碰撞、碾压造成损害，机动车驾驶人请求承保本车机动车强制保险的保险人在强制保险责任限额范围内，以及承保本车机动车商业第三者责任保险的保险人按照保险合同的约定赔偿的，人民法院不予支持，但可以依据机动车车上人员责任保险的有关约定支持相应的赔偿请求。”这是因为，驾驶人对机动车有实际控制力，根据危险控制理论和不可“自己对自己侵权”原则，前述情形下驾驶人不属于机动车商业第三者责任保险中的第三者，不应依照机动车强制保险和机动车商业第三者责任保险获得理赔。如果肇事机动车投保了机动车车上人员责任保险，驾驶人属于该种保险的被保险人，人民法院可以依据保险合同的有关约定支持相应的赔偿请求。

（三）明确拼装车、报废车的转让人和受让人担责不以明知转让车辆系拼装或者已达到报废标准为前提

为准确阐明民法典关于预防并严厉制裁转让、驾驶拼装车或者报废车的行为，更好地保护人民群众的生命财产安全，《解释》第二十条进一步明确，拼装车、报废车的转让人、受让人承担侵权责任，不以明知转让车辆为拼装车、报废车为要件。

七、产品责任

产品责任是因产品存在缺陷造成他人损害时相关责任主体应承担的侵权责任。缺陷产品造成他人损害的事实，包括人身损害和财产损害。对于产品责任中财产损害的范围，普遍认同包括缺陷产品以外的其他财产的损失，但对是否包括产品自损，立法过程中和司法实务中都存在一定争议。

一种意见认为，多数国家产品责任中的财产损害仅指缺陷产品以外的其他财产损害，不包括产品自损。我国产品质量法第四十一条第一款关于“因产品存在缺陷造成人身、缺陷产品以外的其他财产（以下简称他人财产）损害的，生产者应当承担赔偿责任”的规定，也采取了同样的立法例。缺陷产品造成产品自损的，属于合同责任问题，应当通过合同解决，缺陷产品以外的其他财产损害，才是产品责任中所称的财产损害。另一种意见认为，财产损害应当包括产品自损。

《解释》第十九条采纳了上述第二种意见，规定“因产品存在缺陷造成买受人财产损害，买受人请求产品的生产者或者销售者赔偿缺陷产品本身损害以及其他财产损害的，人民法院依照民法典第一千二百零二条、第一千二百零三条的规定予以支持”。

作出上述规定的主要考虑：一是贯彻立法精神。民法典第一千二百零二条“因产品存在缺陷造成他人损害的，生产者应当承担侵权责任”的规定中的“他人损害”，应理解为包括了产品自损。相对于产品质量法，民法典是新法，《解释》第十九条的规定是对民法典立法精神的具体阐释。二是立足国情。对缺陷产品财产损害事实的认定，应当立足于我国国情从保护消费者角度作出解释，以符合人民群众对缺陷产品造成财产损害的一般认识。对于消费者而言，购买的产品本身存在缺陷造成了产品自损，从合同责任角度，产品的销售者要承担瑕疵担保责任；从侵权责任角度，产品自损系因产品缺陷引起，给消费者造成了财产损失，将其认定为缺陷产品造成的财产损害，消费者可以通过提起一个侵权责任纠纷诉讼，一并主张赔偿产品自损以及缺陷产品以外的其他财产损害，有利于及时、便捷地保护消费者合法权益。若将产品自损排除在产品侵权损害事实之外，则消费者的损害仅通过侵权责任纠纷诉讼无法完全填补，这不符合减少当事人诉累、及时便捷化解矛盾纠纷的司法理念。

最高人民法院在指导地方法院处理道路交通事故损害赔偿纠纷时也

曾提出指导意见，认为机动车自身缺陷导致交通事故的财产损害，包括机动车自损。《解释》第十九条的精神也体现了对既往裁判规则的承继，维持了规则稳定。

八、饲养动物损害责任

随着饲养宠物人群的不断增多，社会上无序养宠物、违规养宠物的情况较为突出，动物伤人的事件数量逐年呈上升趋势。

在法律制度层面，民法典侵权责任编专章7个条文规定了饲养动物致人损害的民事责任。自民法典施行以来，为回应人民群众加大制裁违规养犬、从重认定法律责任的共同心声，确保群众人身安全，最高人民法院开展了饲养动物致人损害责任纠纷的相关调研。经调研，审判实践中适用动物致害责任规定产生的争议，集中在民法典第一千二百四十七条，主要问题是禁止饲养的烈性犬等危险动物致人损害，是否不能适用免责事由。如果损害是因被侵权人故意挑逗烈性犬引起的，绝对不免除动物饲养人或者管理人的责任，是否会产生不公平。

民法典第一千二百四十七条系承继侵权责任法第八十条的规定，内容为“禁止饲养的烈性犬等危险动物造成他人损害的，动物饲养人或者管理人应当承担侵权责任”。在民法典编纂过程中，对此条规定的归责原则、能否适用过失相抵等免责事由、禁止饲养的烈性犬的范围如何认定等问题，就有深入的探讨。

民法典第一千二百四十七条最终坚持的立立场是禁止饲养的烈性犬等危险动物造成他人损害的，动物饲养人或者管理人承担“最严格的无过错责任”，只要违反管理规定饲养了烈性犬等危险动物，并造成他人损害的，动物饲养人或者管理人就应当承担侵权责任，“没有任何的免责事由可以援引”。

《解释》第二十三条进一步明确：“禁止饲养的烈性犬等危险动物造成他人损害，动物饲养人或者管理人主张不承担责任或者减轻责任的，人民法院不予支持。”通过司法解释条文进一步阐明立法精神，既是为了统一裁判标准，解决法律适用争议，更重要的是向社会传递严厉制裁的信号，提供行为规范指引，引导危险动物饲养人、管理人意识到自己的社会责任和法律责任，自觉遵守动物管理秩序。

对于禁止饲养的烈性犬的范围，应由相关行政主管部门作出规定，不属于司法解释的规制范围，最高人民法院将加强与有关部门的沟通协调，推动完善相关法律法规。

九、高空抛坠物责任

现代城市高楼林立，建筑物上的抛掷物、坠落物致人损害的事件时有发生，对人民群众“头顶上的安全”构成重大威胁，被称为“悬在城市上空的痛”。

民法典在全面总结侵权责任法实践经验的基础上，第一千二百五十四条从五个方面对高空抛掷物、坠落物致害责任作出规范。实践中，对相关条款的协调适用存在一些争议。较为突出的是物业服务企业等建筑物管理人和可能加害的建筑物使用人的责任顺位、追偿问题。

在总结“重庆烟灰缸案”“济南菜板案”等审判经验的基础上，《解释》第二十四条、第二十五条作出相关规定，着力使民法典的规定在司法实务中落地落实。

第一，明确高空抛掷物、坠落物造成他人损害的，具体侵权人是第一责任主体，未采取必要安全保障措施的物业服务企业承担顺位在后的补充责任。

依照民法典第一千二百五十四条第一款的规定，从建筑物中抛掷物品或者从建筑物上坠落的物品造成他人损害的，由侵权人依法承担侵权责任。同时，该条第二款规定，物业服务企业等建筑物管理人应当采取必要的安全保障措施防止高空抛掷物、坠落物造成他人损害，违反该项义务的，应依法承担侵权责任。在具体侵权人和违反安全保障义务的物业服务企业等建筑物管理人作为共同被告时，应如何界定和划分两个责任主体间的民事责任，民法典第一千二百五十四条并未明确。《解释》第二十四条对此予以明确，即具体侵权人是第一责任主体，未采取必要安全保障措施的物业服务企业等建筑物管理人在人民法院就具体侵权人的财产依法强制执行后仍不能履行的范围内，承担与其过错相应的补充责任。这是因为，高空抛掷物、坠落物造成他人损害的行为由第三人实施，物业服务企业等建筑物管理人违反安全保障义务的，依照民法典第一千一百九十八条第二款的规定，应当由安全保障义务人承担与其过错相应的补充责任。

第二，明确无法确定高空抛掷物、坠落物致害的具体侵权人的，未采取必要安全保障措施的物业服务企业等建筑物管理人先行承担与其过错相应的责任。被侵权人其余部分的损害，由可能加害的建筑物使用人给予适当补偿。上述责任主体承担责任后有权向将来确定的具体侵权人追偿。

民法典第一千二百五十四条第一款还规定，经调查难以确定具体侵权人的，除能够证明自己不是侵权人的外，由可能加害的建筑物使用人给予补偿。审判实践中，高空抛掷物、坠落物致害的具体侵权人有时确实难以确定。此种情形下，可能加害的建筑物使用人与违反安全保障义务的物业服务企业等建筑物管理人之间如何划分责任，民法典第一千二百五十四条亦未明确。《解释》第二十五条规定：一是诉讼中无须等待具体侵权人查明。二是未采取必要安全保障措施的物业服务企业等建筑物管理人先于可能加害的建筑物使用人承担责任。承担责任的范围应与其过错程度相适应。三是物业服务企业等建筑物管理人承担责任后，被侵权人仍有损害未得到填补的，被侵权人其余部分的损害，由可能加害的建筑物使用人给予适当补偿。对于民法典第一千二百五十四条第一款规定的可能加害的建筑物使用人的补偿范围，审判实践中存在争议。我们结合既往判决和执行情况，目前采纳了“适当补偿”的意见，以兼顾权益救济和保障公平。四是明确了物业服务企业等建筑物管理人、可能加害的建筑物使用人承担责任后有权向具体侵权人追偿。依照民法典第一千一百九十八条第二款规定，安全保障义务人承担补充责任后享有向实施侵权行为的第三人追偿的权利。民法典第一千二百五十四条第一款也规定，可能加害的建筑物使用人补偿后，有权向侵权人追偿。《解释》第二十五条第二款据此明确，具体侵权人确定后，已经承担责任的物业服务企业等建筑物管理人、可能加害的建筑物使用人向具体侵权人追偿的，人民法院应予支持。对于上述两个责任主体的追偿顺位问题，征求意见过程中赞同由可能加害的建筑物使用人优先行使追偿权的意见虽稍多，但考虑到此问题尚未达成普遍共识，《解释》对此未予明确。五是明确"具体侵权人难以确定"的时间标准。实践中，为解决高空抛掷物、坠落物致害的具体侵权人难以查明的问题，民法典第一千二百五十四条第三款规定，公安等机关应当依法及时调查，查清责任人。本着确保被侵权人及时填补损害的宗旨，《解释》第二十五条明确，经公安等机关调查，在民事案件一审法庭辩论终结前仍难以确定具体侵权人的，人民法院可以依法审理相关案件并确定相关责任主体的民事责任。

（来源：《民事审判指导与参考》总第 97 辑）

最高人民法院民一庭负责人就《最高人民法院关于适用〈中华人民共和国民法典〉侵权责任编的解释（一）》答记者问

民法典施行后，最高人民法院为正确实施民法典，回应社会关切，结合审判实践中遇到的新情况新问题，制定了《最高人民法院关于适用〈中华人民共和国民法典〉侵权责任编的解释（一）》（法释〔2024〕12号，以下简称《解释》），于2024年9月25日正式发布，并自2024年9月27日起施行。为准确理解《解释》的内容，记者采访了最高人民法院民一庭负责人。

问：以前颁布的有关侵权责任的司法解释都是针对某一类侵权责任纠纷案件作出规定。本《解释》是关于民法典侵权责任编的司法解释。请您介绍一下《解释》制定的背景和指导思想。

答：习近平总书记强调，要充分认识颁布实施民法典的重要意义，依法更好保障人民合法权益。侵权责任是侵害民事权益应当承担的法律后果，承担侵权责任也是制裁违法、救济权益、保障人权的重要手段。民法典施行后，侵权责任法同时废止，侵权责任在民法典中独立成编作出规定，进一步彰显了强化人权保护、维护社会和谐安全的立法宗旨。民法典侵权责任编具有鲜明的中国特色、实践特色和时代特色。

为贯彻落实党的二十大精神和习近平总书记关于加强人权司法保

障、推动民法典全面贯彻实施的指示，最高人民法院依据民法典规定，及时清理修订了有关审理人身损害赔偿案件、道路交通事故损害赔偿案件、医疗损害责任纠纷案件等在内的多部侵权类司法解释。民法典施行以来，民事审判实践中遇到了一些新情况新问题，亟须明确和统一法律适用标准。

近年来，社会各界围绕“严惩侵害农村留守儿童、拐卖拐骗妇女儿童违法犯罪行为”“惩治校园欺凌、平衡学校与学生的关系”“加强未成年人司法保护”“切实实现好、维护好、发展好劳动者合法权益”“维护人民群众道路交通安全和头顶上的安全”等问题，提出了不少意见建议。坚持系统思维、法治思维、底线思维制定司法解释，按照民法典规定妥善解决实践中的困难和问题，是回应社会关切和实践需求、提高司法服务保障水平的重要举措。

《解释》起草中，我们以召开研讨会、座谈会、类案比较以及书面征求意见等多种方式，深入开展调查研究，多次广泛听取社会各方面意见建议，最大限度凝聚各方共识。先后两次与专家学者专题研讨，充分听取理论界、实务界意见；两次书面征求立法机关及其他有关国家机关意见；在充分吸纳各方面意见建议基础上，《解释》历经十余稿修改，于 2023 年 3 月向社会公开征求意见，并对收到的 800 余条意见逐条梳理和研究探讨。根据各方反馈意见，我们对《解释》进行修改完善，形成提请最高人民法院审判委员会讨论的审议稿。2023 年 12 月 18 日，最高人民法院审判委员会第 1909 次会议审议通过了《解释》。

《解释》以习近平新时代中国特色社会主义思想为指导，坚持习近平法治思想，在社会重大关切中坚持以人民为中心，切实维护群众合法权益，保障和促进社会公平正义。具体体现为：一是坚持问题导向。坚持多种形式广泛深入调研，掌握真情况、真问题，解决民法典施行后社会广泛关注、审判实践中亟须解决的重大争议问题。条文成熟一个规定一个，力求务实管用，及时回应实践需求。二是坚持依法解释。尊重立法精神，严格贯彻执行民法典规定。坚持法律规则的体系化适用，注重新旧法律制度的适用衔接，依据法律新规定调整不符合立法精神的既往裁判标准。三是坚持社会主义核心价值观。司法解释体现的价值理念和价值导向始终与社会主义核心价值观相贯通，确保符合人民群众的价值认同和情感认同。

问：请您介绍一下《解释》的主要内容及司法理念。

答：《解释》共计26条，除了第二十六条是关于施行时间及效力的规定外，其余25个条文都是针对具体问题作出的规定。

一是明确非法使被监护人脱离监护的侵权责任。将监护纳入侵权责任调整的民事权益予以保护，加强对拐卖、拐骗儿童行为和其他非法使被监护人脱离监护的侵权行为的民事制裁，与刑事制裁共同构成制裁违法、救济权益的一体两翼，切实保障公民基本权益，维系亲情稳定。

二是明确监护人责任，教唆、帮助侵权责任和教育机构责任的实体和程序规则。依法认定监护人和受托履行监护职责的人，教唆、帮助侵权人，教育机构以及校外侵权人的民事责任，强化监护职责的履行，坚决制裁教唆、帮助侵权，支持合理诉求，助力家校和谐，保障未成年人合法权益，护航未成年人身心健康成长。

三是明确用人单位责任的适用范围和劳务派遣关系中的侵权责任形态。明确工作人员在执行工作任务中实施犯罪不影响用人单位承担民事责任，并协调刑事追缴、退赔与民事赔偿的关系。分别规定了在执行用人单位工作任务中实施的违法行为造成他人损害、承揽人根据定作或指示完成工作过程中造成他人损害的不同侵权责任，确保法律规定正确适用，依法维护劳动群众合法权益，保障被侵权人的损害得到填补。

四是明确机动车交通事故责任的相关适用规则。就机动车投保义务人与交通事故责任人不是同一人的责任承担，机动车第三者责任险中第三者的认定，因转让拼装车、报废车造成损害时责任承担的主观要件问题，我们贯彻严的基调，强化法定义务的履行和违法制裁，更好地保护群众出行安全，保障被侵权人充分受偿。

五是明确缺陷产品造成的产品自身损害（产品自损）属于产品责任赔偿范围。正确阐释立法精神，切实维护消费者合法权益，保障消费者高效便捷维权。

六是明确规定禁止饲养的烈性犬等危险动物致人损害不适用免责事由。准确阐明民法典“最严格的无过错责任”立法精神，强化动物饲养人、管理人责任意识，维护动物饲养管理秩序，保障群众生命财产安全。

七是明确高空抛掷物、坠落物致害责任的实体和程序规则。在总结实践经验基础上，依法合理确定具体侵权人、可能加害的建筑物使用人、物业服务企业等建筑物管理人的责任顺位和责任范围，依法支持被侵权人合理诉求，维护群众“头顶上的安全”，消除“悬在城市上空的痛”。

问：《解释》明确规定非法使被监护人脱离监护的侵权责任。请您具体介绍一下相关规则的制定背景、依据和主要内容。

答：保护妇女儿童人身权益不受侵犯，是人民法院服务保障人权发展大局、维护社会和谐稳定、维护国家安全、展现负责任大国形象的重要内容。审判实践中非法使被监护人脱离监护的情形，既有拐卖、拐骗儿童等刑事犯罪行为，也有亲子错换等民事行为，还有未达到刑事追诉年龄的未成年人实施的非法使被监护人脱离监护的行为。《最高人民法院关于确定民事侵权精神损害赔偿责任若干问题的解释》第二条规定：“非法使被监护人脱离监护，导致亲子关系或者近亲属间的亲属关系遭受严重损害，监护人向人民法院起诉请求赔偿精神损害的，人民法院应当依法予以受理。”为进一步明确裁判标准，《解释》第一条至第三条作出相应规定。

1. 明确支持赔偿监护人寻亲的合理费用

监护的主要内容为抚养（赡养）、教育（扶助）和保护，既是权利，又是义务，将监护纳入侵权责任调整范围予以保护，具有正当性。

非法使被监护人脱离监护的，监护人为寻亲往往花费较长时间和一定数额的金钱，产生财产损失。财产损失属于物质损失、直接损失，按照填补损害的基本原则，无论非法使被监护人脱离监护的行为是否构成犯罪，监护人为寻亲支出的合理费用均应获赔偿，但赔偿范围如何确定，则存在一定争议。《解释》第一条以“恢复原状”“禁止得利”为法理基础，协调了拐卖获利刑事追缴与民事赔偿的关系，规定：“非法使被监护人脱离监护，监护人请求赔偿为恢复监护状态而支出的合理费用等财产损失的，人民法院应予支持。”为增强财产损失范围认定弹性，又避免不当扩大损失范围，对“财产损失”作出“合理费用”的限定，同时使用了“等”之表述，给予法院一定的裁量权。

2. 明确严重精神损害的认定标准

精神损害赔偿是被侵权人因人格利益或身份利益受到侵害遭受精神痛苦，通过金钱赔偿的方式对其给予精神抚慰。非法使被监护人脱离监护侵害了监护关系这种身份利益，若造成了严重精神损害，依照民法典第一千一百八十三条第一款关于“侵害自然人人身权益造成严重精神损害的，被侵权人有权请求精神损害赔偿”的规定，人民法院应当支持监护人和被监护人提出的精神损害赔偿请求；但非法使被监护人脱离监护构成刑事犯罪的，应当依照《最高人民法院关于适用〈中华人民共和国刑事诉讼法〉的解释》的有关规定处理。

对于如何认定非法使被监护人脱离监护造成严重精神损害，理论与实践中存在不同观点。有意见认为，非法使被监护人脱离监护即构成严重精神损害。我们认为，这种意见对精神损害的认定标准失之过宽。民法典第一千一百八十三条关于精神损害赔偿的规定，体现了防止精神损害赔偿被滥用的立法精神。为严格确立非法使被监护人脱离监护造成严重精神损害的认定标准，《解释》第二条规定：“非法使被监护人脱离监护，导致父母子女关系或者其他近亲属关系受到严重损害的，应当认定为民法典第一千一百八十三条第一款规定的严重精神损害。”审判实践中，可综合脱离监护的时间、使近亲属出现精神疾患等因素作出认定。此条规定中的父母子女关系，不仅包括亲子关系，还包括形成抚养教育关系的继父母子女关系和养父母子女关系。

3. 明确依法支持权利人合并请求赔偿人身损害与寻亲费用

非法使被监护人脱离监护可能同时造成被监护人死亡。作为近亲属的监护人在人身损害赔偿案件中合并主张赔偿人身损害和寻亲费用的，人民法院应否一并支持，审判实践中存在争议。《解释》第三条本着快捷解决纠纷、保障权利人及时受偿的考虑，明确规定依法支持赔偿权利人合并请求赔偿人身损害和赔偿监护关系受损害产生的损失。

问：劳动力异地流动、家庭结构变化带来了父母教养子女的现实困难，未成年人身心健康问题引起社会广泛关注，校园欺凌等违法犯罪也有发生。《解释》多个条文有针对性地规范被监护人侵权的责任承担问题。请您介绍一下相关内容和基本精神。

答：未成年人是祖国的未来、民族的希望，党和国家历来高度重视未成年人保护事业。习近平总书记深刻指出，“十年树木，百年树人，祖国的未来属于下一代。做好关心下一代工作，关系中华民族伟大复兴”①，明确要求“对损害少年儿童权益、破坏少年儿童身心健康的言行，要坚决防止和依法打击”②。“校园欺凌”“校闹”问题，农村留守儿童、异地流动儿童和离异重组家庭未成年子女权益维护和健康成长问题，受到社会广泛关注。

针对民法典中监护人责任，教唆、帮助侵权责任和教育机构责任适用中的争议，《解释》明确了四个问题。

（1）明确被监护人侵权，监护人承担全部责任而非补充责任，不以被监护人本人是否有财产来认定被监护人应否担责。

针对学理与实务中关于民法典第一千一百八十八条规定的监护人责

① 习近平：《论党的青年工作》，中央文献出版社2022年版，第113页。

② 习近平：《论党的青年工作》，中央文献出版社2022年版，第86页。

任是补充责任还是全部赔偿责任的争议，《解释》明确规定，被监护人侵权，由监护人承担侵权人应承担的全部赔偿责任。被监护人无论是无民事行为能力人，还是限制民事行为能力人，均不得因其本人有财产而承担侵权责任。这一规定，彰显了保障未成年人合法权益和轻装前行的司法理念。

在非近亲属担任监护人且被监护人本人有财产的情况下，完全由监护人担责可能导致非近亲属不愿担任监护人，这不利于未成年人的成长。为解决上述问题，从公平角度考量，依照民法典第一千一百八十八条第二款“有财产的无民事行为能力人、限制民事行为能力人造成他人损害的，从本人财产中支付赔偿费用；不足部分，由监护人赔偿”的规定，《解释》第五条规定，人民法院在判令监护人担责的同时，应当在判决中明确“赔偿费用可以先从被监护人财产中支付，不足部分由监护人支付”。

同时，为保证被监护人健康成长，《解释》对从被监护人的财产中支付赔偿费用作出限定，规定“应当保留被监护人所必需的生活费和完成义务教育所必需的费用”。

针对行为人在侵权行为发生时不满十八周岁，被诉时已满十八周岁的情况，《解释》第六条调整了既往裁判标准，明确仍由原监护人承担侵权责任，并协调规定了赔偿费用支付问题。征求意见过程中，有意见建议依照民法典第十八条第二款的规定，明确行为人在侵权行为发生时已满十六周岁未满十八周岁，但以自己的劳动收入为主要生活来源的，由行为人承担侵权责任。但经广泛征求意见，普遍认为，民法典第十八条第二款有关十六周岁视为完全民事行为能力人的规定，是为了保护以自己的劳动收入为主要生活来源的未成年人，使他们参与的正常民事法律关系处于稳定状态，该规定一般适用于民事法律行为领域，不适用于侵权责任领域。如果规定这部分未成年人还要承担侵权责任，与立法保护未成年人的精神不符。据此，《解释》未采纳相关建议。

（2）明确未成年子女侵权，由父母共同承担责任，未与未成年人形成抚养教育关系的继父母不承担监护人的侵权责任，由该子女的生父母承担责任。

我们根据民法典的精神对既往裁判规则作出相应调整和补充。

关于未成年子女侵权的父母责任。依照民法典第二十六条、第二十七条以及第一千零六十八条的规定，父母是未成年子女的监护人，未成年子女造成他人损害的，父母应当依法承担民事责任。民法典有关监护人责任的规定并未明确父与母之间的责任形态，《解释》参照夫妻共同债务的立法精神，在第七条明确规定："未成年子女造成他人损害，被侵权人请求父母共同承担侵权责任的，人民法院依照民法典第二十七条第一款、第一千零六十八条以及第一千一百八十八条的规定予以支持。"

关于未成年子女侵权的离异夫妻责任。审判实践中，未成年子女侵权的，离异夫妻一方往往以未与未成年子女共同生活为由主张自己不承担责任或者少承担责任。以前，司法实践依照"与子女共同生活"标准来判定离异夫妻的责任，会导致不与子女共同生活的一方疏于履行监护职责。依照民法典第一千零八十四条的规定，离婚后，父母对子女仍有抚养、教育、保护的权利和义务。据此，《解释》第八条第一款明确，夫妻离婚后，未成年子女造成他人损害，被侵权人请求离异夫妻共同承担侵权责任的，人民法院依照民法典第一千零六十八条、第一千零八十四条以及第一千一百八十八条的规定予以支持。一方以未与该子女共同生活为由主张不承担或者少承担责任的，人民法院不予支持。

考虑到夫妻离异后对财产进行了分割，双方对抚养子女一般会作出约定，《解释》第八条第二款规定了离异夫妻对外承担责任后的内部求偿规则，"离异夫妻之间的责任份额，可以由双方协议确定；协议不成的，人民法院可以根据双方履行监护职责的约定和实际履行情况等确定。实际承担责任超过自己责任份额的一方向另一方追偿的，人民法院应予支持"。

关于未成年子女侵权的继父母责任。夫妻离异后再婚，再婚相对方与未成年人形成继父母子女关系。依照民法典第一千零七十二条第二款的规定，继父或者继母和受其抚养教育的继子女间的权利义务关系，适用民法典关于父母子女关系的规定。未成年人受继父母抚养教育成立了监护关系，但并不因此免除生父母的监护职责，对于未成年人侵权应如何协调生父母责任与继父母责任，实务中争议较大，处理纠纷时应进行“个案考量”和“利益平衡”，不宜一刀切。因此，《解释》第九条仅针对未成年子女与继父母未形成抚养教育关系的情形作出规定，明确未与该子女形成抚养教育关系的继父或者继母不承担监护人的侵权责任，由该子女的生父母承担侵权责任。

（3）明确被监护人侵权，受托履行监护职责的人在过错范围内与承担全部责任的监护人共同承担责任，产生责任重合；教唆、帮助未成年人侵权的，监护人在过错范围内与承担全部责任的教唆人、帮助人共同承担责任，产生责任重合。但是，责任主体实际支付的赔偿费用总和不应超出被侵权人应受偿的损失数额。目的是在利益衡量的基础上保障被侵权人充分受偿。

民法典第一千一百八十九条规定了委托监护关系中的侵权责任，第一千一百六十九条第二款规定了教唆、帮助无民事行为能力人、限制民事行为能力人侵权的民事责任。法律适用中的主要争议为，委托监护关系中受托履行监护职责的人承担的与过错相应的责任，教唆、帮助侵权中监护人承担的与过错相应的责任，实务中应如何据此认定民事责任。《解释》第十条、第十二条对相关争议的裁判标准予以了明确。

关于受托人承担责任应否限定于有偿受托的问题。《解释》制定过程中，有观点认为，无偿看管孙辈的祖辈不应对被监护人的侵权行为承担责任。经广泛征求意见，目前的倾向性意见为，排除无偿受托人担责限缩了民法典第一千一百八十九条规定的适用范围，不利于保障被侵权人充分受偿，也不符合强化监护职责履行的立法精神。为此，《解释》

对这种意见未予采纳。实践中，可综合过错情况，合理界定情谊行为与无偿受托的区别等来妥善认定无偿受托人的责任。

关于受托人的过错认定问题。审判实践中应具体分析，综合被侵权人的人身财产权益，被监护人的年龄、性格和过往表现等自身特点，健康自由发展空间，教育义务履行情况，受托人的履行成本等因素，对受托人的过错作出认定。

此外，《解释》对教唆、帮助未成年人侵权的行为持严格否定立场，明确教唆人、帮助人承担责任不以明知被教唆、帮助人为无民事行为能力人、限制民事行为能力人为前提。

(4) 明确学生在校内遭受校外人员人身损害的，实施侵权行为的第三人为第一责任主体，未尽到管理职责的教育机构承担顺位在后的补充责任；第三人不确定的，未尽到管理职责的教育机构先行承担责任，并有权向第三人追偿。

民法典第一千二百零一条规定了学生在校内遭受校外人员人身损害的责任承担。针对审判实践中反映的实体与程序问题，《解释》第十四条作出以下规定。

一是被侵权人可一并起诉实施侵权行为的第三人和教育机构。无须被侵权人先行起诉、强制执行第三人财产后再就赔偿不能部分起诉请求教育机构承担责任。目的是减轻当事人诉累，保障被侵权人及时获得救济。

二是如果诉讼时实施侵权行为的第三人能够确定，一般不单独列教育机构为被告。人民法院应当向原告释明申请追加实施侵权行为的第三人为共同被告。第三人和教育机构作为共同被告的，人民法院在判决中应体现教育机构承担补充责任的在后执行顺位，即明确"教育机构在人民法院就第三人的财产依法强制执行后仍不能履行的范围内，承担与其过错相应的补充责任"。

三是诉讼时无法确定第三人的，未尽到管理职责的教育机构可以先行承担与其过错相应的责任。教育机构承担责任后向已经确定的第三人追偿的，人民法院依照民法典第一千二百零一条的规定予以支持。

问：《解释》第十七条有关工作人员犯罪时用人单位承担民事责任的规定，在向社会公开征求意见中受到广泛关注。请您介绍一下这条规定的有关情况。

答：工作人员在执行工作任务中实施违法犯罪行为，造成公私财产损失的情况时有发生。刑事案件认定工作人员构成自然人犯罪后，因财产损失较大，存在被害人难以通过刑事追缴、退赔获得足额赔偿的情况。为弥补损失，刑事案件的被害人往往以工作人员所在用人单位为被告提起民事诉讼，请求用人单位依照民法典第一千一百九十一条用人单位责任的规定，承担赔偿责任。

《解释》第十七条明确，工作人员在执行工作任务中实施的违法行为造成他人损害，构成自然人犯罪的，工作人员承担刑事责任不影响用人单位依法承担民事责任。依照民法典第一千一百九十一条规定用人单位应当承担侵权责任的，在刑事案件中已完成的追缴、退赔可以在民事判决书中明确并扣减，也可以在执行程序中予以扣减。这一规定包含三层含义。

一是明确工作人员自然人犯罪不必然影响用人单位民事责任的认定。工作人员在执行工作任务中实施的违法行为造成他人损害，构成自然人犯罪，刑事法律关系中的责任主体是工作人员个人，民事法律关系中的责任主体是用人单位，由于责任主体不同，不属于同一法律事实。当然，如果工作人员的违法行为构成非法集资类犯罪，则应依照民间借贷等相关司法解释的特殊规定，依法确定是否受理对用人单位提起的民事诉讼。

二是明确只有工作人员的犯罪是在执行工作任务中实施的行为，人民法院才能依照民法典第一千一百九十一条的规定认定用人单位承担侵权责任。由于该条规定是对民法典第一千一百九十一条用人单位责任的解释，其题中应有之义是，如果工作人员的犯罪行为不是在执行工作任务中实施的违法行为，则人民法院不能依照民法典第一千一百九十一条用人单位责任的规定来判令用人单位为工作人员的致害行为承担完全替代赔偿责任。审判实践中应注意的是，工作人员的犯罪行为虽不是在执行工作任务中实施，但用人单位对损害的发生有过错的，人民法院应根据用人单位的过错程度和原因力大小，依照民法典第一千一百六十五条的规定认定用人单位的民事责任。审判实践中，可以根据行为的内容、时间、地点、场合、行为之名义、行为的受益人以及是否与用人单位的意志有关等因素，综合认定工作人员是否在执行工作任务中实施违法行为。

三是明确用人单位承担责任的范围与刑事案件中追缴、退赔的关系。实务中对此问题存在不同意见。有意见认为，民事判决的赔偿范围应扣除刑事判决退赔被害人损失部分。而论证过程中相对集中的意见为，刑事责任的承担不妨碍民事责任的认定，而且责任的认定与实际执行应予以区分。刑法第六十四条是关于对犯罪所得财物如何执行处理的规定，而并非就刑事责任与民事责任关系的规定。因此，刑事判决追缴、退赔被害人损失不妨碍民事判决对于赔偿范围的认定。如果犯罪所得已在刑事案件中返还了被害人，可以在实际执行时予以扣减。据此，《解释》第十七条明确，用人单位依法应当承担侵权责任的，在刑事案件中已完成的追缴、退赔可以在民事判决书中明确并扣减，也可以在执行程序中予以扣减。

问：民法典侵权责任编专章六个条文规定了产品责任。《解释》规定了有关产品责任的一个条文，将缺陷产品造成的产品本身损害认定为产品责任的赔偿范围。请您介绍一下有关考虑。

答：产品责任是因产品存在缺陷造成他人损害时相关责任主体应承担的侵权责任。缺陷产品造成他人损害的事实，包括人身损害和财产损害。对于产品责任中财产损害的范围，普遍认同包括缺陷产品以外的其他财产的损失，但对是否包括产品本身损害，立法过程中和司法实务中都存在一定争议。

一种意见认为，多数国家产品责任中的财产损害仅指缺陷产品以外的其他财产损害，不包括产品本身损害。产品质量法第四十一条关于“因产品存在缺陷造成人身、缺陷产品以外的其他财产（以下简称他人财产）损害的，生产者应当承担赔偿责任”的规定，也采取了同样的立法例。缺陷产品造成产品本身损害的，属于合同责任问题，应当通过合同解决，缺陷产品以外的其他财产损害，才是产品责任中所称的财产损害。另一种意见认为，财产损害应当包括产品本身损害。

针对产品本身损害是否属于产品责任中的财产损害这一争议，《解释》第十九条作出了明确规定，采纳了上述第二种意见，规定：“因产品存在缺陷造成买受人财产损害，买受人请求产品的生产者或者销售者赔偿缺陷产品本身损害以及其他财产损害的，人民法院依照民法典第一千二百零二条、第一千二百零三条的规定予以支持。”

作出上述规定的主要考虑：一方面是贯彻立法精神。民法典第一千二百零二条“因产品存在缺陷造成他人损害的，生产者应当承担侵权责任”的规定中的“他人损害”，就包括了产品本身损害。相对于产品质量法，民法典是新法，《解释》第十九条的规定是对民法典立法精神的具体阐释。另一方面是立足国情。对缺陷产品财产损害事实的认定，应当立足于我国国情从保护消费者权益角度作出解释，以符合人民群众对缺陷产品造成财产损害的一般认识。对于消费者而言，购买的产品本身存在缺陷造成了产品本身损害，从合同责任角度看，产品的销售者要承担瑕疵担保责任；从侵权责任角度看，产品自损系因产品缺陷引起，给消费者造成了财产损失，将其认定为缺陷产品造成的财产损害，消费者可以通过提起一个侵权责任纠纷诉讼，一并主张赔偿产品本身损害以及缺陷产品以外的其他财产损害，有利于及时、便捷地保护消费者合法权益。若将产品本身损害排除在产品侵权损害事实之外，则消费者的损害仅通过侵权责任纠纷诉讼无法完全填补，这不符合减少当事人诉累、及时便捷化解矛盾纠纷的司法理念。

最高人民法院在指导地方法院处理道路交通事故损害赔偿纠纷时也曾提出指导意见，认为机动车自身缺陷导致交通事故的财产损害，包括机动车自损。《解释》第十九条的精神也体现了对既往裁判规则的承继，维持规则稳定。

问：在民法典高空抛掷物、坠落物致害责任规定的基础上，《解释》又有两个条文对该责任作出进一步规定。请您介绍一下相关规定所要解决的主要问题。

答：现代城市高楼林立，建筑物上的抛掷物、坠落物致人损害的事件时有发生，对“头顶上的安全”构成重大威胁，被称为“悬在城市上空的痛”。

民法典在全面总结侵权责任法实践经验的基础上，第一千二百五十四条从五个方面对高空抛掷物、坠落物致害责任作出规范。实践中，对相关条款的协调适用存在一些争议。较为突出的是物业服务企业等建筑物管理人和可能加害的建筑物使用人的责任顺位、追偿问题。

我们在总结“重庆烟灰缸案”“济南菜板案”等审判经验的基础上，在《解释》第十四条、第二十五条作出相关规定，着力使民法典的法律规定在司法实务中落地落实。

1. 明确规定高空抛掷物、坠落物造成他人损害的，具体侵权人是第一责任主体，未采取必要安全保障措施的物业服务企业承担顺位在后的补充责任

依照民法典第一千二百五十四条第一款的规定，从建筑物上抛掷物品或者从建筑物中坠落的物品造成他人损害的，由侵权人依法承担侵权责任。同时，根据该条第二款规定，物业服务企业等建筑物管理人应当采取必要的安全保障措施防止高空抛掷物、坠落物造成他人损害，违反该项义务应依法承担侵权责任。在具体侵权人和违反安全保障义务的物业服务企业等建筑物管理人作为共同被告时，应如何界定和划分两个责

任主体间的民事责任，民法典第一千二百五十四条并未明确。《解释》第二十四条对此予以明确，即具体侵权人是第一责任主体，未采取必要安全保障措施的物业服务企业等建筑物管理人在人民法院就具体侵权人的财产依法强制执行后仍不能履行的范围内，承担与其过错相应的补充责任。这是因为，高空抛掷物、坠落物造成他人损害的行为由第三人实施，物业服务企业等建筑物管理人违反安全保障义务的，依照民法典第一千一百九十八条第二款的规定，应当由安全保障义务人承担与其过错相应的补充责任。

2. 明确规定无法确定高空抛掷物、坠落物致害的具体侵权人的，未采取必要安全保障措施的物业服务企业等建筑物管理人先行承担与其过错相应的责任。被侵权人其余部分的损害，由可能加害的建筑物使用人给予适当补偿。上述责任主体承担责任后有权向将来确定的具体侵权人追偿

民法典第一千二百五十四条第一款还规定，经调查难以确定具体侵权人的，除能够证明自己不是侵权人的外，由可能加害的建筑物使用人给予补偿。审判实践中，高空抛掷物、坠落物致害的具体侵权人有时确实难以确定。此种情形下，可能加害的建筑物使用人与违反安全保障义务的物业服务企业等建筑物管理人之间如何划分责任，民法典第一千二百五十四条亦未明确。《解释》第二十五条对此予以了明确：第一，诉讼中无须等待具体侵权人查明。第二，未采取必要安全保障措施的物业服务企业等建筑物管理人先于可能加害的建筑物使用人承担责任。承担责任的范围应与其过错程度相适应。第三，物业服务企业等建筑物管理人承担责任后，被侵权人仍有损害未得到填补的，被侵权人其余部分的损害，由可能加害的建筑物使用人给予适当补偿。对于民法典第一千二百五十四条第一款规定的可能加害的建筑物使用人的补偿范围，审判实践中存在争议。我们结合既往判决和执行情况，目前采纳了“适当补偿”的意见，以兼顾权益救济和保障公平。第四，明确了物业服务企

业、可能加害的建筑物使用人承担责任后有权向具体侵权人追偿。依照民法典第一千一百九十八条第二款规定，安全保障义务人承担补充责任后享有向实施侵权行为的第三人追偿的权利。民法典第一千二百五十四条第一款也规定，可能加害的建筑物使用人补偿后，有权向侵权人追偿。《解释》第二十五条第二款据此明确，具体侵权人确定后，已经承担责任的物业服务企业等建筑物管理人、可能加害的建筑物使用人向具体侵权人追偿的，人民法院应依照民法典第一千一百九十八条第二款、第一千二百五十四条第一款的规定予以支持。第五，明确“具体侵权人难以确定”的时间标准。实践中，为解决高空抛掷物、坠落物致害的具体侵权人难以查明的问题，民法典第一千二百五十四条第三款规定，公安等机关应当依法及时调查，查清责任人。本着确保被侵权人及时填补损害的宗旨，《解释》第二十五条第一款明确，经公安等机关调查，在民事案件一审法庭辩论终结前仍难以确定具体侵权人的，未采取必要安全保障措施的物业服务企业等建筑物管理人承担与其过错相应的责任。被侵权人其余部分的损害，由可能加害的建筑物使用人给予适当补偿。

问：您提到了民法典侵权责任编中有关“相应的责任”的法律规定，《解释》中有多个条文对“相应的责任”作出进一步规定。请您对其具体阐释一下。

答：这确实是一个需要阐明的问题。民法典侵权责任编多处规定“相应的责任”，比如，委托监护关系中受托人承担的相应的责任，教唆、帮助侵权中监护人承担的相应的责任，劳务派遣关系中劳务派遣单位承担的相应的责任，承揽关系中定作人承担的相应的责任，等等。如何依照有关法律规定确定各民事主体的民事责任，是审判实务中应予统一的问题。

民法典有关“相应的责任”的规定，均涉及两个以上的责任主体。对于多数人侵权的侵权责任形态，民法典明文规定了按份责任、连带责任、补充责任，在产品侵权等具体法律条文中体现了侵权行为法学理上的不真正连带责任。《解释》制定过程中，我们认真研究、广泛征求意见并积极与立法机关沟通，在正确区分侵权行为法中数人侵权的不同责任形态的基础上，坚持比例原则、利益衡量，《解释》在关于委托监护，教唆、帮助侵权，劳务派遣，承揽人、定作人侵权，投保义务人与交通事故责任人不是同一人时的责任承担五个具体条文中，从与过错相应的角度作了务实的处理。

在第四个问题中，通过对委托监护责任，教唆、帮助侵权责任的说明也简要进行了阐述。这里仍以民法典第一千一百八十九条委托监护的规定为例。依照委托监护责任的法律规定，无民事行为能力人、限制民事行为能力人造成他人损害，监护人将监护职责委托给他人的，监护人应当承担侵权责任；受托人有过错的，承担“相应的责任”。可见，监护人和有过错的受托人都是责任主体。

其一，监护人将监护职责委托给他人履行，并不发生监护职责的移转。监护人仍是履行监护职责的主体，应依照民法典关于监护人责任的规定，对被监护人的侵权行为承担全部替代赔偿责任。并不因受托人的过错而减少监护人的责任。

其二，被侵权人可以任意选择由谁承担责任。受托人承担过错责任并不以监护人先行承担责任为前提，受托人的责任亦不符合补充责任的特征。

其三，在连带责任法定化背景下，受托人的相应过错责任不宜解释为比例连带责任。

在比较、区分不同责任的情况下，《解释》适当借鉴不真正连带责任原理，第十条第一款首先规定，无民事行为能力人、限制民事行为能力人造成他人损害，被侵权人合并请求监护人和受托履行监护职责的人承担侵权责任的，依照民法典第一千一百八十九条的规定，监护人承担侵权人应承担的全部责任；受托人在过错范围内与监护人共同承担责任。通俗地讲就是，一个责任主体在过错比例范围内承担的责任，与另一个承担全部责任的主体所承担的责任部分重合，执行中根据各个责任主体的责任范围和责任财产情况，协调处理执行数额。为避免“过错范围内共同承担责任”的规定产生赔偿范围超出100%的误解，《解释》第一条第一款明确“责任主体实际支付的赔偿费用总和不应超出被侵权人应受偿的损失数额”。应强调的是，这里规定的共同承担责任，不是两个以上的责任主体根据各自过错大小按份承担相应的责任，若监护人在诉讼中主张与有过错的受托人对外按份承担责任，人民法院不予支持。

多个责任主体共同对外承担责任后，如何处理相互之间的内部求偿问题，《解释》起草过程中争议很大。《解释》在坚持“过错终局”求偿规则的基础上具体分析“相应的责任”的不同法律规定情形，对内部求偿规则作出了一定的区分，确保司法解释与立法精神一致。具体为：一是对监护人和受托人之间的内部求偿，指引参照适用民法典第九百二十九条关于委托合同内部求偿的规定。二是鼓励相应责任主体积极履行赔付义务，若其自愿支付超出自己相应责任的赔偿费用，人民法院应支持该责任主体就超出自己相应责任的部分向其他责任主体追偿。鉴于劳务派遣和承揽属于合同关系，故内部追偿规则应坚持当事人约定优先原则。

《解释》施行后，我们将就《解释》适用加强指导，确保案件审理中正确适用相关规则。同时，我们将强化审判经验的研究总结和典型案例的宣传，更好地贯彻落实民法典精神。

（来源：最高人民法院网站）

链接：与侵权相关的法律文件及解读

中华人民共和国民法典（节录）

（2020年5月28日中华人民共和国第十三届全国人民代表大会第三次会议通过　2020年5月28日中华人民共和国主席令第45号公布　自2021年1月1日起施行）

第七编　侵权责任

第一章　一般规定

第一千一百六十四条　本编调整因侵害民事权益产生的民事关系。

第一千一百六十五条　行为人因过错侵害他人民事权益造成损害的，应当承担侵权责任。

依照法律规定推定行为人有过错，其不能证明自己没有过错的，应当承担侵权责任。

第一千一百六十六条　行为人造成他人民事权益损害，不论行为人有无过错，法律规定应当承担侵权责任的，依照其规定。

第一千一百六十七条　侵权行为危及他人人身、财产安全的，被侵权人有权请求侵权人承担停止侵害、排除妨碍、消除危险等侵权责任。

第一千一百六十八条　二人以上共同实施侵权行为，造成他人损害的，应当承担连带责任。

第一千一百六十九条　教唆、帮助他人实施侵权行为的，应当与行为人承担连带责任。

教唆、帮助无民事行为能力人、限制民事行为能力人实施侵权行为的，应当承担侵权责任；该无民事行为能力人、限制民事行为能力人的监护人未尽到监护职责的，应当承担相应的责任。

第一千一百七十条 二人以上实施危及他人人身、财产安全的行为，其中一人或者数人的行为造成他人损害，能够确定具体侵权人的，由侵权人承担责任；不能确定具体侵权人的，行为人承担连带责任。

第一千一百七十一条 二人以上分别实施侵权行为造成同一损害，每个人的侵权行为都足以造成全部损害的，行为人承担连带责任。

第一千一百七十二条 二人以上分别实施侵权行为造成同一损害，能够确定责任大小的，各自承担相应的责任；难以确定责任大小的，平均承担责任。

第一千一百七十三条 被侵权人对同一损害的发生或者扩大有过错的，可以减轻侵权人的责任。

第一千一百七十四条 损害是因受害人故意造成的，行为人不承担责任。

第一千一百七十五条 损害是因第三人造成的，第三人应当承担侵权责任。

第一千一百七十六条 自愿参加具有一定风险的文体活动，因其他参加者的行为受到损害的，受害人不得请求其他参加者承担侵权责任；但是，其他参加者对损害的发生有故意或者重大过失的除外。

活动组织者的责任适用本法第一千一百九十八条至第一千二百零一条的规定。

第一千一百七十七条 合法权益受到侵害，情况紧迫且不能及时获得国家机关保护，不立即采取措施将使其合法权益受到难以弥补的损害的，受害人可以在保护自己合法权益的必要范围内采取扣留侵权人的财物等合理措施；但是，应当立即请求有关国家机关处理。

受害人采取的措施不当造成他人损害的，应当承担侵权责任。

第一千一百七十八条 本法和其他法律对不承担责任或者减轻责任的情形另有规定的，依照其规定。

第二章 损害赔偿

第一千一百七十九条 侵害他人造成人身损害的，应当赔偿医疗费、护理费、交通费、营养费、住院伙食补助费等为治疗和康复支出的合理费用，以及因误工减少的收入。造成残疾的，还应当赔偿辅助器具费和残疾赔偿金；造成死亡的，还应当赔偿丧葬费和死亡赔偿金。

第一千一百八十条 因同一侵权行为造成多人死亡的，可以以相同数额确定死亡赔偿金。

第一千一百八十一条 被侵权人死亡的，其近亲属有权请求侵权人承担侵权责任。被侵权人为组织，该组织分立、合并的，承继权利的组织有权请求侵权人承担侵权责任。

被侵权人死亡的，支付被侵权人医疗费、丧葬费等合理费用的人有权请求侵权人赔偿费用，但是侵权人已经支付该费用的除外。

第一千一百八十二条 侵害他人人身权益造成财产损失的，按照被侵权人因此受到的损失或者侵权人因此获得的利益赔偿；被侵权人因此受到的损失以及侵权人因此获得的利益难以确定，被侵权人和侵权人就赔偿数额协商不一致，向人民法院提起诉讼的，由人民法院根据实际情况确定赔偿数额。

第一千一百八十三条 侵害自然人人身权益造成严重精神损害的，被侵权人有权请求精神损害赔偿。

因故意或者重大过失侵害自然人具有人身意义的特定物造成严重精神损害的，被侵权人有权请求精神损害赔偿。

第一千一百八十四条 侵害他人财产的，财产损失按照损失发生时的市场价格或者其他合理方式计算。

第一千一百八十五条 故意侵害他人知识产权，情节严重的，被侵权人有权请求相应的惩罚性赔偿。

第一千一百八十六条 受害人和行为人对损害的发生都没有过错的，依照法律的规定由双方分担损失。

第一千一百八十七条 损害发生后，当事人可以协商赔偿费用的支付方式。协商不一致的，赔偿费用应当一次性支付；一次性支付确有困难的，可以分期支付，但是被侵权人有权请求提供相应的担保。

第三章 责任主体的特殊规定

第一千一百八十八条 无民事行为能力人、限制民事行为能力人造成他人损害的，由监护人承担侵权责任。监护人尽到监护职责的，可以减轻其侵权责任。

有财产的无民事行为能力人、限制民事行为能力人造成他人损害的，从本人财产中支付赔偿费用；不足部分，由监护人赔偿。

第一千一百八十九条 无民事行为能力人、限制民事行为能力人造成他人损害，监护人将监护职责委托给他人的，监护人应当承担侵权责任；受托人有过错的，承担相应的责任。

第一千一百九十条 完全民事行为能力人对自己的行为暂时没有意识或者失去控制造成他人损害有过错的，应当承担侵权责任；没有过错的，根据行为人的经济状况对受害人适当补偿。

完全民事行为能力人因醉酒、滥用麻醉药品或者精神药品对自己的行为暂时没有意识或者失去控制造成他人损害的，应当承担侵权责任。

第一千一百九十一条 用人单位的工作人员因执行工作任务造成他人损害的，由用人单位承担侵权责任。用人单位承担侵权责任后，可以向有故意或者重大过失的工作人员追偿。

劳务派遣期间，被派遣的工作人员因执行工作任务造成他人损害的，由接受劳务派遣的用工单位承担侵权责任；劳务派遣单位有过错的，承担相应的责任。

第一千一百九十二条 个人之间形成劳务关系，提供劳务一方因劳务造成他人损害的，由接受劳务一方承担侵权责任。接受劳务一方承担侵权责任后，可以向有故意或者重大过失的提供劳务一方追偿。提供劳务一方因劳务受到损害的，根据双方各自的过错承担相应的责任。

提供劳务期间，因第三人的行为造成提供劳务一方损害的，提供劳务一方有权请求第三人承担侵权责任，也有权请求接受劳务一方给予补偿。接受劳务一方补偿后，可以向第三人追偿。

第一千一百九十三条 承揽人在完成工作过程中造成第三人损害或者自己损害的，定作人不承担侵权责任。但是，定作人对定作、指示或者选任有过错的，应当承担相应的责任。

第一千一百九十四条 网络用户、网络服务提供者利用网络侵害他人民事权益的，应当承担侵权责任。法律另有规定的，依照其规定。

第一千一百九十五条 网络用户利用网络服务实施侵权行为的，权利人有权通知网络服务提供者采取删除、屏蔽、断开链接等必要措施。通知应当包括构成侵权的初步证据及权利人的真实身份信息。

网络服务提供者接到通知后，应当及时将该通知转送相关网络用户，并根据构成侵权的初步证据和服务类型采取必要措施；未及时采取必要措施的，对损害的扩大部分与该网络用户承担连带责任。

权利人因错误通知造成网络用户或者网络服务提供者损害的，应当承担侵权责任。法律另有规定的，依照其规定。

第一千一百九十六条 网络用户接到转送的通知后，可以向网络服务提供者提交不存在侵权行为的声明。声明应当包括不存在侵权行为的初步证据及网络用户的真实身份信息。

网络服务提供者接到声明后，应当将该声明转送发出通知的权利人，并告知其可以向有关部门投诉或者向人民法院提起诉讼。网络服务提供者在转送声明到达权利人后的合理期限内，未收到权利人已经投诉或者提起诉讼通知的，应当及时终止所采取的措施。

第一千一百九十七条 网络服务提供者知道或者应当知道网络用户利用其网络服务侵害他人民事权益，未采取必要措施的，与该网络用户承担连带责任。

第一千一百九十八条 宾馆、商场、银行、车站、机场、体育场馆、娱乐场所等经营场所、公共场所的经营者、管理者或者群众性活动的组织者，未尽到安全保障义务，造成他人损害的，应当承担侵权责任。

因第三人的行为造成他人损害的，由第三人承担侵权责任；经营者、管理者或者组织者未尽到安全保障义务的，承担相应的补充责任。经营者、管理者或者组织者承担补充责任后，可以向第三人追偿。

第一千一百九十九条 无民事行为能力人在幼儿园、学校或者其他教育机构学习、生活期间受到人身损害的，幼儿园、学校或者其他教育机构应当承担侵权责任；但是，能够证明尽到教育、管理职责的，不承担侵权责任。

第一千二百条 限制民事行为能力人在学校或者其他教育机构学习、生活期间受到人身损害，学校或者其他教育机构未尽到教育、管理职责的，应当承担侵权责任。

第一千二百零一条 无民事行为能力人或者限制民事行为能力人在幼儿园、学校或者其他教育机构学习、生活期间，受到幼儿园、学校或者其他教育机构以外的第三人人身损害的，由第三人承担侵权责任；幼儿园、学校或者其他教育机构未尽到管理职责的，承担相应的补充责任。幼儿园、学校或者其他教育机构承担补充责任后，可以向第三人追偿。

第四章　产品责任

第一千二百零二条 因产品存在缺陷造成他人损害的，生产者应当承担侵权责任。

第一千二百零三条 因产品存在缺陷造成他人损害的，被侵权人可以向产品的生产者请求赔偿，也可以向产品的销售者请求赔偿。

产品缺陷由生产者造成的，销售者赔偿后，有权向生产者追偿。因销售者的过错使产品存在缺陷的，生产者赔偿后，有权向销售者追偿。

第一千二百零四条 因运输者、仓储者等第三人的过错使产品存在缺陷，造成他人损害的，产品的生产者、销售者赔偿后，有权向第三人追偿。

第一千二百零五条 因产品缺陷危及他人人身、财产安全的，被侵权人有权请求生产者、销售者承担停止侵害、排除妨碍、消除危险等侵权责任。

第一千二百零六条 产品投入流通后发现存在缺陷的，生产者、销售者应当及时采取停止销售、警示、召回等补救措施；未及时采取补救措施或者补救措施不力造成损害扩大的，对扩大的损害也应当承担侵权责任。

依据前款规定采取召回措施的，生产者、销售者应当负担被侵权人因此支出的必要费用。

第一千二百零七条 明知产品存在缺陷仍然生产、销售，或者没有依据前条规定采取有效补救措施，造成他人死亡或者健康严重损害的，被侵权人有权请求相应的惩罚性赔偿。

第五章　机动车交通事故责任

第一千二百零八条 机动车发生交通事故造成损害的，依照道路交通安全法律和本法的有关规定承担赔偿责任。

第一千二百零九条 因租赁、借用等情形机动车所有人、管理人与使用人不是同一人时，发生交通事故造成损害，属于该机动车一方责任的，由机动车使用人承担赔偿责任；机动车所有人、管理人对损害的发生有过错的，承担相应的赔偿责任。

第一千二百一十条 当事人之间已经以买卖或者其他方式转让并交付机动车但是未办理登记，发生交通事故造成损害，属于该机动车一方责任的，由受让人承担赔偿责任。

第一千二百一十一条 以挂靠形式从事道路运输经营活动的机动车，发生交通事故造成损害，属于该机动车一方责任的，由挂靠人和被挂靠人承担连带责任。

第一千二百一十二条 未经允许驾驶他人机动车，发生交通事故造成损害，属于该机动车一方责任的，由机动车使用人承担赔偿责任；机动车所有人、管理人对损害的发生有过错的，承担相应的赔偿责任，但是本章另有规定的除外。

第一千二百一十三条 机动车发生交通事故造成损害，属于该机动车一方责任的，先由承保机动车强制保险的保险人在强制保险责任限额范围内予以赔偿；不足部分，由承保机动车商业保险的保险人按照保险合同的约定予以赔偿；仍然不足或者没有投保机动车商业保险的，由侵权人赔偿。

第一千二百一十四条 以买卖或者其他方式转让拼装或者已经达到报废标准的机动车，发生交通事故造成损害的，由转让人和受让人承担连带责任。

第一千二百一十五条 盗窃、抢劫或者抢夺的机动车发生交通事故造成损害的，由盗窃人、抢劫人或者抢夺人承担赔偿责任。盗窃人、抢劫人或者抢夺人与机动车使用人不是同一人，发生交通事故造成损害，属于该机动车一方责任的，由盗窃人、抢劫人或者抢夺人与机动车使用人承担连带责任。

保险人在机动车强制保险责任限额范围内垫付抢救费用的，有权向交通事故责任人追偿。

第一千二百一十六条 机动车驾驶人发生交通事故后逃逸，该机动车参加强制保险的，由保险人在机动车强制保险责任限额范围内予以赔偿；机动车不明、该机动车未参加强制保险或者抢救费用超过机动车强制保险责任限额，需要支付被侵权人人身伤亡的抢救、丧葬等费用的，由道路交通事故社会救助基金垫付。道路交通事故社会救助基金垫付后，其管理机构有权向交通事故责任人追偿。

第一千二百一十七条 非营运机动车发生交通事故造成无偿搭乘人损害，属于该机动车一方责任的，应当减轻其赔偿责任，但是机动车使用人有故意或者重大过失的除外。

第六章 医疗损害责任

第一千二百一十八条 患者在诊疗活动中受到损害，医疗机构或者其医务人员有过错的，由医疗机构承担赔偿责任。

第一千二百一十九条 医务人员在诊疗活动中应当向患者说明病情和医疗措施。需要实施手术、特殊检查、特殊治疗的，医务人员应当及时向患者具体说明医疗风险、替代医疗方案等情况，并取得其明确同意；不能或者不宜向患者说明的，应当向患者的近亲属说明，并取得其明确同意。

医务人员未尽到前款义务，造成患者损害的，医疗机构应当承担赔偿责任。

第一千二百二十条 因抢救生命垂危的患者等紧急情况，不能取得患者或者其近亲属意见的，经医疗机构负责人或者授权的负责人批准，可以立即实施相应的医疗措施。

第一千二百二十一条 医务人员在诊疗活动中未尽到与当时的医疗水平相应的诊疗义务，造成患者损害的，医疗机构应当承担赔偿责任。

第一千二百二十二条 患者在诊疗活动中受到损害，有下列情形之一的，推定医疗机构有过错：

（一）违反法律、行政法规、规章以及其他有关诊疗规范的规定；

（二）隐匿或者拒绝提供与纠纷有关的病历资料；

（三）遗失、伪造、篡改或者违法销毁病历资料。

第一千二百二十三条 因药品、消毒产品、医疗器械的缺陷，或者输入不合格的血液造成患者损害的，患者可以向药品上市许可持有人、生产者、血液提供机构请求赔偿，也可以向医疗机构请求赔偿。患者向医疗机构请求赔偿的，医疗机构赔偿后，有权向负有责任的药品上市许可持有人、生产者、血液提供机构追偿。

第一千二百二十四条 患者在诊疗活动中受到损害，有下列情形之一的，医疗机构不承担赔偿责任：

（一）患者或者其近亲属不配合医疗机构进行符合诊疗规范的诊疗；

（二）医务人员在抢救生命垂危的患者等紧急情况下已经尽到合理诊疗义务；

（三）限于当时的医疗水平难以诊疗。

前款第一项情形中，医疗机构或者其医务人员也有过错的，应当承担相应的赔偿责任。

第一千二百二十五条 医疗机构及其医务人员应当按照规定填写并妥善保管住院志、医嘱单、检验报告、手术及麻醉记录、病理资料、护理记录等病历资料。

患者要求查阅、复制前款规定的病历资料的，医疗机构应当及时提供。

第一千二百二十六条 医疗机构及其医务人员应当对患者的隐私和个人信息保密。泄露患者的隐私和个人信息，或者未经患者同意公开其病历资料的，应当承担侵权责任。

第一千二百二十七条 医疗机构及其医务人员不得违反诊疗规范实施不必要的检查。

第一千二百二十八条 医疗机构及其医务人员的合法权益受法律

保护。

干扰医疗秩序，妨碍医务人员工作、生活，侵害医务人员合法权益的，应当依法承担法律责任。

第七章　环境污染和生态破坏责任

第一千二百二十九条　因污染环境、破坏生态造成他人损害的，侵权人应当承担侵权责任。

第一千二百三十条　因污染环境、破坏生态发生纠纷，行为人应当就法律规定的不承担责任或者减轻责任的情形及其行为与损害之间不存在因果关系承担举证责任。

第一千二百三十一条　两个以上侵权人污染环境、破坏生态的，承担责任的大小，根据污染物的种类、浓度、排放量，破坏生态的方式、范围、程度，以及行为对损害后果所起的作用等因素确定。

第一千二百三十二条　侵权人违反法律规定故意污染环境、破坏生态造成严重后果的，被侵权人有权请求相应的惩罚性赔偿。

第一千二百三十三条　因第三人的过错污染环境、破坏生态的，被侵权人可以向侵权人请求赔偿，也可以向第三人请求赔偿。侵权人赔偿后，有权向第三人追偿。

第一千二百三十四条　违反国家规定造成生态环境损害，生态环境能够修复的，国家规定的机关或者法律规定的组织有权请求侵权人在合理期限内承担修复责任。侵权人在期限内未修复的，国家规定的机关或者法律规定的组织可以自行或者委托他人进行修复，所需费用由侵权人负担。

第一千二百三十五条　违反国家规定造成生态环境损害的，国家规定的机关或者法律规定的组织有权请求侵权人赔偿下列损失和费用：

（一）生态环境受到损害至修复完成期间服务功能丧失导致的损失；

（二）生态环境功能永久性损害造成的损失；

（三）生态环境损害调查、鉴定评估等费用；

（四）清除污染、修复生态环境费用；

（五）防止损害的发生和扩大所支出的合理费用。

第八章　高度危险责任

第一千二百三十六条　从事高度危险作业造成他人损害的，应当承担侵权责任。

第一千二百三十七条　民用核设施或者运入运出核设施的核材料发生核事故造成他人损害的，民用核设施的营运单位应当承担侵权责任；但是，能够证明损害是因战争、武装冲突、暴乱等情形或者受害人故意造成的，不承担责任。

第一千二百三十八条　民用航空器造成他人损害的，民用航空器的经营者应当承担侵权责任；但是，能够证明损害是因受害人故意造成的，不承担责任。

第一千二百三十九条　占有或者使用易燃、易爆、剧毒、高放射性、强腐蚀性、高致病性等高度危险物造成他人损害的，占有人或者使用人应当承担侵权责任；但是，能够证明损害是因受害人故意或者不可抗力造成的，不承担责任。被侵权人对损害的发生有重大过失的，可以减轻占有人或者使用人的责任。

第一千二百四十条　从事高空、高压、地下挖掘活动或者使用高速轨道运输工具造成他人损害的，经营者应当承担侵权责任；但是，能够证明损害是因受害人故意或者不可抗力造成的，不承担责任。被侵权人对损害的发生有重大过失的，可以减轻经营者的责任。

第一千二百四十一条　遗失、抛弃高度危险物造成他人损害的，由所有人承担侵权责任。所有人将高度危险物交由他人管理的，由管理人承担侵权责任；所有人有过错的，与管理人承担连带责任。

第一千二百四十二条　非法占有高度危险物造成他人损害的，由非法占有人承担侵权责任。所有人、管理人不能证明对防止非法占有尽到高度注意义务的，与非法占有人承担连带责任。

第一千二百四十三条　未经许可进入高度危险活动区域或者高度危险物存放区域受到损害，管理人能够证明已经采取足够安全措施并尽到充分警示义务的，可以减轻或者不承担责任。

第一千二百四十四条　承担高度危险责任，法律规定赔偿限额的，依照其规定，但是行为人有故意或者重大过失的除外。

第九章　饲养动物损害责任

第一千二百四十五条　饲养的动物造成他人损害的，动物饲养人或者管理人应当承担侵权责任；但是，能够证明损害是因被侵权人故意或者重大过失造成的，可以不承担或者减轻责任。

第一千二百四十六条　违反管理规定，未对动物采取安全措施造成他人损害的，动物饲养人或者管理人应当承担侵权责任；但是，能够证明损害是因被侵权人故意造成的，可以减轻责任。

第一千二百四十七条　禁止饲养的烈性犬等危险动物造成他人损害的，动物饲养人或者管理人应当承担侵权责任。

第一千二百四十八条　动物园的动物造成他人损害的，动物园应当承担侵权责任；但是，能够证明尽到管理职责的，不承担侵权责任。

第一千二百四十九条　遗弃、逃逸的动物在遗弃、逃逸期间造成他人损害的，由动物原饲养人或者管理人承担侵权责任。

第一千二百五十条　因第三人的过错致使动物造成他人损害的，被侵权人可以向动物饲养人或者管理人请求赔偿，也可以向第三人请求赔偿。动物饲养人或者管理人赔偿后，有权向第三人追偿。

第一千二百五十一条　饲养动物应当遵守法律法规，尊重社会公德，不得妨碍他人生活。

第十章　建筑物和物件损害责任

第一千二百五十二条　建筑物、构筑物或者其他设施倒塌、塌陷造成他人损害的，由建设单位与施工单位承担连带责任，但是建设单位与施工单位能够证明不存在质量缺陷的除外。建设单位、施工单位赔偿后，有其他责任人的，有权向其他责任人追偿。

因所有人、管理人、使用人或者第三人的原因，建筑物、构筑物或者其他设施倒塌、塌陷造成他人损害的，由所有人、管理人、使用人或者第三人承担侵权责任。

第一千二百五十三条　建筑物、构筑物或者其他设施及其搁置物、悬挂物发生脱落、坠落造成他人损害，所有人、管理人或者使用人不能证明自己没有过错的，应当承担侵权责任。所有人、管理人或者使用人赔偿后，有其他责任人的，有权向其他责任人追偿。

第一千二百五十四条　禁止从建筑物中抛掷物品。从建筑物中抛掷物品或者从建筑物上坠落的物品造成他人损害的，由侵权人依法承担侵权责任；经调查难以确定具体侵权人的，除能够证明自己不是侵权人的外，由可能加害的建筑物使用人给予补偿。可能加害的建筑物使用人补偿后，有权向侵权人追偿。

物业服务企业等建筑物管理人应当采取必要的安全保障措施防止前款规定情形的发生；未采取必要的安全保障措施的，应当依法承担未履行安全保障义务的侵权责任。

发生本条第一款规定的情形的，公安等机关应当依法及时调查，查清责任人。

第一千二百五十五条　堆放物倒塌、滚落或者滑落造成他人损害，堆放人不能证明自己没有过错的，应当承担侵权责任。

第一千二百五十六条　在公共道路上堆放、倾倒、遗撒妨碍通行的物品造成他人损害的，由行为人承担侵权责任。公共道路管理人不能证明已经尽到清理、防护、警示等义务的，应当承担相应的责任。

第一千二百五十七条 因林木折断、倾倒或者果实坠落等造成他人损害，林木的所有人或者管理人不能证明自己没有过错的，应当承担侵权责任。

第一千二百五十八条 在公共场所或者道路上挖掘、修缮安装地下设施等造成他人损害，施工人不能证明已经设置明显标志和采取安全措施的，应当承担侵权责任。

窨井等地下设施造成他人损害，管理人不能证明尽到管理职责的，应当承担侵权责任。

最高人民法院

关于审理食品药品惩罚性赔偿纠纷案件适用法律若干问题的解释

法释〔2024〕9 号

（2024 年 3 月 18 日最高人民法院审判委员会第 1918 次会议通过
2024 年 8 月 21 日最高人民法院公告公布
自 2024 年 8 月 22 日起施行）

为正确审理食品药品惩罚性赔偿纠纷案件，依法保护食品药品安全和消费者合法权益，根据《中华人民共和国民法典》、《中华人民共和国消费者权益保护法》、《中华人民共和国食品安全法》、《中华人民共和国药品管理法》等法律规定，结合审判实践，制定本解释。

第一条 购买者因个人或者家庭生活消费需要购买的食品不符合食品安全标准，购买后依照食品安全法第一百四十八条第二款规定请求生产者或者经营者支付惩罚性赔偿金的，人民法院依法予以支持。

没有证据证明购买者明知所购买食品不符合食品安全标准仍然购买的，人民法院应当根据购买者请求以其实际支付价款为基数计算价款十倍的惩罚性赔偿金。

第二条 购买者明知所购买食品不符合食品安全标准或者所购买药品是假药、劣药，购买后请求经营者返还价款的，人民法院应予支持。

经营者请求购买者返还食品、药品，如果食品标签、标志或者说明书不符合食品安全标准，食品生产者在采取补救措施且能保证食品安全的情况下可以继续销售的，人民法院应予支持；应当对食品、药品采取无害化处理、销毁等措施的，依照食品安全法、药品管理法的相关规定处理。

第三条 受托人明知购买者委托购买的是不符合食品安全标准的食品或者假药、劣药仍然代购，购买者依照食品安全法第一百四十八条第二款或者药品管理法第一百四十四条第三款规定请求受托人承担惩罚性赔偿责任的，人民法院应予支持，但受托人不以代购为业的除外。

以代购为业的受托人明知是不符合食品安全标准的食品或者假药、劣药仍然代购，向购买者承担惩罚性赔偿责任后向生产者追偿的，人民法院不予支持。受托人不知道是不符合食品安全标准的食品或者假药、劣药而代购，向购买者承担赔偿责任后向生产者追偿的，人民法院依法予以支持。

第四条 食品生产加工小作坊和食品摊贩等生产经营的食品不符合食品安全标准，购买者请求生产者或者经营者依照食品安全法第一百四十八条第二款规定承担惩罚性赔偿责任的，人民法院应予支持。

食品生产加工小作坊和食品摊贩等生产经营的食品不符合省、自治区、直辖市制定的具体管理办法等规定，但符合食品安全标准，购买者请求生产者或者经营者依照食品安全法第一百四十八条第二款规定承担惩罚性赔偿责任的，人民法院不予支持。

第五条 食品不符合食品中危害人体健康物质的限量规定，食品添加剂的品种、使用范围、用量要求，特定人群的主辅食品的营养成分要求，与卫生、营养等食品安全要求有关的标签、标志、说明书要求以及与食品安全有关的质量要求等方面的食品安全标准，购买者依照食品安全法第一百四十八条第二款规定请求生产者或者经营者承担惩罚性赔偿责任的，人民法院应予支持。

第六条 购买者以食品的标签、说明书不符合食品安全标准为由请求生产者或者经营者支付惩罚性赔偿金，生产者或者经营者以食品的标签、说明书瑕疵不影响食品安全且不会对消费者造成误导为由进行抗辩，存在下列情形之一的，人民法院对生产者或者经营者的抗辩不予支持：

（一）未标明食品安全标准要求必须标明的事项，但属于本解释第八条规定情形的除外；

（二）故意错标食品安全标准要求必须标明的事项；

（三）未正确标明食品安全标准要求必须标明的事项，足以导致消费者对食品安全产生误解。

第七条 购买者以食品的标签、说明书不符合食品安全标准为由请求生产者或者经营者支付惩罚性赔偿金，生产者或者经营者以食品的标签、说明书虽不符合食品安全标准但不影响食品安全为由进行抗辩的，人民法院对其抗辩不予支持，但食品的标签、说明书瑕疵同时符合下列情形的除外：

（一）根据食品安全法第一百五十条关于食品安全的规定，足以认定标签、说明书瑕疵不影响食品安全；

（二）根据购买者在购买食品时是否明知瑕疵存在、瑕疵是否会导致普通消费者对食品安全产生误解等事实，足以认定标签、说明书瑕疵不会对消费者造成误导。

第八条 购买者以食品的标签、说明书不符合食品安全标准为由请求生产者或者经营者支付惩罚性赔偿金，食品的标签、说明书虽存在瑕疵但属于下列情形之一的，人民法院不予支持：

（一）文字、符号、数字的字号、字体、字高不规范，或者外文字号、字高大于中文；

（二）出现错别字、多字、漏字、繁体字或者外文翻译不准确，但不会导致消费者对食品安全产生误解；

（三）净含量、规格的标示方式和格式不规范，食品、食品添加剂以及配料使用的俗称或者简称等不规范，营养成分表、配料表顺序、数值、单位标示不规范，或者营养成分表数值修约间隔、“0”界限值、标示单位不规范，但不会导致消费者对食品安全产生误解；

（四）对没有特殊贮存条件要求的食品，未按照规定标示贮存条件；

（五）食品的标签、说明书存在其他瑕疵，但不影响食品安全且不会对消费者造成误导。

第九条 经营明知是不符合食品安全标准的食品或者明知是假药、劣药仍然销售、使用的行为构成欺诈，购买者选择依照食品安全法第一百四十八条第二款、药品管理法第一百四十四条第三款或者消费者权益保护法第五十五条第一款规定起诉请求经营者承担惩罚性赔偿责任的，人民法院应予支持。

购买者依照食品安全法第一百四十八条第二款或者药品管理法第一百四十四条第三款规定起诉请求经营者承担惩罚性赔偿责任，人民法院经审理认为购买者请求不成立但经营者行为构成欺诈，购买者变更为依照消费者权益保护法第五十五条第一款规定请求经营者承担惩罚性赔偿责任的，人民法院应当准许。

第十条 购买者因个人或者家庭生活消费需要购买的药品是假药、劣药，依照药品管理法第一百四十四条第三款规定请求生产者或者经营者支付惩罚性赔偿金的，人民法院依法予以支持。

第十一条 购买者依照药品管理法第一百四十四条第三款规定请求生产者或者经营者支付惩罚性赔偿金，生产者或者经营者抗辩不应适用药品管理法第一百四十四条第三款规定，存在下列情形之一的，人民法院对其抗辩应予支持：

（一）不以营利为目的实施带有自救、互助性质的生产、销售少量药品行为，且未造成他人伤害后果；

（二）根据民间传统配方制售药品，数量不大，且未造成他人伤害后果；

（三）不以营利为目的实施带有自救、互助性质的进口少量境外合法上市药品行为。

对于是否属于民间传统配方难以确定的，可以根据地市级以上药品监督管理部门或者有关部门出具的意见，结合其他证据作出认定。

行政机关作出的处罚决定或者行政机关、药品检验机构提供的检验结论、认定意见等证据足以证明生产、销售或者使用的药品属于假药、劣药的，不适用本条第一款规定。

第十二条 购买者明知所购买食品不符合食品安全标准，依照食品安全法第一百四十八条第二款规定请求生产者或者经营者支付价款十倍的惩罚性赔偿金的，人民法院应当在合理生活消费需要范围内依法支持购买者诉讼请求。

人民法院可以综合保质期、普通消费者通常消费习惯等因素认定购买者合理生活消费需要的食品数量。

生产者或者经营者主张购买者明知所购买食品不符合食品安全标准仍然购买索赔的，应当提供证据证明其主张。

第十三条 购买者明知食品不符合食品安全标准，在短时间内多次购买，并依照食品安全法第一百四十八条第二款规定起诉请求同一生产者或者经营者按每次购买金额分别计算惩罚性赔偿金的，人民法院应当根据购买者多次购买相同食品的总数，在合理生活消费需要范围内依法支持其诉讼请求。

第十四条 购买者明知所购买食品不符合食品安全标准，在短时间内多次购买，并多次依照食品安全法第一百四十八条第二款规定就同一不符合食品安全标准的食品起诉请求同一生产者或者经营者支付惩罚性赔偿金的，人民法院应当在合理生活消费需要范围内依法支持其诉讼请求。

人民法院可以综合保质期、普通消费者通常消费习惯、购买者的购买频次等因素认定购买者每次起诉的食品数量是否超出合理生活消费需要。

第十五条 人民法院在审理食品药品纠纷案件过程中，发现购买者恶意制造生产者或者经营者违法生产经营食品、药品的假象，以投诉、起诉等方式相要挟，向生产者或者经营者索取赔偿金，涉嫌敲诈勒索的，应当及时将有关违法犯罪线索、材料移送公安机关。

第十六条 购买者恶意制造生产者或者经营者违法生产经营食品、药品的假象，起诉请求生产者或者经营者承担赔偿责任的，人民法院应当驳回购买者诉讼请求；构成虚假诉讼的，人民法院应当依照民事诉讼法相关规定，根据情节轻重对其予以罚款、拘留。

购买者行为侵害生产者或者经营者的名誉权等权利，生产者或者经营者请求购买者承担损害赔偿等民事责任的，人民法院应予支持。

第十七条 人民法院在审理食品药品纠纷案件过程中，发现当事人的行为涉嫌生产、销售有毒、有害食品及假药、劣药，虚假诉讼等违法犯罪的，应当及时将有关违法犯罪线索、材料移送有关行政机关和公安机关。

第十八条 人民法院在审理食品药品纠纷案件过程中，发现违法生产、销售、使用食品、药品行为的，可以向有关行政机关、生产者或者经营者发出司法建议。

第十九条 本解释自2024年8月22日起施行。

本解释施行后尚未终审的民事案件，适用本解释；本解释施行前已经终审，当事人申请再审或者按照审判监督程序决定再审的民事案件，不适用本解释。

解读《最高人民法院关于审理食品药品惩罚性赔偿纠纷案件适用法律若干问题的解释》

陈宜芳 吴景丽 谢 勇 王永明*

《最高人民法院关于审理食品药品惩罚性赔偿纠纷案件适用法律若干问题的解释》（以下简称《解释》）已于2024年3月18日由最高人民法院审判委员会第1918次会议审议通过，自2024年8月22日起施行。为便于司法实践中正确理解和适用，现就《解释》的制定背景、起草过程、基本思路和主要内容介绍如下。

一、《解释》的制定背景和起草过程

消费案虽“小”，却牵系大民生。食品药品安全是人民群众最关心、最直接、最现实的利益问题。为贯彻落实习近平总书记提出的“四个最严”要求，积极回应新时代人民群众对食品药品安全的新期

* 作者单位：最高人民法院民事审判第一庭。

待，服务保障经济社会高质量发展，最高人民法院先后制定《最高人民法院关于审理食品安全民事纠纷案件适用法律若干问题的解释（一）》《最高人民法院关于为促进消费提供司法服务和保障的意见》，发布食品安全惩罚性赔偿指导性案例和典型案例，对规范市场秩序、改善法治环境、保护食品药品安全、维护消费者合法权益发挥了重要作用。

随着经济社会发展、人民群众对食品药品安全期望提高和食品药品生产经营环境变化，实践中出现了新的食品药品安全纠纷法律适用问题，食品药品安全纠纷案件裁判尺度有待统一。例如，食品的标签、说明书不符合食品安全标准，是否影响食品安全，生产者或经营者是否应当承担惩罚性赔偿责任；哪些情形属于食品安全法第一百四十八条第二款规定的标签、说明书瑕疵，生产者或者经营者不需要承担惩罚性赔偿责任；代购人、小作坊、食品摊贩等主体是否应当承担惩罚性赔偿责任；“知假买假”者通过大额购买、连续购买、反复索赔牟取高额赔偿金，是否应当支持其惩罚性赔偿请求；购买者违法维权应当承担什么法律责任；等等。

为进一步深入贯彻习近平总书记提出的“四个最严”要求，贯彻落实党的二十届三中全会关于完善食品药品安全责任体系和惩罚性赔偿制度要求，积极回应新时代人民群众对食品药品安全的新期待，服务保障经济社会高质量发展，针对实践中争议的食品标签及说明书瑕疵认定、代购人责任、小作坊责任、“知假买假”索赔等问题，最高人民法院于2023年启动《解释》立项工作。起草过程中，多次征求立法机关、行政机关、消费者权益保护组织、下级法院、全国人大代表、全国政协委员、专家学者、消费者、生产经营者等各方面意见，并于2023年11月30日向社会公开征求意见。在综合各方意见的基础上，经过多次论证、修改，形成送审稿，提请最高人民法院审判委员会审议后通过。

二、《解释》起草的基本思路

《解释》起草过程中，最高人民法院正确处理以下四个关系，依法保护食品药品安全，促进生产经营者守法诚信经营，引导消费者依法理性维权。

一是正确处理保护消费者合法权益与促进经济社会持续健康发展的关系。《解释》起草过程中，一方面，坚持将消费者权益保护放在首位，努力解决人民群众普遍关心的食品药品安全问题，切实增强人民群众的获得感、幸福感、安全感；另一方面，在加强消费者权益保护的同时，贯彻“过罚相当”原则，规制高额索赔行为，避免生产者或者经营者小过担大责，维护正常生产经营秩序，服务和保障经济社会高质量发展。

二是正确处理保护维权行为和惩治违法索赔的关系。《解释》始终坚持保护消费者维权行为，充分肯定在保护食品药品安全方面人民群众主体作用和监督作用。同时，依法打击敲诈勒索、虚假诉讼等违法索赔行为，保障正常生产经营秩序免受违法索赔干扰。

三是正确处理统一规则与依法裁量的关系。《解释》坚持以生活消费需要为支持购买者惩罚性赔偿请求的条件，统一裁判尺度。同时，允许各地法院根据具体情况判断合理生活消费需要范围，依法作出裁判，实现司法公正。

四是正确处理民事审判与行政监管和刑事打击的关系。《解释》起草过程中，坚持加强与行政机关沟通协调，确保执法理念和尺度相统一，并专门就线索移送、司法建议等民事审判与行政监管、刑事打击的衔接机制作出规定。为配合《解释》的实施，最高人民法院正与行政主管部门就加强民事审判与行政执法工作衔接进行协商，完善合作机制，形成法治合力。

三、《解释》的主要内容

《解释》共19条，对保护普通消费者维权、退款和返还食品药品、代购人责任、小作坊责任、标签和说明书瑕疵认定、惩罚性赔偿责任竞合、生产经营假药劣药责任、惩罚性赔偿金基数认定、规制反复索赔、惩治违法索赔等作出规定，主要内容包括以下几个方面。

（一）对普通消费者原则上应以实际支付价款作为计算惩罚性赔偿金的基数

2023年11月，最高人民法院发布四则典型案例，明确在合理生活消费需要范围内支持惩罚性赔偿请求，以解决实践中有的购买者超出合理生活消费需要大额购买、高额索赔，扰乱市场秩序，损害生产经营者合法权益的问题。关于这一规则是只适用于“知假买假”者还是适用于包括普通消费者在内的全部购买者的问题，实践中存在不同认识。食品安全法第一百四十八条第二款和药品管理法第一百四十四条第三款规定的惩罚性赔偿制度是为了保护消费者利益。更准确地说，上述规定保护的对象是消费行为。同一主体在不同情境下行为性质不同。例如，某自然人经营一家餐馆，同时从经营者处购买5桶食用油，1桶用于家庭消费，4桶用于餐馆经营。该自然人发现食用油不符合食品安全标准后，起诉请求经营者对5桶食用油均承担惩罚性赔偿责任。该自然人购买1桶食用油的行为属于消费行为，应就该桶食用油支持其提出的价款十倍的惩罚性赔偿请求。《解释》坚持以在生活消费需要范围内作为适用食品药品惩罚性赔偿制度的条件，统一了裁判尺度。普通消费者因个人或者家庭生活消费需要购买食品药品，数量通常不大，原则上应当以实际支付价款为计算惩罚性赔偿金的基数，充分保护普通消费者维权行为，避免因规范“知假买假”而增加普通消费者维权成本。

（二）确立退款和返还食品、药品规则

食品、药品“退一赔十”赔偿责任中，“退一”和“赔十”是不同性质的责任。前者是补偿性赔偿责任，主要以填补损失为目的；后者是惩罚性赔偿责任，主要以打击和遏制违法行为为目的。《解释》第二条对“退一”赔偿责任作出规定。依照民法典第一百五十七条规定，合同无效的情况下，应当返还财产或者折价补偿。故《解释》第二条第一款规定：“购买者明知所购买食品不符合食品安全标准或者所购买药品是假药、劣药，购买后请求经营者返还价款的，人民法院应予支持。”

依照民法典第一百五十七条规定，在经营者向购买者返还价款的情况下，购买者亦应当向经营者返还食品、药品，如果不能返还，则应当折价补偿。但是，如果问题食品、药品退还经营者后再次进入市场，会对消费者权益造成损害。对此，《解释》（征求意见稿）第一条第二款规定：“经营者请求购买者返还食品、药品的，人民法院应当依法支持。返还食品、药品依法不能再次销售的，人民法院可以在裁判文书中说明。”在向社会征求意见过程中，对本款规定的意见主要是要求人民法院或者行政主管部门对问题食品、药品采取无害化处理、销毁等措施，避免问题食品、药品再次流入市场。经研究，我们采纳了这一建议，对本款规定作出修改：一是规定食品标签、标志或者说明书不符合食品安全标准，食品生产者在采取补救措施且能保证食品安全的情况下依法可以继续销售的，经营者有权请求购买者返还食品、药品；二是规定应当对食品、药品采取无害化处理、销毁等措施的，则应当依照食品安全法、药品管理法的相关规定处理。

（三）规定职业代购人应当依法承担惩罚性赔偿责任

随着互联网经济发展，代购已经成为消费者重要的购物方式。关于

代购人责任在实践中存在不同认识，《解释》对这一问题作出规定。在《解释》起草过程中，关于代购人责任形成两种观点：一是代购人与消费者之间形成委托代理关系，代理行为的法律后果由作为被代理人的消费者承担，而且所购买食品、药品的种类、数量都由消费者决定，因此，代购人不应当承担惩罚性赔偿责任；二是代购人作为经营者，应当承担经营者责任。代购人明知是不符合食品安全标准的食品或者假药、劣药仍然代购的，应当承担惩罚性赔偿责任。

《解释》第三条综合考虑各方意见，对不同性质的代购行为规定了不同责任。一是人民群众之间偶发、互助性质的代购不适用惩罚性赔偿责任。此类代购行为不属于经营行为，代购人不应当承担本应由经营者承担的惩罚性赔偿责任。二是以代购为业的代购人属于经营者，应当依法承担惩罚性赔偿责任。以代购为业的代购人明知购买者委托购买的是不符合食品安全标准的食品或者假药、劣药，仍然代购的，应当依法承担惩罚性赔偿责任。

《解释》第三条第二款对代购人的追偿权作出规定。一是规定代购人承担惩罚性赔偿责任后无权向生产者追偿。惩罚性赔偿责任以打击和遏制违法行为为目标。代购人系对自身过错行为承担惩罚性赔偿责任，如果允许其向生产者追偿，不利于打击和遏制违法代购行为。二是规定受托人不知道是不符合食品安全标准的食品或者假药、劣药而代购，向购买者承担赔偿责任后有权依法向生产者追偿。经营性代购行为与其他经营行为性质相同，本款关于代购人追偿权的规定也适用于其他经营者。

（四）规定小作坊等承担惩罚性赔偿责任的条件

关于食品生产加工小作坊和食品摊贩等生产经营不符合食品安全标准的食品，是否适用食品安全法第一百四十八条第二款关于惩罚性赔偿责任规定的问题，实践中存在不同认识。第一种观点认为不应当适用。

理由是：食品安全法第三十六条第三款规定："食品生产加工小作坊和食品摊贩等的具体管理办法由省、自治区、直辖市制定。"第一百二十七条规定："对食品生产加工小作坊、食品摊贩等的违法行为的处罚，依照省、自治区、直辖市制定的具体管理办法执行。"依照上述规定，食品生产加工小作坊和食品摊贩等由省、自治区、直辖市管理，不适用食品安全法关于惩罚性赔偿责任的规定。第二种观点认为应当适用。理由是：人民法院应当贯彻落实"四个最严"要求。食品生产加工小作坊和食品摊贩等适用食品安全法关于惩罚性赔偿责任的规定，有利于打击"黑作坊"，保护食品安全。而且，食品安全法第一百四十八条未规定不适用于食品生产加工小作坊和食品摊贩等主体。鉴于食品生产加工小作坊和食品摊贩等数量众多，与人民群众身体健康关系密切，《解释》第四条第一款规定，食品生产加工小作坊和食品摊贩等生产经营的食品不符合食品安全标准，购买者有权请求生产者或者经营者依照食品安全法第一百四十八条第二款规定承担惩罚性赔偿责任。

根据食品安全法第一百二十七条的规定，对食品生产加工小作坊、食品摊贩等的违法行为的处罚，依照省、自治区、直辖市制定的具体管理办法执行。实践中，存在直接以食品是否符合省、自治区、直辖市制定的具体管理办法等规定，而非以是否符合食品安全标准作为认定食品生产加工小作坊和食品摊贩等主体是否承担惩罚性赔偿责任依据的情况。这与食品安全法第一百四十八条第二款规定不符。针对这一问题，《解释》第四条第二款规定，食品生产加工小作坊和食品摊贩等主体承担惩罚性赔偿责任不应当以食品是否符合省、自治区、直辖市制定的具体管理办法等规定为依据，而应当以食品是否符合食品安全标准为依据，避免不当加重食品生产加工小作坊和食品摊贩等主体的责任。

在适用食品安全惩罚性赔偿规则时，应当坚持体系解释的原则。食品安全法关于食品生产加工小作坊和食品摊贩等主体义务的规定主要是第三十六条第一款："食品生产加工小作坊和食品摊贩等从事食品生产经营活动，应当符合本法规定的与其生产经营规模、条件相适应的食品安全要求，保证所生产经营的食品卫生、无毒、无害，食品安全监督管理部门应当对其加强监督管理。”人民法院在处理涉及食品生产加工小作坊和食品摊贩等主体的惩罚性赔偿纠纷案件时，应当聚焦于其生产经营的食品是否符合卫生、无毒、无害这一实质性食品安全要求，既要严格贯彻落实“四个最严”要求、依法保护食品安全，又要充分考虑食品生产加工小作坊和食品摊贩等主体的实际情况；既要依法保护广大合法诚信的食品生产加工小作坊和食品摊贩等主体的权益和正常生产经营秩序，又要严厉打击制售假冒伪劣食品的“黑作坊”。2024年8月，最高人民法院发布的食品安全惩罚性赔偿典型案例陆某诉某酱菜坊产品责任纠纷案，亦明确了小作坊制售安全无害但未标明生产日期和保质期的散装食品不承担惩罚性赔偿责任的裁判规则。

（五）进一步明确食品安全标准与惩罚性赔偿责任的关系

实践中有观点认为，根据食品安全法第一百五十条的规定，食品安全是指食品无毒、无害，符合应当有的营养要求，对人体健康不造成任何急性、亚急性或者慢性危害。食品安全标准的范围非常广泛，有的食品虽然不符合食品安全标准，尤其是关于生产经营过程的食品安全标准，但本身是安全的。这种情况下不宜追究生产者或者经营者的惩罚性赔偿责任。由于不安全食品对消费者身体健康的损害具有长期性、潜伏性，消费者很难证明不符合食品安全标准的食品是否会对身体健康造成实质危害，为保护食品安全和消费者权益，《解释》未采纳这一观点。

《解释》第五条对生产经营不符合哪些食品安全标准的食品应当依法承担惩罚性赔偿责任作出规定。需要注意的是，本条规定未列举“食品生产经营过程的卫生要求”，但在其他各项要求后加了一个“等”字。这个“等”字是指“等外”。根据本条解释的规定，人民法院不能排除过程性食品安全标准的适用，应当对食品不符合过程性食品安全标准是否影响食品安全作出认定。有的生产者生产环境恶劣、生熟食不分、有害物质与食品混放；有的经营者在包装、运输、储存食品过程中违规操作导致食品污染，违反过程性食品安全标准，危害食品安全，应当依法承担惩罚性赔偿责任。

（六）规定标签、说明书瑕疵认定规则

食品标签、说明书不符合食品安全标准，生产者或者经营者是否应当承担惩罚性赔偿责任是社会广泛关注的问题。最高人民法院高度重视食品标签、说明书对于食品安全的重要意义，明确向“食品标签、说明书不重要、不影响食品安全”这一错误观点说“不”。《最高人民法院关于审理食品安全民事纠纷案件适用法律若干问题的解释（一）》第十一条规定：“生产经营未标明生产者名称、地址、成分或者配料表，或者未清晰标明生产日期、保质期的预包装食品，消费者主张生产者或者经营者依据食品安全法第一百四十八条第二款规定承担惩罚性赔偿责任的，人民法院应予支持，但法律、行政法规、食品安全国家标准对标签标注事项另有规定的除外。”在此基础上，《解释》第七条规定，购买者以食品的标签、说明书不符合食品安全标准为由请求生产者或者经营者支付惩罚性赔偿金，生产者或者经营者以食品的标签、说明书虽不符合食品安全标准但不影响食品安全为由进行抗辩的，人民法院对其抗辩不予支持。

食品安全法规定，标签、说明书存在不影响食品安全且不会对消费者造成误导的瑕疵，生产者或者经营者不承担惩罚性赔偿责任。如何认定标签、说明书瑕疵是社会广泛关注的问题，《解释》专门对这一问题作出规定，包括三方面内容。

一是规定不属于食品标签、说明书瑕疵的情形。《解释》第六条规定应标未标、故意错标和重大错标均不属于食品标签、说明书瑕疵。应标未标，是指未标明食品安全标准要求必须标明的事项，但是属于

《解释》第八条规定可以不标示的情形除外。故意错标，是指对于食品安全标准要求必须标明的事项，故意错误标示相关信息，如故意涂改保质期、生产日期。关于故意错标的规定主要针对生产经营假冒伪劣食品的行为，如标示虚假的生产者名称、生产地址。《解释》起草过程中，有人建议对于故意错标也应当区分轻微错标和重大错标，只有故意重大错标才应当承担惩罚性赔偿责任。这一建议未获采纳，主要理由是：其一，在食品标签、说明书上故意错标食品安全标准要求标示的内容，主观过错大，应予追责；其二，在食品标签、说明书上故意错标的内容通常都是对消费者身体健康或者维权具有重大影响的信息，如生产者名称、地址、成分或者配料表、生产日期、保质期等，目的是误导消费者。因此，只要生产者或者经营者故意错标食品安全标准要求标示的内容，就应当依法承担惩罚性赔偿责任。重大错标，是指未正确标明食品安全标准要求必须标明的事项，足以导致消费者对食品安全产生误解的情形。是否属于重大错标，可结合《解释》第七条规定作出认定。

二是规定标签、说明书瑕疵的认定标准。《解释》第七条规定，标签、说明书瑕疵应当同时具备两个条件：其一，不影响食品安全。是否影响食品安全应当依照食品安全法第一百五十条关于食品安全的规定作实质性判断。其二，不会对消费者造成误导。《解释》采取主客观相结合的原则认定标签、说明书瑕疵是否会对消费者造成误导。如果购买者在购买食品时明知存在瑕疵，则不构成误导；如果购买者不明知，则根据瑕疵是否会导致普通消费者对食品安全产生误解等事实进行判断。

三是规定食品标签、说明书瑕疵的表现形式。《解释》第八条根据食品安全法第一百四十八条第二款的规定，在借鉴市场监管总局《食品生产经营监督检查管理办法》第三十七条规定的基础上，明确以下情形属于标签、说明书瑕疵：（1）文字、符号、数字的字号、字体、字高不规范，或者外文字号、字高大于中文；（2）出现错别字、多字、漏字、繁体字或者外文翻译不准确，但不会导致消费者对食品安全产生误解；

(3) 净含量、规格的标示方式和格式不规范，食品、食品添加剂以及配料使用的俗称或者简称等不规范，营养成分表、配料表顺序、数值、单位标示不规范，或者营养成分表数值修约间隔、“0”界限值、标示单位不规范，但不会导致消费者对食品安全产生误解；(4) 对没有特殊贮存条件要求的食品，未按照规定标注贮存条件；(5) 食品的标签、说明书存在其他瑕疵，但不影响食品安全且不会对消费者造成误导。

《解释》起草过程中，对于“对有证据证明未实际添加的成分，标注了‘未添加’，但未按照规定标示具体含量的”情形是否属于标签、说明书瑕疵，存在不同认识。例如，我国消费者盐（钠）摄入量较高，盐的含量对消费者身体健康尤其是特定人群身体健康有重要影响。《食品安全国家标准　预包装食品营养标签通则》第2.4条规定：“营养标签中的核心营养素包括蛋白质、脂肪、碳水化合物和钠。”第4.1条规定：“所有预包装食品营养标签强制标示的内容包括能量、核心营养素的含量值及其占营养素参考值（NRV）的百分比。当标示其他成分时，应采取适当形式使能量和核心营养素的标示更加醒目。”如果食品标签、说明书虽然标注“未添加”盐（钠）等成分，但食材本身含有这些成分，又不按照食品安全标准要求标示该成分的具体含量，仅标注“未添加”盐（钠）等成分，会让消费者误认为食品不含有盐（钠）等成分，导致消费者对食品安全产生误解。因此，上述情形一般不宜认定为标签、说明书瑕疵。

（七）细化和完善药品惩罚性赔偿规则

药品安全与人民群众身体健康权利保护具有紧密联系。《解释》第十条规定：“购买者因个人或者家庭生活消费需要购买的药品是假药、劣药，依照药品管理法第一百四十四条第三款规定请求生产者或者经营者支付惩罚性赔偿金的，人民法院依法予以支持。”2019年修订药品管理法时，删除了2015年药品管理法第四十八条关于“按假药论处”和

第四十九条关于“按劣药论处”的规定。生产、销售国务院药品监督管理部门规定禁止使用的药品、依照药品管理法必须批准而未经批准生产、进口药品或者依照药品管理法必须检验而未经检验即销售的药品等行为是否应当承担惩罚性赔偿责任，在实践中存在不同认识。《解释》起草过程中，充分考虑了2019年修订的药品管理法精神、人民群众需求的多样性以及我国中医药发展传统和习惯。《解释》第十一条规定以下三类行为不应当承担惩罚性赔偿责任。

一是不以营利为目的实施带有自救、互助性质的生产、销售少量药品且未造成他人伤害后果的行为。这类行为是人民群众之间具有自救性、互助性的行为，不以营利为目的，不属于经营行为，故无须承担惩罚性赔偿责任。

二是根据民间传统配方制售药品，数量不大，且未造成他人伤害后果的行为。中医建立在长年经验积累和累世传承的基础之上。有人根据民间传统配方制售药品，解决周边群众求医问药困难，甚至在部分群众中具有较高威信。《解释》充分考虑我国部分地区群众就医需求和民间传统医药发展需要，规定只要这种行为未造成他人伤害后果，就无须承担惩罚性赔偿责任。

三是不以营利为目的实施带有自救、互助性质的进口少量境外合法上市药品的行为。这类行为也是人民群众之间具有自救性、互助性的行为，不以营利为目的，不属于经营行为，故不应承担惩罚性赔偿责任。本规定适用需具备两个条件：其一，进口少量药品；其二，进口境外合法上市药品。

如果已经有证据证明诉争行为系生产、销售或者使用假药、劣药，例如，行政机关出具的处罚决定或者行政机关、药品检验机构提供的检验结论、认定意见等证据已经对诉争行为性质作出认定，人民法院就应当依据已有证据对诉争行为是否属于生产、销售或者使用假药、劣药的行为作出认定。

（八）规定不同惩罚性赔偿责任的适用规则

《解释》第九条规定消费者有权选择“退一赔三”或者“退一赔十”，以加强消费者权益保护。这解决了在生产者或者经营者行为同时符合“退一赔三”和“退一赔十”两个惩罚性赔偿责任构成要件，消费者请求“退一赔十”，但只支持“退一赔三”的问题。“退一赔三”是指消费者受到欺诈后，除请求返还价款外，还有权依据消费者权益保护法第五十五条第一款规定，请求经营者按照消费者购买商品的价款或者接受服务的费用的三倍支付惩罚性赔偿金。“退一赔十”是指消费者购买到不符合食品安全标准的食品或者假药、劣药后，除请求返还价款外，还有权依照食品安全法第一百四十八条第二款或者药品管理法第一百四十四条第三款的规定请求生产者或者经营者支付价款十倍的惩罚性赔偿金。消费者也有权依照上述规定请求生产者或者经营者支付损失三倍的惩罚性赔偿金，但实践中，消费者多主张“退一赔十”。本条第二款还规定，消费者如果错误起诉“退一赔十”，诉讼中有权依法变更为“退一赔三”。因变更后的主张未超出原诉讼请求范围，人民法院可依法作出裁判，不要求消费者必须以变更诉讼请求的方式变更主张，避免增加消费者维权成本、造成程序空转。

（九）规制恶意高额索赔

食品药品惩罚性赔偿制度对于打击和遏制违法生产经营食品药品行为、保护食品药品安全和消费者合法权益发挥了积极作用。有的购买者为牟取不当利益，利用食品安全法、药品管理法和《最高人民法院关于审理食品药品纠纷案件适用法律若干问题的规定》第三条规定，远超出生活消费需要大量购买食品药品，通过增加支付价款的方式，达到高额索赔目的；有的购买者在知道食品或者药品存在问题的情况下，短时间内对同一生产者或者经营者生产经营的同一食品或者药品连续购买、反复索赔，试图增加索赔金额。这些行为导致部分生产者或者经营者“小过担大责”，背离食品安全法、药品管理法和《最高人民法院关于审理食品药品纠纷案件适用法律若干问题的规定》等法律和司法解释规定精神，也引发了是否应当支持“知假买假”的争议。

“知假买假”并不是法律概念。人民群众通俗地把购买者知道食品不符合食品安全标准或者药品是假药、劣药仍然购买并维权索赔的行为称为“知假买假”。长期以来，社会各界对于是否应当支持“知假买假”的问题存在争议。对此，《最高人民法院关于审理食品药品纠纷案件适用法律若干问题的规定》第三条规定：“因食品、药品质量问题发生纠纷，购买者向生产者、销售者主张权利，生产者、销售者以购买者明知食品、药品存在质量问题而仍然购买为由进行抗辩的，人民法院不予支持。”针对实践中有的“知假买假”者超出合理生活消费需要大额购买、高额索赔带来的问题，最高人民法院于2023年11月发布四则典型案例，明确在合理生活消费需要范围内支持购买者惩罚性赔偿请求。《解释》在之前裁判规则的基础上，从四方面进一步细化和完善了规制“知假买假”者恶意高额索赔的规则。

其一，《解释》对所有购买者均在生活消费需要范围内支持惩罚性赔偿请求。对于普通消费者，《解释》第一条规定，购买者因个人或者家庭生活消费需要购买食品，没有证据证明其明知所购买食品不符合食品安全标准仍然购买的，应当以购买者实际支付价款为基数计算价款十倍的惩罚性赔偿金。对于“知假买假”者，《解释》规定应当综合考虑保质期、普通消费者通常消费习惯、购买频次等因素，在合理生活消费需要范围内支持其惩罚性赔偿请求。《解释》将支持食品药品惩罚性赔偿请求的条件统一到“生活消费需要范围”这一标准之下。但在判定是否超出“生活消费需要范围”时，要根据案件具体情况作出认定，既打击和遏制违法制售食品药品的行为，规制“知假买假”者恶意高额索赔行为，又避免增加普通消费者的维权成本。

其二，规定生产者或者经营者对购买者“知假买假”承担举证责任。根据“谁主张，谁举证”原则，《解释》第十二条第三款规定，生产者或者经营者主张购买者明知所购买食品不符合食品安全标准仍然购买索赔的，应当提供证据证明其主张。如果生产者或者经营者不能证明购买者属于“知假买假”，仍应当以购买者实际支付价款金额为基数计算价款十倍的惩罚性赔偿金。

其三，规定连续购买并索赔的惩罚性赔偿金计算规则。《解释》第十三条规定，在购买者对同一经营者的同一不符合食品安全标准的食品短时间内多次购买后索赔的，按多次购买相同食品的总数，在合理生活消费需要范围内支持“知假买假”者惩罚性赔偿请求。例如，最高人民法院于2023年11月发布的典型案例张某诉上海某生鲜食品有限公司买卖合同纠纷案中，购买者在知道咸鸭蛋刚过保质期的情况下，两天分两次购买46枚咸鸭蛋，每枚咸鸭蛋分别付款，制造连续购买46次、每次购买1枚咸鸭蛋的交易记录，并利用食品安全法第一百四十八条第二款关于惩罚性赔偿金最低为1000元的规定，请求对每次购买的1枚咸鸭蛋赔偿1000元，共计赔偿46000元。这种两天连续46次购买、每次购买1枚咸鸭蛋的行为与通常的消费习惯明显不同，但购买者购买的咸鸭蛋总数并未超出合理生活消费需要。审理法院以46枚咸鸭蛋的总价款为基数，计算价款十倍的惩罚性赔偿金，既打击和遏制违法销售过保质期咸鸭蛋的行为，又对恶意高额索赔行为依法予以规制。《解释》起草过程中，有人建议，购买者如果已经向某一经营者索赔，就不应当支持其向其他经营者就相同食品提出的索赔请求。《解释》未采纳这一观点。违法经营者不应因其他经营者承担了惩罚性赔偿责任而免责。

其四，规定连续购买后反复索赔的惩罚性赔偿金计算规则。《解释》第十四条规定，购买者对同一经营者的同一问题食品短时间内多次购买并反复索赔的，对“知假买假”者只在合理生活消费需要范围内支持惩罚性赔偿请求。《解释》第十三条针对的是短时间内多次购买、一次起诉索赔的情形。第十四条针对的是短时间内多次购买、分次反复起诉索赔的情形。实践中，有的购买者为获得高额惩罚性赔偿金，会对每次购买食品分别起诉。以上述案例为例，如果购买者对46次购买行为分别起诉，人民法院应对每次起诉的咸鸭蛋是否超出合理生活消费需要进行审查。在认定合理生活消费需要时，应当综合考虑保质期、普通消费者通常消费习惯、购买频次等因素。考虑“购买频次”就意味着对于购买者后提起的诉讼，在认定所诉食品是否超出合理生活消费需要时，既要考虑前案已经支持赔偿请求的部分，也要考虑前后购买间隔时间的长短。“知假买假”者依据本条规定所能获得的惩罚性赔偿金原则上与《解释》第十三条相同，其并不能因诉讼策略不同而获得更大利益。但是，经营者被判决承担惩罚性赔偿责任后，仍然继续销售过保质期的咸鸭蛋，购买者再次购买维权的，仍应当在合理生活消费需要范围内支持其惩罚性赔偿请求，直到经营者停止该违法行为为止。惩罚性赔偿制度中的“罚”只是手段，而非目的，目的是通过承担惩罚性赔偿责任达到对违法生产者或者经营者提醒、警示作用，遏制同类违法行为再次发生。“打假”的尽头是“无假可打”。

（十）依法打击违法索赔

人民法院既依法保护消费者合法权益，也依法保护生产经营者合法权益；既依法保护维权行为，又严厉打击违法索赔行为；既促进经营者守法经营，又倡导购买者诚信维权。实践中，有的购买者为牟取非法利益，夹带过期食品进商店，购买后向经营者索赔；有的相互串通，一人私藏过期食品，另一人购买后向经营者索赔；有的篡改食品药品生产日期，向生产者或者经营者索赔。这类恶意制造生产者或者经营者违法生产经营食品药品的假象、违法索赔的行为，损害生产者和经营者利益、扰乱生产经营秩序、耗费司法和行政资源，人民法院将依法予以惩治。

《解释》第十五条规定，购买者恶意制造生产者或者经营者违法生产经营食品、药品的假象，以投诉、起诉等方式相要挟，向生产者或者经营者索取赔偿金，涉嫌敲诈勒索的，人民法院应当及时将有关违法犯罪线索、材料移送公安机关。对于购买者行为是否构成敲诈勒索犯罪的问题，应当依据刑法等法律规定作出认定。

《解释》第十六条对购买者恶意制造生产者或者经营者违法生产经营食品、药品的假象并起诉索赔的处理作出规定：一是应当驳回购买者诉讼请求；二是对虚假诉讼行为人根据情节轻重予以罚款、拘留；三是依法支持生产者或者经营者请求购买者承担损害赔偿等民事责任的主张。通过提高违法成本遏制违法索赔行为。

《解释》第十七条还规定，购买者行为涉嫌虚假诉讼罪的，人民法院应当及时将有关违法犯罪线索、材料移送有关行政机关和公安机关，以惩治违法索赔行为，保护生产经营者合法权益，维护正常市场秩序。

（来源：《中国应用法学》2024年第4期）

最高人民法院

关于审理人身损害赔偿案件适用法律若干问题的解释

（2003年12月4日最高人民法院审判委员会第1299次会议通过　根据2020年12月23日最高人民法院审判委员会第1823次会议通过的《最高人民法院关于修改〈最高人民法院关于在民事审判工作中适用《中华人民共和国工会法》若干问题的解释〉等二十七件民事类司法解释的决定》修正　根据2022年2月15日最高人民法院审判委员会第1864次会议通过的《最高人民法院关于修改〈最高人民法院关于审理人身损害赔偿案件适用法律若干问题的解释〉的决定》修正）

为正确审理人身损害赔偿案件，依法保护当事人的合法权益，根据《中华人民共和国民法典》《中华人民共和国民事诉讼法》等有关法律规定，结合审判实践，制定本解释。

第一条　因生命、身体、健康遭受侵害，赔偿权利人起诉请求赔偿义务人赔偿物质损害和精神损害的，人民法院应予受理。

本条所称“赔偿权利人”，是指因侵权行为或者其他致害原因直接遭受人身损害的受害人以及死亡受害人的近亲属。

本条所称“赔偿义务人”，是指因自己或者他人的侵权行为以及其他致害原因依法应当承担民事责任的自然人、法人或者非法人组织。

第二条 赔偿权利人起诉部分共同侵权人的，人民法院应当追加其他共同侵权人作为共同被告。赔偿权利人在诉讼中放弃对部分共同侵权人的诉讼请求的，其他共同侵权人对被放弃诉讼请求的被告应当承担的赔偿份额不承担连带责任。责任范围难以确定的，推定各共同侵权人承担同等责任。

人民法院应当将放弃诉讼请求的法律后果告知赔偿权利人，并将放弃诉讼请求的情况在法律文书中叙明。

第三条 依法应当参加工伤保险统筹的用人单位的劳动者，因工伤事故遭受人身损害，劳动者或者其近亲属向人民法院起诉请求用人单位承担民事赔偿责任的，告知其按《工伤保险条例》的规定处理。

因用人单位以外的第三人侵权造成劳动者人身损害，赔偿权利人请求第三人承担民事赔偿责任的，人民法院应予支持。

第四条 无偿提供劳务的帮工人，在从事帮工活动中致人损害的，被帮工人应当承担赔偿责任。被帮工人承担赔偿责任后向有故意或者重大过失的帮工人追偿的，人民法院应予支持。被帮工人明确拒绝帮工的，不承担赔偿责任。

第五条 无偿提供劳务的帮工人因帮工活动遭受人身损害的，根据帮工人和被帮工人各自的过错承担相应的责任；被帮工人明确拒绝帮工的，被帮工人不承担赔偿责任，但可以在受益范围内予以适当补偿。

帮工人在帮工活动中因第三人的行为遭受人身损害的，有权请求第三人承担赔偿责任，也有权请求被帮工人予以适当补偿。被帮工人补偿后，可以向第三人追偿。

第六条 医疗费根据医疗机构出具的医药费、住院费等收款凭证，结合病历和诊断证明等相关证据确定。赔偿义务人对治疗的必要性和合理性有异议的，应当承担相应的举证责任。

医疗费的赔偿数额，按照一审法庭辩论终结前实际发生的数额确定。器官功能恢复训练所必要的康复费、适当的整容费以及其他后续治疗费，赔偿权利人可以待实际发生后另行起诉。但根据医疗证明或者鉴定结论确定必然发生的费用，可以与已经发生的医疗费一并予以赔偿。

第七条　误工费根据受害人的误工时间和收入状况确定。

误工时间根据受害人接受治疗的医疗机构出具的证明确定。受害人因伤致残持续误工的，误工时间可以计算至定残日前一天。

受害人有固定收入的，误工费按照实际减少的收入计算。受害人无固定收入的，按照其最近三年的平均收入计算；受害人不能举证证明其最近三年的平均收入状况的，可以参照受诉法院所在地相同或者相近行业上一年度职工的平均工资计算。

第八条　护理费根据护理人员的收入状况和护理人数、护理期限确定。

护理人员有收入的，参照误工费的规定计算；护理人员没有收入或者雇佣护工的，参照当地护工从事同等级别护理的劳务报酬标准计算。护理人员原则上为一人，但医疗机构或者鉴定机构有明确意见的，可以参照确定护理人员人数。

护理期限应计算至受害人恢复生活自理能力时止。受害人因残疾不能恢复生活自理能力的，可以根据其年龄、健康状况等因素确定合理的护理期限，但最长不超过二十年。

受害人定残后的护理，应当根据其护理依赖程度并结合配制残疾辅助器具的情况确定护理级别。

第九条　交通费根据受害人及其必要的陪护人员因就医或者转院治疗实际发生的费用计算。交通费应当以正式票据为凭；有关凭据应当与就医地点、时间、人数、次数相符合。

第十条　住院伙食补助费可以参照当地国家机关一般工作人员的出差伙食补助标准予以确定。

受害人确有必要到外地治疗，因客观原因不能住院，受害人本人及其陪护人员实际发生的住宿费和伙食费，其合理部分应予赔偿。

第十一条 营养费根据受害人伤残情况参照医疗机构的意见确定。

第十二条 残疾赔偿金根据受害人丧失劳动能力程度或者伤残等级，按照受诉法院所在地上一年度城镇居民人均可支配收入标准，自定残之日起按二十年计算。但六十周岁以上的，年龄每增加一岁减少一年；七十五周岁以上的，按五年计算。

受害人因伤致残但实际收入没有减少，或者伤残等级较轻但造成职业妨害严重影响其劳动就业的，可以对残疾赔偿金作相应调整。

第十三条 残疾辅助器具费按照普通适用器具的合理费用标准计算。伤情有特殊需要的，可以参照辅助器具配制机构的意见确定相应的合理费用标准。

辅助器具的更换周期和赔偿期限参照配制机构的意见确定。

第十四条 丧葬费按照受诉法院所在地上一年度职工月平均工资标准，以六个月总额计算。

第十五条 死亡赔偿金按照受诉法院所在地上一年度城镇居民人均可支配收入标准，按二十年计算。但六十周岁以上的，年龄每增加一岁减少一年；七十五周岁以上的，按五年计算。

第十六条 被扶养人生活费计入残疾赔偿金或者死亡赔偿金。

第十七条 被扶养人生活费根据扶养人丧失劳动能力程度，按照受诉法院所在地上一年度城镇居民人均消费支出标准计算。被扶养人为未成年人的，计算至十八周岁；被扶养人无劳动能力又无其他生活来源的，计算二十年。但六十周岁以上的，年龄每增加一岁减少一年；七十五周岁以上的，按五年计算。

被扶养人是指受害人依法应当承担扶养义务的未成年人或者丧失劳动能力又无其他生活来源的成年近亲属。被扶养人还有其他扶养人的，赔偿义务人只赔偿受害人依法应当负担的部分。被扶养人有数人的，年赔偿总额累计不超过上一年度城镇居民人均消费支出额。

第十八条 赔偿权利人举证证明其住所地或者经常居住地城镇居民

人均可支配收入高于受诉法院所在地标准的，残疾赔偿金或者死亡赔偿金可以按照其住所地或者经常居住地的相关标准计算。

被扶养人生活费的相关计算标准，依照前款原则确定。

第十九条 超过确定的护理期限、辅助器具费给付年限或者残疾赔偿金给付年限，赔偿权利人向人民法院起诉请求继续给付护理费、辅助器具费或者残疾赔偿金的，人民法院应予受理。赔偿权利人确需继续护理、配制辅助器具，或者没有劳动能力和生活来源的，人民法院应当判令赔偿义务人继续给付相关费用五至十年。

第二十条 赔偿义务人请求以定期金方式给付残疾赔偿金、辅助器具费的，应当提供相应的担保。人民法院可以根据赔偿义务人的给付能力和提供担保的情况，确定以定期金方式给付相关费用。但是，一审法庭辩论终结前已经发生的费用、死亡赔偿金以及精神损害抚慰金，应当一次性给付。

第二十一条 人民法院应当在法律文书中明确定期金的给付时间、方式以及每期给付标准。执行期间有关统计数据发生变化的，给付金额应当适时进行相应调整。

定期金按照赔偿权利人的实际生存年限给付，不受本解释有关赔偿期限的限制。

第二十二条 本解释所称“城镇居民人均可支配收入”“城镇居民人均消费支出”“职工平均工资”，按照政府统计部门公布的各省、自治区、直辖市以及经济特区和计划单列市上一年度相关统计数据确定。

“上一年度”，是指一审法庭辩论终结时的上一统计年度。

第二十三条 精神损害抚慰金适用《最高人民法院关于确定民事侵权精神损害赔偿责任若干问题的解释》予以确定。

第二十四条 本解释自 2022 年 5 月 1 日起施行。施行后发生的侵权行为引起的人身损害赔偿案件适用本解释。

本院以前发布的司法解释与本解释不一致的，以本解释为准。

人身损害赔偿司法解释的两次修改与重点解读

潘　杰*

民法典于2020年5月28日公布以后，为配合民法典贯彻实施，最高人民法院依法履行进行司法解释的职能，集中开展相关的司法解释清理工作。2020年底，《最高人民法院关于审理人身损害赔偿案件适用法律若干问题的解释》（法释〔2003〕20号，以下简称2003年《人身损害赔偿解释》）完成第一次整体清理修改，其中保留18条①、删除14条②、修改4条③、增加2条④，修改后的司法解释共计24条。

2020年12月23日，最高人民法院审判委员会第1823次会议审议

* 作者单位：最高人民法院民事审判第一庭。

① 保留2003年《人身损害赔偿解释》第五条、第十二条、第十九条至第三十条、第三十二条、第三十四条至第三十六条。上述条文对应修改后的司法解释第二条、第三条、第六条至第十五条、第十七条至第十九条、第二十一条、第二十二条、第二十四条。

② 删除2003年《人身损害赔偿解释》第二条（过失相抵原则的适用范围与例外）、第三条（共同侵权行为的认定）、第四条（共同危险行为的认定）、第六条（安全保障义务与第三人侵权）、第七条（教育机构的过错责任）、第八条（执行职务侵权的民事责任）、第九条（雇员侵权的雇主责任）、第十条（定作人的民事责任）、第十一条（雇员工伤的雇主责任）、第十五条（受益人的补偿责任）、第十六条（物件致人损害的赔偿责任）、第十七条（人身损害赔偿的范围）、第十八条（精神损害赔偿）、第三十一条（赔偿金总额的确定）。上述条文因其内容已被民法典吸收或修改，故予删除。

③ 修改2003年《人身损害赔偿解释》引言、第一条（人身损害赔偿法律关系的一般规定）、第十三条（义务帮工人致人损害）、第十四条（义务帮工人遭受人身损害）、第三十三条（定期金的适用与限制）。其中，引言部分修改了制定司法解释的法律依据和文字表述，属于适应性修改；第一条、第十三条、第十四条及第三十三条属于内容的实质性修改。

④ 增加规定第十六条（被扶养人生活费计入残疾赔偿金或者死亡赔偿金）、第二十三条（精神损害抚慰金的指引适法），以保持司法解释逻辑体例的完整性。

通过《最高人民法院关于修改〈最高人民法院关于在民事审判工作中适用《中华人民共和国工会法》若干问题的解释〉等二十七件民事类司法解释的决定》（法释〔2020〕17号），据此修改后的《最高人民法院关于审理人身损害赔偿案件适用法律若干问题的解释》（以下简称2020年《人身损害赔偿解释》）于2021年1月1日起与民法典同步施行。

2022年2月15日，最高人民法院审判委员会第1864次会议审议通过《最高人民法院关于修改〈最高人民法院关于审理人身损害赔偿案件适用法律若干问题的解释〉的决定》，据此发布《最高人民法院关于审理人身损害赔偿案件适用法律若干问题的解释》（法释〔2022〕14号，以下简称2022年《人身损害赔偿解释》）。此次修改，主要聚焦死亡赔偿金、残疾赔偿金和被扶养人生活费的计算标准，涉及6个条文，自2022年5月1日起施行。

一、第一次修改涉及的实质性条款

（一）人身损害赔偿法律关系的一般规定

损害赔偿的主体和客体系人身损害赔偿之债的核心构成要素。2020年《人身损害赔偿解释》第一条对人身损害赔偿之债的主体和客体均进行了相应修改。第一款将人身损害赔偿之债的客体范围调整为“生命、身体、健康”，将赔偿内容由“财产损失和精神损害”修改为“物质损害和精神损害”。第二款缩减了赔偿权利人范围，删除了“依法由受害人承担扶养义务的被扶养人”。第三款是关于赔偿义务人的规定，将“其他组织”修改为“非法人组织”。

对人身损害赔偿客体范围的调整，不是适应性修改，而是法律关系的实质性修改。依据民法通则，“生命健康权”是公民享有的一项民事权利；侵权责任法虽然将生命权和健康权明确划分为两种单独的权利，但是未将身体权规定为一种单独权利。[①] 早在侵权责任法制定之前，2003年《人身损害赔偿解释》参照法学理论观点，将“身体”作为一项单独权利的客体，并置于“健康”之后。民法典总则编第一百一十条更进一步，将“身体权”作为一项独立的人格权，[②] 与生命权、健康权并列，并将身体权置于健康权之前。2020年《人身损害赔偿解释》据此作出相应调整。

身体权与生命权、健康权密切相关又相互区分。生命权的内容是自然人生命的延续受法律保护，身体权的内容是身体完整和行动自由受法律保护，健康权的内容则是身体健康和心理健康受法律保护。[③] 因此，仅导致自然人生理组织的完整性遭受破坏的，比如剪光他人头发、违法提取卵细胞，构成侵害身体权，而对身体机能以及精神机能造成侵害的，则构成侵害健康权。

生命权、身体权、健康权等物质性人格权[④]遭受损害，既包括造成物质损害，又包括造成精神损害。这里的物质损害首先是指生命、身体、健康等生命有机体本身遭受的损害，这是第一层次的损害。为恢复生命有机体的机能或办理丧葬事宜支出的合理费用，势必造成一定的财产损失，这种财产损失是第一层次物质损害的转化形式，因此是第二层次的损害。通过赔偿方式对生命有机体本身的损害或者精神损害予以救济，最终都体现为财产损失赔偿或者以赔偿方式予以精神抚慰。基于上

① 在一些国家的民事立法中仅规定身体权而未规定健康权，认为导致他人肉体组织完整性遭到破坏的情形，通常也会导致他人生理机能的完善性遭到破坏，故身体权足以包括或涵摄健康权。

② 民法典总则编第一百一十条规定：“自然人享有生命权、身体权、健康权……”

③ 健康权能否保护心理健康，在法学理论上长期存在争议。民法典第一千零四条对健康权作出规定：“自然人享有健康权。自然人的身心健康受法律保护。任何组织或者个人不得侵害他人的健康权。”该条规定将健康权的权利客体表述为身心健康，在立法上认可了心理健康属于健康权的保护范围，但立法机关同时明确，该条规定的健康权不包括一个人在社会适应方面的良好状态以及道德健康等。

④ 生命权、身体权、健康权是自然人享有的最基本的人格权，其性质属于物质性人格权，与荣誉权、肖像权、名誉权、隐私权等精神性人格权相区分。

述法理逻辑，本条将赔偿内容调整为“物质损害”和“精神损害”，不再使用“财产损失”的表述。

损害赔偿之主体包括赔偿权利人和赔偿义务人。民法典未规定被扶养人享有独立的赔偿请求权，2020年《人身损害赔偿解释》相应将被扶养人从赔偿权利人范围中予以删除。广义的扶养，包括平辈之间的扶养、长辈对晚辈的抚养以及晚辈对长辈的赡养。依照民法典婚姻家庭编法定扶养义务的相关规定，[①] 被扶养人的范围与民法典第一千零四十五条规定的近亲属[②]范围一致。因此，被侵权人死亡的，其近亲属作为赔偿权利人，覆盖了被扶养人的赔偿请求权。被侵权人残疾的，请求权主体虽是残疾受害人本人，但依据2020年《人身损害赔偿解释》新增的第十六条“被扶养人生活费计入残疾赔偿金和死亡赔偿金”的规定，被扶养人因被侵权人遭受侵害丧失劳动能力而产生的反射性损害[③]能够得到填补。被侵权人无论是死亡还是残疾，其承担法定扶养义务的被扶养人能够通过受害人近亲属或者受害人本人间接行使请求权，被扶养人的利益不因其丧失请求权主体资格而遭受减损。关于赔偿义务人，因民法典将“其他组织”修改为“非法人组织”，2020年《人身损害赔偿解释》第一条据此进行了适应性调整。

---

① 依照民法典第一千零五十九条、第一千零六十七条、第一千零七十四条、第一千零七十五条的规定，法定抚养义务具体包括：(1) 夫妻有相互扶养的义务；(2) 父母对未成年子女或者不能独立生活的成年子女有抚养义务；(3) 成年子女对缺乏劳动能力或者生活困难的父母有赡养义务；(4) 有负担能力的祖父母、外祖父母，对于父母已经死亡或者父母无力抚养的未成年孙子女、外孙子女，有抚养的义务；(5) 有负担能力的孙子女、外孙子女，对于子女已经死亡或者子女无力赡养的祖父母、外祖父母，有赡养的义务；(6) 有负担能力的兄、姐，对于父母已经死亡或者父母无力抚养的未成年弟、妹，有扶养的义务；(7) 由兄、姐扶养长大的有负担能力的弟、妹，对于缺乏劳动能力又缺乏生活来源的兄、姐，有扶养的义务。

② 民法典第一千零四十五条第二款规定：“配偶、父母、子女、兄弟姐妹、祖父母、外祖父母、孙子女、外孙子女为近亲属。”

③ 国外对间接受害人所受损害有固有损害说与反射损害说。反射损害说对间接受害人如何行使请求权又有直接请求权说与间接请求权说。

（二）无偿帮工人致人损害

民法典未规定帮工人在从事帮工活动中致人损害的侵权责任，无偿帮工的侵权责任难以纳入民法典第一千一百九十一条用人单位责任和第一千一百九十二条个人劳务侵权责任予以调整。司法实践中确实存在无偿帮工人在从事帮工活动中致人损害的案件，故有必要保留2003年《人身损害赔偿解释》第十三条关于无偿帮工人致人损害的责任规定。根据民法典的新精神，2020年《人身损害赔偿解释》第四条对无偿帮工人因帮工致人损害的责任主体和责任形态作出修改：一是将被帮工人与过错帮工人的连带责任修改为由被帮工人承担责任；二是增加被帮工人的追偿权。

被帮工人接受帮工或者未明确拒绝帮工的，帮工人因从事帮工活动致人损害的责任由被帮工人承担。作出这样的修改主要出于两方面考虑。一是因为民法典第一百七十八条第三款规定："连带责任，由法律规定或者当事人约定"，2003年《人身损害赔偿解释》第十三条关于帮工人与被帮工人承担连带责任的规定，缺乏法律依据。二是因为帮工人参加帮工活动一般是应被帮工人的请求，或者基于中华民族的善良风俗而主动为被帮工人在建房、农忙、搬家等活动中无偿提供劳务帮助。基于帮工特定关系而获益的被帮工人为帮工人的侵权行为承担民事责任，体现了风险与收益相当的原则，这与民法典第一千一百九十一条第一款用人单位责任和第一千一百九十二条第一款个人劳务关系中提供劳务一方致人损害的民事责任的立法精神一致。[①] 应注意，若被帮工人明确拒

① 民法典第一千一百九十二条规定："个人之间形成劳务关系，提供劳务一方因劳务造成他人损害的，由接受劳务一方承担侵权责任。接受劳务一方承担侵权责任后，可以向有故意或者重大过失的提供劳务一方追偿。提供劳务一方因劳务受到损害的，根据双方各自的过错承担相应的责任。提供劳务期间，因第三人的行为造成提供劳务一方损害的，提供劳务一方有权请求第三人承担侵权责任，也有权请求接受劳务一方给予补偿。接受劳务一方补偿后，可以向第三人追偿。"

绝帮工，其主观上不存在获得帮工利益的意图，则责令其为帮工人的侵权行为承担责任，缺乏正当性，故第四条保留2003年《人身损害赔偿解释》关于“被帮工人明确拒绝帮工的，不承担责任”的规定。

被帮工人并非终局责任主体，2020年《人身损害赔偿解释》第四条特增加规定承担赔偿责任的被帮工人向有故意或者重大过失的帮工人的追偿权。一是被帮工人往往经济能力有限、在帮工活动中受益有限，由因故意或者重大过失实施侵权行为的帮工人承担终局责任，体现了过错归责，有利于促使帮工人在帮工活动中尽到必要注意义务，也避免导致被帮工人承担的风险大于因帮工获得的利益，产生利益失衡。二是被帮工人对外承担替代责任后有权向有故意或者重大过失的帮工人追偿，法理逻辑与民法典有关替代责任的规定保持一致，亦与2003年《人身损害赔偿解释》第十三条连带责任的规定在内部追偿问题上保持了一致。

（三）无偿帮工人因帮工遭受人身损害

2020年《人身损害赔偿解释》第五条修改了原第十四条帮工人在帮工活动中遭受人身损害和被第三人侵害两种情形的处理原则：一是帮工人因帮工活动遭受人身损害的，不再单独由被帮工人承担责任，改由帮工人和被帮工人根据各自过错承担相应责任；[①] 二是帮工人在帮工活动中遭受第三人侵害的，赋予帮工人对赔偿义务人的选择权，帮工人有

① 2003年《人身损害赔偿解释》第十四条第一款规定：“帮工人因帮工活动遭受人身损害的，被帮工人应当承担赔偿责任。被帮工人明确拒绝帮工的，不承担赔偿责任；但可以在受益范围内予以适当补偿。”修改后的第五条第一款规定：“无偿提供劳务的帮工人因帮工活动遭受人身损害的，根据帮工人和被帮工人各自的过错承担相应的责任；被帮工人明确拒绝帮工的，被帮工人不承担赔偿责任，但可以在受益范围内予以适当补偿。”

权请求第三人承担赔偿责任，也有权请求被帮工人予以适当补偿；[①] 三是明确被帮工人承担补偿义务后可以向第三人追偿。

帮工人在帮工活动中遭受人身损害，根据帮工人和被帮工人各自的过错承担相应责任，其责任形态为过错按份责任。义务帮工不同于雇佣，帮工人享有较大自主权，被帮工人对帮工人并无管理控制力，被帮工人对帮工人的损害亦无法通过工伤保险赔付分散风险，故原第十四条规定由被帮工人承担无过错赔偿责任，责任过重，也不利于促使帮工人尽到必要注意义务。根据帮工人和被帮工人的过错来确定民事责任较为公平合理，体现了与有过失原则，亦与民法典第一千一百九十二条第一款提供劳务一方因劳务受到损害的责任规定精神一致。

帮工人因第三人的行为遭受损害，第三人应当承担侵权责任，自无疑问。被帮工人因不是侵权行为人，不应承担侵权责任，但不等于说帮工人在帮工活动中受到的损害与被帮工人无关，毕竟被帮工人因帮工而受益，被帮工人因此应当给予受害帮工人适当补偿。被帮工人的适当补偿义务，是否必然劣后于第三人的赔偿责任，对此我们持否定态度，不再规定赔偿和补偿的顺序，而是赋予受害帮工人一定的选择权。主要考虑是，不规定第三人赔偿和被帮工人补偿的顺序而赋予受害帮工人一定的选择权，便于受害帮工人选择于己有利的求偿方案，快速便捷解决争议，更有利于受害人权益的维护，这也符合民法典类似规定的精神。

基于公平原则作出补偿以后，补偿义务人能否向侵权行为人追偿，这一问题曾在学界和司法实务中产生认识分歧。参照民法典第一千一百九十二条第二款“接受劳务一方补偿后，可以向第三人追偿”的规定，

---

① 2003 年《人身损害赔偿解释》第十四条第二款规定：“帮工人因第三人侵权遭受人身损害的，由第三人承担赔偿责任。第三人不能确定或者没有赔偿能力的，可以由被帮工人予以适当补偿。”修改后的第五条第二款规定：“帮工人在帮工活动中因第三人的行为遭受人身损害的，有权请求第三人承担赔偿责任，也有权请求被帮工人予以适当补偿。被帮工人补偿后，可以向第三人追偿。”

我们认为，应当允许被帮工人补偿后向第三人追偿。据此，2020 年《人身损害赔偿解释》第五条增加规定，被帮工人补偿后可以向侵权第三人追偿。

（四）定期金的适用与限制

2020 年《人身损害赔偿解释》第二十条关于定期金适用与限制的规定，对原第三十三条作出两处修改：一是因“被扶养人生活费”不再是单独的赔偿项目，而是作为残疾赔偿金或者死亡赔偿金的组成部分，第二十条相应删除了“被扶养人生活费”的赔偿项目；二是为与民法典以及残疾人保障法的表述一致，关于人身损害赔偿范围的规定，不再使用“残疾辅助器具费”的表述，将“残疾辅助器具费”修改为“辅助器具费”。辅助器具费是指受害人因身体功能全部或者部分丧失后需要配制补偿功能的辅助器具的费用。

二、第一次修改涉及的新增条文

（一）被扶养人生活费计入“两金”

《人身损害赔偿解释》第一次修改时增加第十六条，规定“被扶养人生活费计入残疾赔偿金或者死亡赔偿金”。《人身损害赔偿解释》第二次修改时，有观点提出应将被扶养人生活费这一赔偿项目删除，以与民法典第一千一百七十九条赔偿项目的规定保持一致。我们没有采纳此种意见。

被扶养人生活费是 2003 年《人身损害赔偿解释》第十七条第三款规定的赔偿项目，侵权责任法制定时未在赔偿项目的规定中列明该项费用，其背景是当时最高人民法院拟提高死亡赔偿金和残疾赔偿金的计算标准，从而覆盖被扶养人生活费。后因上述“两金”计算标准未能修改，最高人民法院下发《最高人民法院关于适用〈中华人民共和国侵权责任法〉若干问题的通知》，在第四条规定“将被扶养人生活费计入残疾赔偿金或死亡赔偿金”。民法典第一千一百七十九条关于人身损害赔偿项目的规定，基本上承继了侵权责任法的规定。民法典实施后，若不支持赔偿被扶养人生活费，被扶养人作为间接受害人遭受的反射性损害[①]将得不到填补，这必然导致民法典实施前后同一问题赔偿标准不统一的问题。为此，2020年《人身损害赔偿解释》专门增加规定“被扶养人生活费计入残疾赔偿金或者死亡赔偿金”。

应注意的是，赔偿权利人最终获得的死亡赔偿金包括两部分：一是按照2020年《人身损害赔偿解释》第十五条规定计算的死亡赔偿金；二是按照2020年《人身损害赔偿解释》第十七条规定计算的被扶养人生活费。残疾赔偿金的计算亦是如此。

（二）精神损害赔偿的指引适法

《人身损害赔偿解释》第一次修改时增加第二十三条，规定精神损害抚慰金适用《最高人民法院关于确定民事侵权精神损害赔偿责任若干问题的解释》予以确定。

从体系解释的角度来看，人身损害的赔偿范围应当包括民法典第一千一百八十三条规定的精神损害赔偿和第一千一百七十九条规定的人身损害赔偿。为确保《人身损害赔偿解释》内容体例完整，做好司法解释的适用衔接，《人身损害赔偿解释》2020年第一次修改时增加第二十三条，为精神损害赔偿的法律适用作出指引性规定。

三、第二次修改的核心内容

《人身损害赔偿解释》第二次修改，主要聚焦死亡赔偿金、残疾赔

① 国外对间接受害人所受损害有固有损害说与反射损害说。反射损害说对间接受害人如何行使请求权又有直接请求权说与间接请求权说。

偿金和被扶养人生活费的计算标准。这次修改不再区分受害人户籍，统一按照城镇居民赔偿标准计算赔偿数额，实现了“两金一费”赔偿标准的城乡统一。

人身损害的赔偿项目，分为据实赔偿和定额赔偿两种类型。为治疗和康复支出的合理费用应当据实赔偿，即发生多少赔偿多少；死亡赔偿金、残疾赔偿金和被扶养人生活费则是定额赔偿。因我国存在城乡发展不平衡的基本国情，赔偿标准长期坚持城乡二元区分，由此引发所谓“同命不同价”的讨论，其根源就在于对残疾赔偿金和死亡赔偿金的性质存在误解。死亡赔偿金和残疾赔偿金并不是对死者生命价值或者身体伤残本身的赔偿，不是“命价”，而是对受害人未来收入损失的赔偿。人的生命是无价的，人死亡后权利能力消灭，民事主体资格已不复存在，死者不可能以权利主体资格主张死亡赔偿。死亡赔偿金是对死者近亲属（间接受害人）因受害人死亡所遭受的财产损失而给予的赔偿，并非对死者生命价值的衡量。残疾赔偿金是对自然人健康权遭受侵害导致其全部或部分丧失劳动能力从而产生未来收入损失的赔偿，不是对自然人健康权的价值衡量。因此说，“同命不同价”是对死亡赔偿金、残疾赔偿金的一种误解。

随着我国经济发展以及城乡融合发展，中共中央、国务院于2019年4月15日印发《中共中央、国务院关于建立健全城乡融合发展体制机制和政策体系的意见》，明确提出“统筹城乡社会救助体系”“改革人身损害制度，统一城乡居民赔偿标准”的意见。最高人民法院在充分调研的基础上，本着积极稳妥的原则，于2019年9月授权全国各高级人民法院在辖区内开展人身损害赔偿标准城乡统一试点工作。经过为期两年的试点，在充分总结试点经验、广泛征求社会各界意见的基础上，最高人民法院启动《人身损害赔偿解释》的第二次修改工作。本次修改后的残疾赔偿金①、死亡赔偿金②按照受诉法院所在地上一年度城镇居民人均可支配收入标准计算，被扶养人生活费③按照受诉法院所在地上一年度城镇居民人均消费支出标准计算。同时，第十八条对属地计算标准的选择、第二十二条对赔偿标准的统计依据作了适应性修改。

四、修改和适用中的若干争议

（一）为什么不按照民法典的法条表述将“赔偿权利人”“赔偿义务人”修改为“侵权人”“被侵权人”

《人身损害赔偿解释》进行修改时，有意见主张，为与民法典侵权责任编的法条表述一致，应当将“赔偿权利人”和“赔偿义务人”修改为“侵权人”和“被侵权人”。我们未采纳这一意见。在侵权损害赔偿之债的法律关系中，“赔偿权利人”和“赔偿义务人”不完全对应于“侵权人”和“被侵权人”。例如，“赔偿权利人”可以是作为直接受害人的被侵权人，也可以是作为间接受害人的死亡受害人的近亲属，还

---

① 2022 年《人身损害赔偿解释》第十二条修改为：“残疾赔偿金根据受害人丧失劳动能力程度或者伤残等级，按照受诉法院所在地上一年度城镇居民人均可支配收入标准，自定残之日起按二十年计算。但六十周岁以上的，年龄每增加一岁减少一年；七十五周岁以上的，按五年计算。受害人因伤致残但实际收入没有减少，或者伤残等级较轻但造成职业妨害严重影响其劳动就业的，可以对残疾赔偿金作相应调整。”

② 2022 年《人身损害赔偿解释》第十五条修改为：“死亡赔偿金按照受诉法院所在地上一年度城镇居民人均可支配收入标准，按二十年计算。但六十周岁以上的，年龄每增加一岁减少一年；七十五周岁以上的，按五年计算。”

③ 2022 年《人身损害赔偿解释》第十七条修改为：“被扶养人生活费根据扶养人丧失劳动能力程度，按照受诉法院所在地上一年度城镇居民人均消费支出标准计算。被扶养人为未成年人的，计算至十八周岁；被扶养人无劳动能力又无其他生活来源的，计算二十年。但六十周岁以上的，年龄每增加一岁减少一年；七十五周岁以上的，按五年计算。“被扶养人是指受害人依法应当承担扶养义务的未成年人或者丧失劳动能力又无其他生活来源的成年近亲属。被扶养人还有其他扶养人的，赔偿义务人只赔偿受害人依法应当负担的部分。被扶养人有数人的，年赔偿总额累计不超过上一年度城镇居民人均消费支出额。”

可以是为被侵权人支付医疗费、丧葬费等合理费用的人，[①] 上述主体均享有独立的赔偿请求权，均可以成为赔偿权利人。同样，“赔偿义务人”也不限于侵权行为人，与行为人或者致害动物、物件等具有一定管领控制关系的人亦可成为赔偿义务人，比如无民事行为能力人和限制民事行为能力人的监护人、致害动物和物件的所有人或管理人。因此，采用“赔偿权利人”和“赔偿义务人”来表述人身损害赔偿之债的权利义务主体，符合司法审判的实际情况，也能够更好地体现人身损害赔偿的债性质。

审判实践中应注意，被扶养人虽不再具有独立的赔偿请求权，但因被扶养人生活费仍应计入残疾赔偿金和死亡赔偿金，故在确定法定被扶养人的范围时，应严格依照民法典婚姻家庭编的相关规定，一般不得基于法官自由裁量将被侵权人自愿扶养的非近亲属的旁系血亲或者姻亲纳入被扶养人范围，从而加重赔偿义务人的赔偿责任。被侵权人有法定被扶养人的情况下，其自愿扶养的非近亲属的旁系血亲或者姻亲，因被侵权人死亡或者残疾导致生活困难的，可通过其他途径获得救济。

（二）共同侵权坚持必要共同诉讼是否与债权人对连带债务人享有选择权的规定相悖

2003年《人身损害赔偿解释》第五条明确了对共同侵权人提起的损害赔偿之诉属于必要的、不可分的共同诉讼，如果赔偿权利人仅起诉部分共同侵权人，人民法院应当依职权追加其余共同侵权人为共同被告。有意见提出，上述规定限制了连带债务的债权人的选择权，与民法典第五百一十八条的规定冲突。[②] 经研究并报经立法机关同意，2022年

① 民法典第一千一百八十一条第二款规定：“被侵权人死亡的，支付被侵权人医疗费、丧葬费等合理费用的人有权请求被侵权人赔偿费用，但是侵权人已经支付该费用的除外。”

② 民法典第五百一十八条第一款规定，债务人为二人以上，债权人可以请求部分或者全部债务人履行全部债务的，为连带债务。

《人身损害赔偿解释》第二条保留了共同侵权采取必要共同诉讼形式的规定，将债权人对连带债务人的选择权后移至执行程序。主要考虑是，关于债权人对连带债务的债务人追责问题，实体法与程序法的规定并不完全一致。按照现行民事诉讼法①第五十五条、第一百三十五条的规定，当事人一方或者双方为二人以上，其诉讼标的是共同的，构成必要共同诉讼。必须共同进行诉讼的当事人没有参加诉讼的，人民法院应当通知其参加诉讼。共同侵权产生的连带责任主体为二人以上，被侵权人与侵权人之间争议的并要求人民法院裁决的法律关系同一，故依程序法的逻辑，对共同侵权人提起的损害赔偿之诉应属必要共同诉讼，当事人必须一同起诉或者应诉，人民法院应当合并审理。如从诉讼处分原则的角度出发，允许债权人选择被告，人民法院为查明共同过错、因果关系等案件事实的需要，往往会将未被债权人追责的共同侵权人追加为第三人，这就面临对第三人的范围进行扩张的问题，与民事诉讼法第五十九条的规定存在冲突。考虑到将共同侵权人追加为共同被告，并不会损害债权人利益，亦符合必要共同诉讼的规定，且有利于人民法院查明事实、一次性解决纠纷，避免出现分开起诉侵权人导致作出的裁判相互抵触的情况，且债权人还可在执行程序中对法院裁判确认的连带债务人行使履行选择权。因此，2003年《人身损害赔偿解释》第五条的规定仍然具有法律适用价值，在协调实体法和程序法方面具有重要意义，所以继续予以保留。

（三）删除雇员工伤的雇主责任规定后，雇员因安全生产事故遭受人身损害的责任如何确定

2003年《人身损害赔偿解释》第十一条对雇员工伤的雇主责任作

---

① 《全国人民代表大会常务委员会关于修改〈中华人民共和国民事诉讼法〉的决定》已由中华人民共和国第十三届全国人民代表大会常务委员会第三十二次会议于2021年12月24日通过，自2022年1月1日起施行。本文所述现行民事诉讼法，均指2022年1月1日起施行的民事诉讼法。

出规定，2020年第一次修改时对该条规定予以删除，主要因为该条规定第一款的内容已为民法典第一千一百九十一条用人单位责任的规定、第一千一百九十二条个人劳务关系中的侵权责任规定所吸收取代。该条第二款关于“雇员在从事雇佣活动中因安全生产事故遭受人身损害，发包人、分包人知道或者应当知道接受发包或者分包业务的雇主没有相应资质或者安全生产条件的，应当与雇主承担连带赔偿责任”的规定，在当时有效的安全生产法第一百条中有类似规定，《人身损害赔偿解释》无须重复规定。2021年安全生产法修正，原第一百条规定的内容保留，条文序号修改为第一百零三条。因此，2003年《人身损害赔偿解释》第十一条第二款规定删除后，相关情形可以适用2021年修正的安全生产法第一百零三条第一款的规定来确定民事责任。[①]

（四）删除人身损害赔偿范围的规定后，受害人亲属办理丧葬事宜支出的交通费、住宿费和误工损失等其他合理费用能否继续支持赔偿

民法典第一千一百七十九条规定的人身损害赔偿范围限于“为治疗和康复支出的合理费用”，对于“造成死亡的”赔偿范围还包括丧葬费和死亡赔偿金。从字面上来看，上述规定未涵盖2003年《人身损害赔偿解释》第十七条第三款所规定的“受害人亲属办理丧葬事宜支出的交通费、住宿费和误工损失等其他合理费用”。审判实践中，对民法典实施后是否还继续支持赔偿受害人亲属办理丧葬事宜支出的交通费、住宿费和误工损失的问题，形成两种意见。一种意见认为，民法典第一千一百七十九条规定的丧葬费涵盖了奔丧费用，《人身损害赔偿解释》

① 2021年修正的安全生产法第一百零三条第一款规定：“生产经营单位将生产经营项目、场所、设备发包或者出租给不具备安全生产条件或者相应资质的单位或者个人的……导致发生生产安全事故给他人造成损害的，与承包方、承租方承担连带赔偿责任。”

对丧葬费采定额化赔偿，丧葬费的计算标准不低，不应再支持赔偿。另一种意见认为，《人身损害赔偿解释》规定的定额化计算的丧葬费不包含奔丧费用，奔丧费用在2003年《人身损害赔偿解释》中是单独赔偿项目，丧葬费的现行计算标准与办理丧葬事宜的实际支出相比并不高，很多地方甚至买不到一块墓地。受害人近亲属奔丧属于因侵权行为产生的合理损失，国外立法例多数支持赔偿，故2003年《人身损害赔偿解释》第十七条第三款规定的受害人亲属办理丧葬事宜支出的交通费、住宿费和误工损失等合理费用仍应支持赔偿。

对此，笔者认为，目前立法机关对上述争议费用是否继续支持赔偿尚未有明确态度，人民法院可暂依照民法典第一千一百八十一条第二款“被侵权人死亡的，支付被侵权人医疗费、丧葬费等合理费用的人有权请求侵权人赔偿费用，但是侵权人已经支付该费用的除外”的规定，对“受害人亲属办理丧葬事宜支出的交通费、住宿费和误工损失等其他合理费用”予以支持。

（五）《人身损害赔偿解释》时间效力条款如何理解

《人身损害赔偿解释》第一次修改未对原最后一条的时间效力作出修改。第二次修改将第二十四条时间效力条款修改为：“本解释自2022年5月1日起施行。施行后发生的侵权行为引起的人身损害赔偿案件适用本解释。本院以前发布的司法解释与本解释不一致的，以本解释为准。”

上述规定中的“施行后发生的侵权行为”，包括2022年5月1日之后实施的侵权行为、2022年5月1日之前实施并持续至2022年5月1日之后的侵权行为以及2022年5月1日之前实施但损害后果发生在2022年5月1日之后的侵权行为。

（来源：《中国应用法学》2022年第4期）

最高人民法院

关于适用《中华人民共和国民法典》总则编若干问题的解释

法释〔2022〕6号

（2021年12月30日最高人民法院审判委员会第1861次会议通过
2022年2月24日最高人民法院公告公布
自2022年3月1日起施行）

为正确审理民事案件，依法保护民事主体的合法权益，维护社会和经济秩序，根据《中华人民共和国民法典》《中华人民共和国民事诉讼法》等相关法律规定，结合审判实践，制定本解释。

一、一般规定

第一条 民法典第二编至第七编对民事关系有规定的，人民法院直接适用该规定；民法典第二编至第七编没有规定的，适用民法典第一编的规定，但是根据其性质不能适用的除外。

就同一民事关系，其他民事法律的规定属于对民法典相应规定的细化的，应当适用该民事法律的规定。民法典规定适用其他法律的，适用该法律的规定。

民法典及其他法律对民事关系没有具体规定的，可以遵循民法典关于基本原则的规定。

第二条 在一定地域、行业范围内长期为一般人从事民事活动时普遍遵守的民间习俗、惯常做法等，可以认定为民法典第十条规定的习惯。

当事人主张适用习惯的，应当就习惯及其具体内容提供相应证据；必要时，人民法院可以依职权查明。

适用习惯，不得违背社会主义核心价值观，不得违背公序良俗。

第三条 对于民法典第一百三十二条所称的滥用民事权利，人民法院可以根据权利行使的对象、目的、时间、方式、造成当事人之间利益失衡的程度等因素作出认定。

行为人以损害国家利益、社会公共利益、他人合法权益为主要目的行使民事权利的，人民法院应当认定构成滥用民事权利。

构成滥用民事权利的，人民法院应当认定该滥用行为不发生相应的法律效力。滥用民事权利造成损害的，依照民法典第七编等有关规定处理。

二、民事权利能力和民事行为能力

第四条 涉及遗产继承、接受赠与等胎儿利益保护，父母在胎儿娩出前作为法定代理人主张相应权利的，人民法院依法予以支持。

第五条 限制民事行为能力人实施的民事法律行为是否与其年龄、智力、精神健康状况相适应，人民法院可以从行为与本人生活相关联的程度，本人的智力、精神健康状况能否理解其行为并预见相应的后果，以及标的、数量、价款或者报酬等方面认定。

三、监护

第六条 人民法院认定自然人的监护能力，应当根据其年龄、身心健康状况、经济条件等因素确定；认定有关组织的监护能力，应当根据其资质、信用、财产状况等因素确定。

第七条 担任监护人的被监护人父母通过遗嘱指定监护人，遗嘱生效时被指定的人不同意担任监护人的，人民法院应当适用民法典第二十七条、第二十八条的规定确定监护人。

未成年人由父母担任监护人，父母中的一方通过遗嘱指定监护人，另一方在遗嘱生效时有监护能力，有关当事人对监护人的确定有争议的，人民法院应当适用民法典第二十七条第一款的规定确定监护人。

第八条 未成年人的父母与其他依法具有监护资格的人订立协议，约定免除具有监护能力的父母的监护职责的，人民法院不予支持。协议约定在未成年人的父母丧失监护能力时由该具有监护资格的人担任监护人的，人民法院依法予以支持。

依法具有监护资格的人之间依据民法典第三十条的规定，约定由民法典第二十七条第二款、第二十八条规定的不同顺序的人共同担任监护人，或者由顺序在后的人担任监护人的，人民法院依法予以支持。

第九条 人民法院依据民法典第三十一条第二款、第三十六条第一款的规定指定监护人时，应当尊重被监护人的真实意愿，按照最有利于被监护人的原则指定，具体参考以下因素：

（一）与被监护人生活、情感联系的密切程度；

（二）依法具有监护资格的人的监护顺序；

（三）是否有不利于履行监护职责的违法犯罪等情形；

（四）依法具有监护资格的人的监护能力、意愿、品行等。

人民法院依法指定的监护人一般应当是一人，由数人共同担任监护人更有利于保护被监护人利益的，也可以是数人。

第十条 有关当事人不服居民委员会、村民委员会或者民政部门的指定，在接到指定通知之日起三十日内向人民法院申请指定监护人的，人民法院经审理认为指定并无不当，依法裁定驳回申请；认为指定不当，依法判决撤销指定并另行指定监护人。

有关当事人在接到指定通知之日起三十日后提出申请的，人民法院应当按照变更监护关系处理。

第十一条 具有完全民事行为能力的成年人与他人依据民法典第三十三条的规定订立书面协议事先确定自己的监护人后，协议的任何一方在该成年人丧失或者部分丧失民事行为能力前请求解除协议的，人民法院依法予以支持。该成年人丧失或者部分丧失民事行为能力后，协议确定的监护人无正当理由请求解除协议的，人民法院不予支持。

该成年人丧失或者部分丧失民事行为能力后，协议确定的监护人有民法典第三十六条第一款规定的情形之一，该条第二款规定的有关个人、组织申请撤销其监护人资格的，人民法院依法予以支持。

第十二条 监护人、其他依法具有监护资格的人之间就监护人是否有民法典第三十九条第一款第二项、第四项规定的应当终止监护关系的情形发生争议，申请变更监护人的，人民法院应当依法受理。经审理认为理由成立的，人民法院依法予以支持。

被依法指定的监护人与其他具有监护资格的人之间协议变更监护人的，人民法院应当尊重被监护人的真实意愿，按照最有利于被监护人的原则作出裁判。

第十三条 监护人因患病、外出务工等原因在一定期限内不能完全履行监护职责，将全部或者部分监护职责委托给他人，当事人主张受托人因此成为监护人的，人民法院不予支持。

四、宣告失踪和宣告死亡

第十四条 人民法院审理宣告失踪案件时，下列人员应当认定为民法典第四十条规定的利害关系人：

（一）被申请人的近亲属；

（二）依据民法典第一千一百二十八条、第一千一百二十九条规定对被申请人有继承权的亲属；

（三）债权人、债务人、合伙人等与被申请人有民事权利义务关系的民事主体，但是不申请宣告失踪不影响其权利行使、义务履行的除外。

第十五条 失踪人的财产代管人向失踪人的债务人请求偿还债务的，人民法院应当将财产代管人列为原告。

债权人提起诉讼，请求失踪人的财产代管人支付失踪人所欠的债务和其他费用的，人民法院应当将财产代管人列为被告。经审理认为债权人的诉讼请求成立的，人民法院应当判决财产代管人从失踪人的财产中支付失踪人所欠的债务和其他费用。

第十六条 人民法院审理宣告死亡案件时，被申请人的配偶、父母、子女，以及依据民法典第一千一百二十九条规定对被申请人有继承权的亲属应当认定为民法典第四十六条规定的利害关系人。

符合下列情形之一的，被申请人的其他近亲属，以及依据民法典第一千一百二十八条规定对被申请人有继承权的亲属应当认定为民法典第四十六条规定的利害关系人：

（一）被申请人的配偶、父母、子女均已死亡或者下落不明的；

（二）不申请宣告死亡不能保护其相应合法权益的。

被申请人的债权人、债务人、合伙人等民事主体不能认定为民法典第四十六条规定的利害关系人，但是不申请宣告死亡不能保护其相应合法权益的除外。

第十七条 自然人在战争期间下落不明的，利害关系人申请宣告死亡的期间适用民法典第四十六条第一款第一项的规定，自战争结束之日或者有关机关确定的下落不明之日起计算。

五、民事法律行为

第十八条 当事人未采用书面形式或者口头形式，但是实施的行为本身表明已经作出相应意思表示，并符合民事法律行为成立条件的，人民法院可以认定为民法典第一百三十五条规定的采用其他形式实施的民事法律行为。

第十九条 行为人对行为的性质、对方当事人或者标的物的品种、质量、规格、价格、数量等产生错误认识，按照通常理解如果不发生该错误认识行为人就不会作出相应意思表示的，人民法院可以认定为民法典第一百四十七条规定的重大误解。

行为人能够证明自己实施民事法律行为时存在重大误解，并请求撤销该民事法律行为的，人民法院依法予以支持；但是，根据交易习惯等认定行为人无权请求撤销的除外。

第二十条 行为人以其意思表示存在第三人转达错误为由请求撤销民事法律行为的，适用本解释第十九条的规定。

第二十一条 故意告知虚假情况，或者负有告知义务的人故意隐瞒真实情况，致使当事人基于错误认识作出意思表示的，人民法院可以认定为民法典第一百四十八条、第一百四十九条规定的欺诈。

第二十二条 以给自然人及其近亲属等的人身权利、财产权利以及其他合法权益造成损害或者以给法人、非法人组织的名誉、荣誉、财产权益等造成损害为要挟，迫使其基于恐惧心理作出意思表示的，人民法院可以认定为民法典第一百五十条规定的胁迫。

第二十三条 民事法律行为不成立，当事人请求返还财产、折价补偿或者赔偿损失的，参照适用民法典第一百五十七条的规定。

第二十四条 民事法律行为所附条件不可能发生，当事人约定为生效条件的，人民法院应当认定民事法律行为不发生效力；当事人约定为解除条件的，应当认定未附条件，民事法律行为是否失效，依照民法典和相关法律、行政法规的规定认定。

六、代理

第二十五条 数个委托代理人共同行使代理权，其中一人或者数人未与其他委托代理人协商，擅自行使代理权的，依据民法典第一百七十一条、第一百七十二条等规定处理。

第二十六条 由于急病、通讯联络中断、疫情防控等特殊原因，委托代理人自己不能办理代理事项，又不能与被代理人及时取得联系，如不及时转委托第三人代理，会给被代理人的利益造成损失或者扩大损失的，人民法院应当认定为民法典第一百六十九条规定的紧急情况。

第二十七条 无权代理行为未被追认，相对人请求行为人履行债务或者赔偿损失的，由行为人就相对人知道或者应当知道行为人无权代理承担举证责任。行为人不能证明的，人民法院依法支持相对人的相应诉讼请求；行为人能够证明的，人民法院应当按照各自的过错认定行为人与相对人的责任。

第二十八条 同时符合下列条件的，人民法院可以认定为民法典第一百七十二条规定的相对人有理由相信行为人有代理权：

（一）存在代理权的外观；

（二）相对人不知道行为人行为时没有代理权，且无过失。

因是否构成表见代理发生争议的，相对人应当就无权代理符合前款第一项规定的条件承担举证责任；被代理人应当就相对人不符合前款第二项规定的条件承担举证责任。

第二十九条 法定代理人、被代理人依据民法典第一百四十五条、第一百七十一条的规定向相对人作出追认的意思表示的，人民法院应当依据民法典第一百三十七条的规定确认其追认意思表示的生效时间。

七、民事责任

第三十条 为了使国家利益、社会公共利益、本人或者他人的人身权利、财产权利以及其他合法权益免受正在进行的不法侵害，而针对实施侵害行为的人采取的制止不法侵害的行为，应当认定为民法典第一百八十一条规定的正当防卫。

第三十一条 对于正当防卫是否超过必要的限度，人民法院应当综合不法侵害的性质、手段、强度、危害程度和防卫的时机、手段、强度、损害后果等因素判断。

经审理，正当防卫没有超过必要限度的，人民法院应当认定正当防卫人不承担责任。正当防卫超过必要限度的，人民法院应当认定正当防卫人在造成不应有的损害范围内承担部分责任；实施侵害行为的人请求正当防卫人承担全部责任的，人民法院不予支持。

实施侵害行为的人不能证明防卫行为造成不应有的损害，仅以正当防卫人采取的反击方式和强度与不法侵害不相当为由主张防卫过当的，人民法院不予支持。

第三十二条 为了使国家利益、社会公共利益、本人或者他人的人身权利、财产权利以及其他合法权益免受正在发生的急迫危险，不得已而采取紧急措施的，应当认定为民法典第一百八十二条规定的紧急避险。

第三十三条 对于紧急避险是否采取措施不当或者超过必要的限度，人民法院应当综合危险的性质、急迫程度、避险行为所保护的权益以及造成的损害后果等因素判断。

经审理，紧急避险采取措施并无不当且没有超过必要限度的，人民法院应当认定紧急避险人不承担责任。紧急避险采取措施不当或者超过必要限度的，人民法院应当根据紧急避险人的过错程度、避险措施造成不应有的损害的原因力大小、紧急避险人是否为受益人等因素认定紧急避险人在造成的不应有的损害范围内承担相应的责任。

第三十四条 因保护他人民事权益使自己受到损害，受害人依据民法典第一百八十三条的规定请求受益人适当补偿的，人民法院可以根据受害人所受损失和已获赔偿的情况、受益人受益的多少及其经济条件等因素确定受益人承担的补偿数额。

八、诉讼时效

第三十五条 民法典第一百八十八条第一款规定的三年诉讼时效期间，可以适用民法典有关诉讼时效中止、中断的规定，不适用延长的规定。该条第二款规定的二十年期间不适用中止、中断的规定。

第三十六条 无民事行为能力人或者限制民事行为能力人的权利受到损害的，诉讼时效期间自其法定代理人知道或者应当知道权利受到损害以及义务人之日起计算，但是法律另有规定的除外。

第三十七条 无民事行为能力人、限制民事行为能力人的权利受到原法定代理人损害，且在取得、恢复完全民事行为能力或者在原法定代理终止并确定新的法定代理人后，相应民事主体才知道或者应当知道权利受到损害的，有关请求权诉讼时效期间的计算适用民法典第一百八十八条第二款、本解释第三十六条的规定。

第三十八条 诉讼时效依据民法典第一百九十五条的规定中断后，在新的诉讼时效期间内，再次出现第一百九十五条规定的中断事由，可以认定为诉讼时效再次中断。

权利人向义务人的代理人、财产代管人或者遗产管理人等提出履行请求的，可以认定为民法典第一百九十五条规定的诉讼时效中断。

九、附则

第三十九条 本解释自 2022 年 3 月 1 日起施行。

民法典施行后的法律事实引起的民事案件，本解释施行后尚未终审的，适用本解释；本解释施行前已经终审，当事人申请再审或者按照审判监督程序决定再审的，不适用本解释。

解读《最高人民法院关于适用〈中华人民共和国民法典〉总则编若干问题的解释》

郭 锋 陈龙业 蒋家棣* 刘 婷**

为正确审理民事案件，依法保护民事主体的合法权益，维护社会和经济秩序，2021年12月30日，最高人民法院审判委员会第1861次全体会议审议通过了《最高人民法院关于适用〈中华人民共和国民法典〉总则编若干问题的解释》（法释〔2022〕6号，以下简称《总则编解释》），自2022年3月1日起施行。为便于广大法官在司法实践中正确理解与适用，现就《总则编解释》的起草背景和过程、基本原则、主要内容以及有关重点问题作一阐述。

一、《总则编解释》起草的背景和过程

民法典是在以习近平同志为核心的党中央坚强领导下取得的新时代我国社会主义法治建设重大成果。2020年5月29日，习近平总书记在中共中央政治局第二十次集体学习时作出重要讲话，强调指出："民法典实施水平和效果，是衡量各级党和国家机关履行为人民服务宗旨的重

* 作者单位：最高人民法院研究室。

** 作者单位：江苏省南通市中级人民法院民事审判第一庭。

要尺度。”[①]“要及时完善相关民事司法解释，使之同民法典及有关法律规定和精神保持一致，统一民事法律适用标准。”[②] 为深入学习贯彻习近平法治思想和习近平总书记重要讲话精神，指导全国各级人民法院统一正确实施民法典，2020 年 6 月最高人民法院启动司法解释全面清理工作，并同步启动《总则编解释》的起草工作。

在起草初期，最高人民法院有关部门对标民法典的规定，对《最高人民法院关于贯彻执行〈中华人民共和国民法通则〉若干问题的意见（试行）》（以下简称《民法通则意见》）、《最高人民法院关于适用〈中华人民共和国合同法〉若干问题的解释（一）》（以下简称《合同法解释一》）、《最高人民法院关于适用〈中华人民共和国合同法〉若干问题的解释（二）》（以下简称《合同法解释二》）等司法解释的每一个条文提出废、改、留的意见，并组织专家进行逐条研讨，后将拟保留或修改后保留的条文送全国人大常委会法工委征求意见，形成《总则编解释》的初稿。

2021 年 3 月，最高人民法院向各高级人民法院发出通知，征集总则编适用问题及起草建议。此后，根据反馈意见和《全国法院贯彻实施民法典工作会议纪要》（以下简称《贯彻民法典会议纪要》）的有关内容，起草形成了《总则编解释》修改稿，并先后召开 7 次法院系统座谈会、4 次民法学专家研讨会、1 次由审判业务专家代表和法学专家代表共同组成的封闭改稿会。11 月，最高人民法院先后征求了院内各相关部门、全国各高级人民法院意见，并送中宣部、中政委、中央依法治国办、最高人民检察院、公安部、司法部、民政部、市场监管总局、

---

① 中共中央宣传部宣传教育局、全国人大常委会法制工作委员会民法室、司法部普法与依法治理局编：《〈中华人民共和国民法典〉总则编学习读本》，中国民主法制出版社 2021 年版，第 33 页。

② 中共中央宣传部宣传教育局、全国人大常委会法制工作委员会民法室、司法部普法与依法治理局编：《〈中华人民共和国民法典〉总则编学习读本》，中国民主法制出版社 2021 年版，第 10 页。

中国法学会、中国社科院、全国工商联等有关单位征求意见，后又进一步征求中国法学会民法学研究会的意见，两次书面征求全国人大常委会法工委的意见，最终形成送审稿，提交最高人民法院审判委员会讨论通过。

二、《总则编解释》起草的基本原则

为确保《总则编解释》严格遵循民法典规定精神，切实解决司法实践中具有一定普遍性的法律适用问题，《总则编解释》的起草始终遵循以下基本原则：

一是坚持正确政治方向。全面深入贯彻习近平法治思想和习近平总书记关于贯彻实施民法典的重要讲话精神，将以人民为中心的发展思想贯穿始终。例如，通过规定权利滥用的认定与法律后果，细化监护制度适用规则，明确民事责任的认定，突出了权利保护理念。

二是坚持严格依法。充分尊重、全部采纳立法机关意见，确保准确理解贯彻民法典的立法意图。坚守不创设新规则的基本立场，只根据民商事审判工作的实际需要对总则编制度作配套补充细化，确保民法典总则编的新增亮点制度在司法审判中准确落实落地。

三是坚持问题导向和强基导向。坚持以解决司法实践中的突出问题为出发点，以指导各级人民法院准确适用民法典为落脚点，注重听取法院系统尤其是中基层法院一线审判业务专家及骨干的意见。在条文规范上尽量给予清晰明确的指引，对法官裁量权予以必要限制；对于不宜或者无法作出“一刀切”规定的，则采取动态系统论的思路，细化适用节点和参考因素，为法官适用法律提供指引。

四是坚持充分研究论证。一方面，坚持理论与实践相结合。通过类案检索、学术资料整理和专家论证的方式，确保条文设计均有人民法院典型案例和主流学术观点支撑。另一方面，坚持解决国内问题与借鉴域外经验相结合，广泛研究借鉴德国、日本、法国等 20 多个国家或地区的民法典等域外规则设计。

三、《总则编解释》的主要内容和特点

起草《总则编解释》主要是为了解决三个方面问题。

一是确保民法典与旧法的有序衔接。民法典施行后，民法通则、民法总则、合同法等法律废止，最高人民法院相应废止了《民法通则意见》《合同法解释一》《合同法解释二》等司法解释。但这些司法解释中仍有不少条文与民法典一致，在审判实践中仍有重要指导价值，有必要予以保留并梳理整合，以免出现法律衔接适用空当，影响民法典的实施。

二是系统梳理人民法院在长期司法实践中总结积累的经验智慧。民法典采取的是编纂式的立法技术，大多数条文是对原有法律的承继。人民法院在适用这些法律规定处理民事纠纷时积累了许多行之有效的经验，有必要将此一并纳入，以更好地实现统一裁判尺度的目的。比如，关于表见代理的具体适用，最高人民法院2009年发布的《关于当前形势下审理民商事合同纠纷案件若干问题的指导意见》作了细化规定，历经十余年的审判实践检验，一些内容有必要吸收到《总则编解释》中。基于同样的考虑，《全国法院民商事审判工作会议纪要》中的一些规定精神也被吸收到《总则编解释》当中。

三是积极回应民法总则施行后亟须明确的具体法律适用问题。民法典总则编的绝大多数规定源自民法总则，实际上已实施了四年多。其间，人民法院积累了丰富的审判经验，也发现了一些亟须统一规范的具体法律适用问题。特别是，民法典总则编凝练了民事法律制度中具有普遍适用性和引领性的规则，集中体现了民法典严谨逻辑体系中“总”的特点和规律，这就要求各级人民法院牢固树立体系化思维，准确把握民法典总则编与各分编、民法典与其他民商事法律、基本原则与具体规定之间的适用逻辑关系。

上述三个方面的目的，归根结底是为了统一民事案件裁判尺度，更好地贯彻实施民法典，维护民法典权威。

《总则编解释》共39条，分为一般规定、民事权利能力和民事行为能力、监护、宣告失踪和宣告死亡、民事法律行为、代理、民事责任、诉讼时效和附则九个部分。

其中，第一部分一般规定共3条，主要针对民法典总则编“总”的特点，对实践中法官普遍感到难以把握的民事法律适用规则、习惯作为法源的适用、滥用民事权利的认定与法律后果等一般性问题作出规定。

第二部分至第四部分属于对总则编自然人制度中有关民事权利能力和民事行为能力、监护、宣告失踪和宣告死亡等具体规则的细化规定。通过解决诉讼保护胎儿利益问题，遗嘱指定监护人、协议确定监护人、指定监护、意定监护等监护制度适用问题，以及申请宣告失踪、宣告死亡的利害关系人范围确定等问题，实现对胎儿、被监护人、失踪人及利害关系人的权利保护。

第五部分、第六部分属于对总则编民事法律行为和代理制度中有关具体规则的配套、细化规定。该部分主要是在《民法通则意见》《合同法解释二》等的基础上，立足理论进步与实践发展，重点解决重大误解、欺诈、胁迫的认定，以及无权代理、表见代理的具体适用等问题，突出保护善意相对人的利益。

第七部分、第八部分属于对总则编民事责任制度和诉讼时效制度中有关规则的细化规定。重点解决防卫过当、避险不当的认定标准，见义勇为受益人适当补偿数额的确定等问题，并对无民事行为能力人、限制民事行为能力人的权利受损害时诉讼时效期间的起算作出补充规定。

第九部分附则规定了《总则编解释》的施行时间为2022年3月1日，以及适用案件范围。

《总则编解释》的条文内容主要有以下三个显著特点。

一是理念上大力弘扬社会主义核心价值观。通过细化习惯的适用规则、监护制度、民事法律行为、民事责任、诉讼时效等制度规则，将社会主义核心价值观贯穿始终，彰显民法典强调公平正义、倡导诚实守信的价值导向。特别是细化了正当防卫、紧急避险、见义勇为的制度规则，进一步在“扶不扶”“劝不劝”“追不追”“救不救”“为不为”“管不管”等问题上亮明态度，坚决防止“和稀泥”，让司法有力量、有是非、有温度，让群众有温暖、有遵循、有保障。

二是内容上突出强调权利保护。贯彻以人民为中心的发展思想，将自然人的权利保护置于中心位置，从保护未成年人、胎儿利益，规范权利的行使，平衡失踪人与利害关系人利益等方面作出系统规定，体现了人民至上的司法立场。

三是形式上体现小而精的起草思路。始终坚持以问题为导向、以审判执行需求为出发点、以准确理解和适用民法典为原则，不追求大而全的体系，不追求“一揽子”解决所有问题，而是聚焦总则编适用中审判实践亟须解决、有较为丰富的实践基础，且能够最大限度凝聚共识的问题明确相应的法律适用规则。

四、一般规定部分的重点内容

本部分主要是对人民法院适用民事法律、习惯和禁止权利滥用原则作出指引，对司法实践中的重点难点问题作出回应。

（一）民事法律适用规则

民法典呈现鲜明的总分结构，不仅在总则编规定了整个法典的一般性规则，在各分编中也是先规定一般性规则，再规定具体规则或者特别规则。这种提取公因式的立法技术，使得民事法律规范在呈现法典化、体系化特征的同时，也增加了法官“找法”的难度。为帮助广大法官适应民法典的体系性，树立法典化思维，《总则编解释》第一条在明确民法典各编适用关系的同时，也对民法典与其他民事法律的适用问题、法律具体规则与基本原则的适用问题作出规定。

准确把握民法典总则编与各分编的适用关系，首先要明确民法典总分式架构的内在逻辑。从体系上讲，总则编主要是围绕主体、客体、法律行为、民事责任等法律关系的基本要素展开，而有关具体的民事权利、义务内容则规定在各分编中。[①] 各分编的具体规定通常可以直接适用于案件审理，但当各分编没有相应具体规定时，往往需要适用总则编中的一般规定。

例如，在处理某一具体的合同纠纷案件时，先要到民法典合同编的典型合同分编中查找是否存在与该合同有关的特别规定。如果有，就要优先适用特别规定，只有在没有找到特别规定时，才能适用合同编通则部分的规定；也只有在合同编通则部分没有特别规定时，才能适用总则编关于法律行为与代理的一般规定。[②] 当然，并非所有各分编未具体规定的问题都可以适用总则编的规定，尤其是涉及身份关系的情形。

因此，《总则编解释》第一条第一款规定："民法典第二编至第七编对民事关系有规定的，人民法院直接适用该规定；民法典第二编至第七编没有规定的，适用民法典第一编的规定，但是根据其性质不能适用的除外。"

关于民法典与其他民事法律的适用关系，民法典第十一条规定："其他法律对民事关系有特别规定的，依照其规定。"这就明确了特别法优先于一般法的原则。

但应当注意，在民法典未明确规定适用其他法律的情况下，适用单行法的前提是单行法的规定属于对民法典相应规定细化的规定，且不能

---

① 参见王利明：《以法律关系为主线构建民法典总则体系》，载《社会科学文摘》2016年第1期。

② 参见刘贵祥：《民法典适用的几个重大问题》，载《人民司法》2021年第1期。

违反民法典的规定，如此才能体现出民法典基础性法律的地位。[①]

同时，根据立法法第九十四条第一款的规定，法律之间对同一事项的新的一般规定与旧的特别规定不一致，不能确定如何适用时，由全国人民代表大会常务委员会裁决。

为指导各级人民法院正确适用民法典第十一条的规定，处理好民法典与其他民事法律的适用关系，《总则编解释》第一条第二款明确了以下两种规则。

一是对于同一民事关系，其他民事法律的规定属于对民法典相应规定的细化的，应当适用该民事法律的规定。例如，民法典第一千一百六十五条第二款规定："依照法律规定推定行为人有过错，其不能证明自己没有过错的，应当承担侵权责任。"而个人信息保护法第六十九条第一款明确规定了处理个人信息侵害个人信息权益造成损害，适用过错推定责任。对此类纠纷，就应当适用个人信息保护法的这一规定。又如，电子签名法第二十八条关于侵害电子签名人利益归责原则的规定就构成了对民法典第一千一百六十五条第二款有关过错推定责任规定的细化，此时应当适用电子签名法的规定。需要注意的是，这里的"民事法律"实质上是指民商事法律。[②]

二是民法典规定适用其他法律规定的，适用该法律的规定。因为在此情形下，民法典已经作出了适用其他法律的指引或者授权，此时适用其他法律的规定也不存在与立法法规定相冲突的问题。例如，产品质量法第四十五条规定因产品存在缺陷造成损害要求赔偿的诉讼时效期间为二年，民法典第一百八十八条明确"法律另有规定的，依照其规定"，

---

① 参见王利明：《一部有力保障民法典总则编实施的司法解释——评〈最高人民法院关于适用《中华人民共和国民法典》总则编若干问题的解释〉》，载《人民法院报》2022 年 2 月 27 日第 4 版。

② 参见于飞：《"民法典总则编解释"第一条评析——民法适用的体系化》，载《人民法院报》2022 年 3 月 1 日第 5 版。

此时应当适用产品质量法的规定。

《总则编解释》第一条第三款主要解决民事法律具体规定与基本原则的关系问题。民法典所规定的基本原则能否直接作为裁判规范以及如何作为裁判规范一直有争议。该款在梳理有关学术成果、实务做法、各方意见的基础上，明确了法律有具体规定的，“应当”适用该具体规定；法律没有具体规定时“可以遵循”基本原则。采用“可以遵循”基本原则的表述，使得条文内容更具包容性，也与法律没有具体规定时运用法律解释方法确定适用或者参照适用其他具体规定的做法相一致。

通常而言，基本原则的适用可以与有关法律解释和漏洞填补方法相结合，在没有可以适用或者参照适用的具体条文的情况下，可以遵循基本原则的规定。有学者认为，在纠纷的处理缺乏具体法律规定的情况下，可以结合习惯、法律原则等创造尚未由立法计划所预测或者完成的法律规则，进而填补漏洞。[①] 这一见解较有道理，值得在审判实践中紧密结合民法典的制度体系和规定精神进行有益探索。因此，有必要注意的是，在审判实践中对于法律没有具体规定的情形，并非当然直接适用基本原则。

（二）习惯作为法源的适用

根据民法典第十条规定，处理民事纠纷可以适用习惯，明确了习惯可以作为法源适用。在我国审判实践中，习惯作为法源多见于与丧葬事宜相关的案件，比如遗体瞻仰、告别、吊唁、祭奠等。[②] 需要注意的是，此处所讲的习惯不同于当事人之间形成的交易习惯，要求可以作为裁判依据。

---

① 参见王利明：《法律解释学导论：以民法为视角》，法律出版社 2009 年版，第 45~46 页。

② 参见浙江省绍兴市中级人民法院（2012）浙绍民终字第 950 号民事判决、江苏省南通市中级人民法院（2015）通中民终字第 00832 号民事判决。

关于习惯的认定，是人民法院适用习惯时首要明确的标准问题。对此，《总则编解释》第二条第一款规定作为法源意义上的习惯，通常表现为民间习俗、惯常做法等，其核心要义在于能够在一定范围内为特定群体长期确信并自觉遵守。这就意味着，判断是否构成民法法源的习惯，关键在于该习俗或者做法是否具备两方面的条件：一是是否具有长期性、恒定性、内心确信性；二是是否具有具体行为规则属性，即并非宽泛的道德评价标准，而能够具体引导人们的行为。①

关于习惯的证明，主要涉及举证责任的分配问题。对于习惯是否存在、何为习惯的具体内容，这首先是一项事实问题。因此，当事人主张适用习惯的，应当根据民事诉讼法第六十七条第一款的规定提供证据，必要时，人民法院可以依职权查明。正如王泽鉴先生所言，主张习惯法者，对于习惯法的存在，“固应负举证责任，惟法律亦应依职权调查之”②。

调研中有意见认为，习惯作为法源，应当由法官依职权查明。我们经研究未采纳上述意见，主要是考虑到我国幅员辽阔、风俗多样，人员流动情况复杂，法官事实上难以真正了解掌握当地习惯的情况。采取以由当事人主张并提供证据为主、人民法院依职权查明为辅的方式，不仅符合民事诉讼法第六十七条第二款的规定精神，也是立足我国国情，确保民法典第十条规定有效施行的可行做法。

关于习惯的适用，民法典明确习惯要作为裁判依据，必须是在法律没有具体规定的前提下，且该习惯不得违背公序良俗。由于我国历史悠久，不少习惯中文明与糟粕并存，有必要对习惯的适用采取审慎的态度。为此，《总则编解释》第二条第三款明确“适用习惯，不得违背社会主义核心价值观，不得违背公序良俗”。

---

① 参见王利明：《论习惯作为民法渊源》，载《法学杂志》2016年第11期。

② 王泽鉴：《民法总则》，中国政法大学出版社2001年版，第57~58页。

（三）滥用民事权利的认定与法律后果

民法典第一百三十二条规定禁止权利滥用，为权利设定了范围，明确了权利行使的边界。考虑到该规定是指导民事主体依法行使民事权利的一般准则，具有较强的原则性和抽象性，有必要在司法适用时进一步具体化，《总则编解释》在第三条的位置对滥用民事权利的认定与法律后果问题作出规定。

在学理上，禁止权利滥用原则通常被认为是诚信原则的具体化表现之一，衡量权利是否滥用应围绕诚信原则展开，[①] 但诚信原则属于抽象性法律原则，法官在适用时仍需具体判断。为解决实务中如何认定构成权利滥用的问题，《总则编解释》第三条第一款、第二款对滥用民事权利的认定作出规定。

第一款采用动态系统论的思路，明确人民法院在判断是否构成权利滥用时，可以从权利行使的对象、目的、时间、方式、造成当事人之间利益失衡的程度等因素予以考量。例如，在姚某与潘某相邻损害防免关系纠纷中，姚某安装的可视门铃对潘某进出住宅等活动信息进行自动记录、存储，超出了防盗的必要范围和合理限度，法院认定构成滥用民事权利。[②] 此即从权利行使的目的、方式、造成当事人之间利益失衡的程度等角度，对当事人行使权利是否超出合理范围作出的界定。

第二款主要是从损害目的的角度对人民法院应当认定构成权利滥用的特定情形作出明确。比较法上，德国民法典、俄罗斯联邦民法典明确权利滥用为“专以加害（损害）他人为目的”行使权利，我国台湾地区“民法”也明确为“以损害他人为主要目的”。我国学界也认为，权

---

① 参见陈甦主编：《民法总则评注》，法律出版社 2017 年版，第 910 页。

② 参见江苏省无锡市中级人民法院（2019）苏 02 民终 5307 号民事判决、江苏省无锡市梁溪区人民法院（2019）苏 0213 民初 6264 号民事判决。

利滥用正是民事主体利用权利的合法形式，来实现损害他人或社会之目的。[①] 据此，解释明确，行为人以损害国家利益、社会公共利益、他人合法权益为主要目的行使民事权利的，构成权利滥用。

在此需要说明的是，凡符合第二款规定情形的，应当认定构成滥用民事权利；存在第二款规定以外情形的，应根据第一款规定的参考因素，结合具体案情认定是否构成滥用民事权利。例如在一则案件中，被告将厨房改为厕所后，导致其厕所位于原告厨房之上，引起原告心理不适。此时因不能证明被告有损害原告利益之目的，难以直接适用第二款规定，但其权利行使方式明显不当，法院判决其恢复原状。[②]

关于滥用民事权利的法律后果，学界多认为，权利滥用的效果以承认权利存在而否认其行使为原则，以权利丧失为例外。[③] 滥用权利行为将发生两方面的后果：一是不能发生行为人预期的法律效果；二是造成他人损害，将承担法律责任。[④]

我们经过多次研究论证后，在第三款规定“构成滥用民事权利的，人民法院应当认定该滥用行为不发生相应的法律效力”。换言之，权利行使本来应产生的效果，因其滥用的关系，法律遂不使之发生。[⑤]

但需注意的是，此处否定的应生效果限于该滥用行为，并不包括在合理范围内的权利行使部分。另考虑到滥用民事权利可能造成他人损害，权利滥用者应当承担相应的民事责任，故《总则编解释》选取此情形中适用法律的典型领域，列明适用民法典侵权责任编的规定。

当然，滥用民事权利危及他人人身、财产安全的，不仅涉及民法典侵权责任编的适用，还可能涉及人格权编、物权编等有关规定，对于公

---

① 参见佟柔：《中国民法学·民法总则》，人民法院出版社2008年版，第52页。
② 参见江西省赣州市中级人民法院（2021）赣07民终4407号民事判决。
③ 梁慧星：《读条文 学民法》，人民法院出版社2017年版，第60页。
④ 王利明：《民法总则研究》，中国人民大学出版社2018年版，第45页。
⑤ 钱玉林：《禁止权利滥用的法理分析》，载《现代法学》2002年第1期。

司股东滥用公司法人独立地位和股东有限责任损害公司债权人的利益等情形，更涉及公司法的有关规定，对此直接按照相应规定处理即可，难以一一列举，故使用“等”字予以概括，避免条文过于烦琐。

五、监护部分的重点内容

民法典确立了“以家庭监护为基础，以社会监护为补充，以国家监护为兜底”的监护制度体系。为将监护制度准确落实落地，《总则编解释》从监护能力的认定、监护人的确定、监护职责的委托行使等角度作了补充规定。其中，遗嘱指定监护人、协议确定监护人、意定监护属于当事人通过意思自治确定监护人的方式，为加强相关规则适用，《总则编解释》第七条、第八条、第十一条作出进一步细化规定。

（一）遗嘱指定监护人

《总则编解释》第七条关于遗嘱指定监护人的规定，旨在解决以下两种情形中的监护人确定问题：一是遗嘱生效时，被指定的人不同意担任监护人；二是被监护人是未成年人时，父母中的一方通过遗嘱指定监护人，因而与遗嘱生效时有监护能力的另一方的法定监护之间产生冲突。

对于第一种情形，《总则编解释》第七条第一款明确，人民法院应当适用民法典第二十七条、第二十八条的规定确定监护人。在此需要说明的是以下两点。

第一，关于被指定的人拒绝担任监护人的权利。按照遗嘱的性质，遗嘱人订立遗嘱无论是自书遗嘱或者公证遗嘱，均不要求事先征得拟指定的人（个人或者组织）同意，依据意思自治原则，遗嘱内容公开后被指定的个人或者组织理当可以拒绝担任监护人。[①] 且对被指定人而

---

① 参见梁慧星：《民法总则讲义》，法律出版社 2021 年版，第 68 页。

言，担任监护人意味着重大的法律职责，应充分考虑其自愿性，应当允许其拒绝接受指定。[①] 在比较法上，魁北克民法典第 202 条第 2 款、第 203 条规定更是直接明确了遗嘱指定监护人应当考虑被指定的人的意愿（魁北克民法典第 202 条第 2 款规定：如被指定人知悉指定后三十日内未拒绝，推定为接受职责。第 203 条规定：父亲或母亲指定的监护人接受或拒绝监护职责，应告知遗产清算人和公共保佐人）。

第二，关于被指定的人拒绝担任监护人时的监护人确定规则。被指定的人拒绝接受指定的，应当视为没有遗嘱指定监护人，故应当按照法律的规定，即适用民法典第二十七条、第二十八条的规定确定监护人。

对于第二种情形，为减少实践争议，《总则编解释》第七条第二款明确人民法院应当适用民法典第二十七条第一款的规定确定监护人，即由父母中有监护能力的另一方担任监护人。这主要是考虑到，父母担任未成年子女的法定监护人是无条件的，只有在父母死亡或者没有监护能力的情况下，才可以由其他组织或者有关组织担任监护人。[②]

（二）协议确定监护人

民法典第三十条规定，依法具有监护资格的人之间可以协议确定监护人。由于民法典第二十七条第一款明确规定未成年人的父母为其监护人，故未成年人的父母有监护能力的，当然不得与其他人签订协议，确定由其他人担任监护人，推卸自身责任。[③] 为此，《总则编解释》第八条第一款对未成年人的父母协议确定监护人的权限作出规定，明确父母不得通过协议免除该具有监护能力的父母的监护职责，而仅得约定在其丧失监护能力时由具有监护资格的人担任监护人。这既兼顾了父母对未

① 参见满洪杰：《〈民法总则〉监护设立制度解释论纲》，载《法学论坛》2018 年第 3 期。
② 参见黄薇主编：《中华人民共和国民法典释义》，法律出版社 2020 年版，第 58 页。
③ 参见黄薇主编：《中华人民共和国民法典总则编释义》，法律出版社 2020 年版，第 82 页。

成年子女负有法定监护职责的要求，也体现了对父母预先安排未成年子女监护问题的尊重。

关于以协议监护方式确定的监护人能否突破法定监护顺序的问题，有观点认为，有权协商的人，必须是根据民法典第二十七条和第二十八条有监护资格的人，而且应当遵守这两条关于监护顺位的规定，即必须先由上一顺位的数位具有监护资格的人进行协商。[①] 这就意味着，协议确定的监护人将受到监护顺序的限制。也有观点认为，这一解释对于监护顺序的理解过于严苛，将以亲属血缘关系为基础的监护顺序置于被监护人的最大利益考虑之上，且不符合监护顺序弱化的发展趋势。[②]

我们经研究认为，民法典第三十条的立法本意是在尊重被监护人真实意愿的基础上，通过依法具有监护资格的人之间的协商确定，最大程度体现最有利于被监护人的原则。如对协议监护在顺序上作严苛限制，可能因受限于法定监护顺序，而难以确定最合适的监护人，进而与民法典第三十条的立法目的相悖。

因此，《总则编解释》第八条第二款明确，协议确定的监护人不受法定监护顺序的限制，不同顺序依法具有监护资格的人可以共同担任监护人，顺序在后的具有监护资格的人也可以经协议约定作为监护人。

（三）意定监护

意定监护，以书面的监护协议为成立要件。实践中，关于该监护协议能否参照适用委托合同的问题，一直存有争议。

一种观点认为，一方委托另一方当事人，在一方丧失或者部分丧失民事行为能力时，另一方为其担任监护人的协议，显然具有委托合同的

① 参见王利明主编：《中华人民共和国民法总则详解》，中国法制出版社2017年版，第142页。

② 参见满洪杰：《〈民法总则〉监护设立制度解释论纲》，载《法学论坛》2018年第3期。

属性。[①] 也有观点认为，意定监护协议在原则上可以适用委托合同的原理和规则，但需考虑意定监护的特别之处。因为按照意定监护的委托合同构造，委托合同仅给予受托人处理他人事务的事务管理权，不一定包括代理权授予，而意定监护中的代理权主要源于意定授权。[②] 且意定监护协议具体参照适用委托合同到什么程度很难确定，比如违约责任、违约金调整以及是否区分有偿与无偿等问题，一概参照适用委托合同不够妥当。最终，《总则编解释》第十一条重点聚焦实践中普遍关注的意定监护中监护协议的任意解除权问题作出规定。

一是充分考虑监护本身包含的职责或者负担属性，以及双方当事人之间的信任关系是意定监护的基础等因素，参照民法典第九百三十三条关于委托合同中委托人和受托人任意解除权的规定，明确在成年人丧失或者部分丧失民事行为能力前，成年人和意定监护人均享有任意解除监护协议的权利。这是因为在监护协议生效以前，受托人尚未成为监护人，无须履行监护职责，委托人也尚处于完全民事行为能力阶段，通过意思自治原则完全能够充分维护自己的权益，如果任何一方萌生解除协议的念头，强行维持的监护关系也不能最大限度地维护被监护人的利益。[③]

二是明确在成年人已经丧失或者部分丧失民事行为能力的情况下，意定监护人无正当理由不享有解除监护协议的权利。这主要是考虑到，此时意定监护人已经负有依据该监护协议履行监护职责的义务，并且此处的监护职责与法定监护、指定监护规则下的监护职责在本质上具有一致性，即具有法定性乃至强制性。如仍允许监护人行使任意解除权，极易产生监护真空，使得意定监护制度功能价值大打折扣。但是如果在此

① 参见杨立新：《民法典总则编司法解释对成年意定监护制度的完善》，载《人民法院报》2022年2月28日第2版。

② 参见朱晓喆：《意定监护与信托协同应用的法理基础——以受托人的管理权限和义务为重点》，载《环球法律评论》2020年第5期。

③ 参见张素华：《意定监护制度实施中的困境与破解》，载《东方法学》2020年第2期。

情形下一概认定监护人不享有任意解除权，过于绝对，我们参考借鉴我国台湾地区“民法”的做法，增加了“无正当理由”这一限定。

考虑到成年人丧失或者部分丧失民事行为能力后，意定监护人应当开始履行监护职责，为引导意定监护人依法履行监护职责，保护被监护人的合法利益，《总则编解释》第十一条第二款明确了有关撤销意定监护人监护资格的规则。

需要说明的是，该款规定特别注意了与民法典第四百六十四条第二款规定的衔接。因为意定监护系以有关监护关系的协议为基础，应当适用有关监护关系的法律规定，仅在监护制度没有规定的情况下，才可以根据协议性质参照适用合同编的规定。鉴于通过意定监护和法定监护方式确定的监护人，监护行为都应当受到整个民法典监护制度的约束，故《总则编解释》第十一条第二款将对意定监护人的监督指向民法典第三十六条第一款，不仅没有突破民法典第三十六条的立法本意，还满足了对意定监护人进行监督的实践需要。

有观点认为，这一规定也为当事人通过协议选择监护监督人预留了空间。如果成年人与民法典第三十六条第二款规定的其他依法具有监护资格的人，居民委员会、村民委员会、医疗机构、妇女联合会、残疾人联合会、依法设立的老年人组织、民政部门等民事主体签订意定监护监督协议，依据合同自愿原则，没有不认可其效力的理由。这既不违反法律的现行规定，又能认可意定监护监督协议的效力，对意定监护协议进行监督，更好地保护意定被监护人的合法权益。①

这一见解较有道理，在《总则编解释》起草过程中，我们曾根据实践需要对监护监督制度作了规定，后因各方意见尚未完全一致而未规定，但这并不影响实践中继续探索积累经验。

---

① 参见杨立新：《民法典总则编司法解释对成年意定监护制度的完善》，载《人民法院报》2022年2月28日第2版。

六、宣告失踪、宣告死亡部分的重点内容

《总则编解释》关于宣告失踪、宣告死亡部分的规定共 4 条，主要是对申请宣告失踪、宣告死亡的利害关系人范围，财产代管人的诉讼地位，战争期间下落不明申请宣告死亡的期间作出规定。

（一）申请宣告失踪的利害关系人

宣告失踪为对自然人失踪事实之司法确定，其具有双重目的：首先，维护失踪人自身的合法利益，使其不因财产无人管理而遭受不测之损害；其次，维护与失踪人有利害关系的当事人的合法权益，使其不受失踪人失踪之事实而导致的财产损害。[①]

因此，在确定申请宣告失踪的利害关系人范围时，应注重平衡被申请宣告失踪人与利害关系人的利益。

为此，《总则编解释》第十四条第一项沿用了《民法通则意见》第 24 条的做法，明确被申请人的近亲属有权申请宣告失踪。

第二项明确了依据民法典第一千一百二十八条、第一千一百二十九条规定对被申请人有继承权的亲属也有权申请宣告失踪。这是因为，民法典第一千一百二十八条规定的代位继承人、第一千一百二十九条规定的丧偶儿媳或者丧偶女婿作为典型的继承人，与被申请人存在财产上的利害关系，且难以为近亲属所涵盖，有必要予以规定。

第三项主要是在《民法通则意见》有关“与被申请人有民事权利义务关系的人”的规定基础上，将债权人、债务人、合伙人作为典型的与被申请人有民事权利义务关系的民事主体予以列明，同时为防止申请宣告失踪制度的滥用，设定了“不申请宣告失踪不影响其权利行使、义务履行”的除外条件。

---

① 参见尹田：《论宣告失踪与宣告死亡》，载《法学研究》2001 年第 6 期。

（二）申请宣告死亡的利害关系人

关于申请宣告死亡的利害关系人范围，《贯彻民法典会议纪要》曾专门阐释利害关系人申请宣告死亡无顺序限制的问题，对此不再赘述。《总则编解释》的起草也遵循这一思路，并为防止宣告死亡制度的滥用，对申请宣告死亡的利害关系人条件作出严格限制。

考虑到宣告死亡制度对亲属身份利益的影响重大，且主要涉及继承人利益问题，《总则编解释》第十六条第一款明确作为第一顺序继承人的配偶、父母、子女以及依据民法典第一千一百二十九条规定对被申请人有继承权的亲属有权申请宣告死亡。

第二款主要从尽量减少对近亲属间身份利益尤其夫妻身份权益方面不利影响的角度，对被申请人的其他近亲属以及依据民法典第一千一百二十八条规定对被申请人有继承权的亲属申请宣告死亡的条件作出明确。如对于被申请人的其他近亲属而言，其属于第二顺序的法定继承人，在第一顺序的法定继承人均已死亡或者下落不明时才享有继承权利，此时可认定与被申请人有利害关系。或者其他近亲属符合“不申请宣告死亡不能保护其相应合法权益”的条件的，也可以认定为利害关系人。

另外，考虑到多数情况下，债权人、债务人、合伙人等的利益保护问题可以通过财产权益保护制度予以解决，不宜在申请宣告死亡方面过分“开口子”，故在第三款明确了债权人、债务人、合伙人等民事主体无权申请宣告死亡的一般原则，同时结合现实需要，设有“但是不申请宣告死亡不能保护其相应合法权益的除外”的但书规定，给特殊情形下上述主体申请宣告死亡留有空间。例如，有学者即指出：“自改革开放以来，已经发生利害关系人出于侵占下落不明的自然人的财产、损害其他利害关系人合法权益，以及冒领其退休金、养老金、补助金等违法目的，故意不提出死亡宣告申请的社会问题。”①

七、民事法律行为部分的重点内容

《总则编解释》在民事法律行为部分，对认定民事法律行为的其他形式、重大误解、欺诈、胁迫的认定，以及意思表示的误传、民事法律行为不成立的法律后果、民事法律行为附不可能条件的效力认定作出规定。

（一）重大误解

关于重大误解的认定问题，《总则编解释》第十九条对《民法通则意见》第71条的规定作了较大调整。调研中，关于如何构建重大误解的认定规则，有两种不同观点。

一种观点主张参考比较法上的做法，强化对善意相对人的保护，严格限制行为人的撤销权。②

另一种观点认为，不宜对行为人的撤销权作过多限制，不论相对人是否善意，均得主张撤销，故在《民法通则意见》第71条的规定基础上作适当修改即可。调研中有意见反映，限制撤销权的行使虽有一定道理，但是过于抽象，且易与欺诈等情形混淆，实践中不易操作，故我们在传承《民法通则意见》第71条规定的基础上，主要作以下调整：

一是增加价格作为典型的重大误解情形。这一规定旨在回应实践需求，考虑到因“薅羊毛”问题引发的经营者主张撤销合同问题，主要源于经营者在商品价格方面的标志性错误，故将价格作为重大误解的典型情形予以列举。

---

① 梁慧星：《民法总则讲义》，法律出版社2021年版，第103页。

② 如《国际商事合同通则》（PICC）第3.2.2条、《欧洲合同法原则》（PECL）第4：103条、《欧洲示范民法典草案》（DCFR）第2-7：201条，以及荷兰民法典第6：228条等的规定，均强调相对人参与了行为人的错误认识的，应当保护行为人的真意。反之，相对人属于善意，行为人不得主张撤销。

二是根据调研意见适当调整重大误解中重大性的判断标准。调研中，关于重大误解中对“重大”的认定是否需以造成较大损失为标准，存在不同意见。有意见认为，造成较大损失是《民法通则意见》施行以来形成的共识，法官容易掌握；也有意见认为，较大损失本身很难界定，可操作性不强。我们经研究认为，重大误解的认定不应以造成或者可能造成较大损失为构成要件。例如，卖家混淆买家想购买的纪念品颜色，弄错节日带有特定意义的花束品种，虽未对买家造成重大损失，但违背了买家的交易目的，同样构成重大误解。因此《总则编解释》第十九条第一款明确将“重大”解释为“按照通常理解如果不发生该错误认识行为人就不会作出相应意思表示”。

三是明确主张重大误解的举证责任和不得主张重大误解的情形。行为人主张基于重大误解请求撤销民事法律行为，应当举证证明其在实施民事法律行为时存在重大误解，同时考虑到古董买卖等交易习惯的特殊性，以及社会生活发展的复杂性，作但书规定“根据交易习惯等认定行为人无权请求撤销的除外”。

（二）其他重点内容

1. 民事法律行为的其他形式

民法典第一百三十五条延续了民法通则、合同法有关规定的精神，明确民事法律行为可以采取其他形式。同时，民法典第一百四十条为新增规定，明确意思表示可以通过默示或者沉默的方式作出。此前，《合同法解释二》第二条就订立合同的其他方式作过规定。我们认为，有关“其他形式”问题，虽以合同领域为典型，但并不限于合同，故有必要在遵循民法典规定精神的基础上，总结《合同法解释二》的经验做法，上升为总则编的细化规则，并衔接好民法典第一百三十五条和第一百四十条的规定，为司法实践中准确认定以其他形式实施民事法律行为作出指引。

2. 意思表示的转达错误

关于意思表示的转达错误，民法典未作规定，而《民法通则意见》第77条的规定没有解决有关意思表示人与相对人之间的关系问题。对此，调研中有两种不同意见。一种意见认为，应当参照域外立法的通行做法，按照意思表示错误（重大误解）的思路解决；另一种意见主张，意思表示人与转达人之间是委托关系，可参照表见代理的规则，强调对善意相对人的保护。经研究，我们采纳了第一种意见，主要考虑是：第一，转达错误参照表见代理的规则，缺乏明确的法律依据。第二，意思表示的转达错误属于意思表示错误范畴，通过重大误解来解决符合法理。特别是转达意思表示的第三人本质上是使者，与代理人存在显著区别，如代理人需有民事行为能力而使者无此限制。第三，符合域外法例的通行规则。

3. 欺诈、胁迫

《总则编解释》在《民法通则意见》的基础上修改完善了欺诈、胁迫的认定要件。

关于欺诈的认定，主要修改是明确行为人故意隐瞒真实情况构成欺诈的，应当以其负有告知义务为前提。欺诈行为包括（故意）告知虚假情况和（故意）隐瞒真实情况两种情形，但二者在评价上不应完全相同。在前一种情形下，行为人积极地通过编造虚假事实、提供误导信息等方式使对方陷入错误认识，违反了交易磋商过程中的普遍性不作为义务，必然对相对人的意思决定自由造成严重侵害；而在后一种情形下，相对人只是因行为人消极地不提供重要交易信息而陷入错误认识，但由于双方当事人之间存在利益冲突，原则上应由相对人亲自搜寻对己方有利之交易信息，除非行为人负有主动告知的义务。[①] 需要注意的

① 参见申卫星：《民法典总则编司法解释对法律行为制度的发展》，载《人民法院报》2022年3月1日第5版。

是，这里的告知义务可以来源于法律规定、诚信原则、交易习惯等。

关于胁迫的认定，采纳学术界的意见，明确被胁迫人是基于恐惧心理作出意思表示。

4. 民事法律行为不成立

民法典第一百五十七条规定了民事法律行为无效、被撤销或者确定不发生效力的法律后果，调研中，部分高院建议吸收 2019 年《全国法院民商事审判工作会议纪要》第 32 条的规定，明确规定民事法律行为不成立的法律后果。我们经研究，采纳有关建议，明确民事法律行为不成立，当事人请求返还财产、折价补偿或者赔偿损失的，参照适用民法典第一百五十七条的规定。这是因为，在隐藏的未达成合意时，尽管合同因双方意思表示不一致而不能成立，但当事人完全可能因不知合同不成立的事实而履行合同，此时也存在返还财产、折价补偿、损害赔偿等问题。由于不成立已超出民法典第一百五十七条之可能文义的范围，故是“参照适用”。①

5. 附不可能条件的民事法律行为

对附不可能条件的民事法律行为的效力，《民法通则意见》第 75 条直接规定为无效，未考虑生效条件、解除条件对民事法律行为效力的不同影响。《总则编解释》根据调研意见对《民法通则意见》第 75 条作出较大调整，分别针对所附条件为生效条件或者解除条件作出规定。当事人约定不可能条件为生效条件的，从意思表示解释的角度看，应当解释为当事人根本不希望民事法律行为发生效力。当事人约定上述条件为解除条件的，因解除条件不可能成就，民事法律行为应视为未附解除条件，民事法律行为是否失效应当依照民法典和相关法律、行政法规的规定认定。

---

① 参见朱广新：《经验、法理与体系：民法典总则编司法解释的三重思维》，载《人民法院报》2022 年 2 月 28 日第 2 版。

八、代理部分的重点内容

《总则编解释》在代理部分的规定共有5条，主要规定了共同代理、紧急情况下的转代理、无权代理的适用、表见代理中相对人有理由相信行为人有代理权的认定，以及追认意思表示的作出对象与生效时间。其中，对表见代理制度作出细化规定，是实务界尤其关注的重点。据统计，2019年1月1日至2021年12月31日，涉表见代理的民事案件达67665件。[①]

如何认定相对人有理由相信行为人有代理权，是表见代理认定的核心问题。此前，《最高人民法院关于当前形势下审理民商事合同纠纷案件若干问题的指导意见》第13条明确："合同法第四十九条规定的表见代理制度不仅要求代理人的无权代理行为在客观上形成具有代理权的表象，而且要求相对人在主观上善意且无过失地相信行为人有代理权……"鉴于该规定在各级人民法院裁判中得到了普遍遵循，适用效果较好，我们将之上升为司法解释规则。

为细化表见代理制度的适用规则，《总则编解释》第二十八条第一款第二项将"相对人善意且无过失"进一步明确为"相对人不知道行为人行为时没有代理权，且无过失"。调研中，对于应当采纳无过失标准还是无重大过失标准，存在不同认识。

一种意见认为，可以参考《最高人民法院关于适用〈中华人民共和国民法典〉物权编的解释（一）》第十四条有关善意取得的认定规则，规定为无重大过失，以体现规则的一致性。

另一种意见认为，无过失标准更有利于平衡被代理人与相对人的利益。

经研究认为，较之善意取得，在表见代理中，行为人必须以被代理

① 2022年1月12日，在中国裁判文书网上以"表见代理"为关键词检索得到的数据。

人的名义作出代理行为，相对人至少知道被代理人的存在，获知行为人无权代理的信息成本要低一些，因此，表见代理中相对人善意的要求程度更高一些。[①] 相对人不仅主观上不能有重大过失，而且应无一般过失，否则容易因滥用表见代理制度损害被代理人的利益。

还有学者指出，表见代理是以牺牲被代理人的利益为代价实现交易安全保护的一项制度，在未将代理权外观的形成可归责于被代理人规定为表见代理的一个构成要件的情况下，如果仅要求相对人负担较轻的注意义务（无重大过失），被代理人通常会面临较为宽泛的受损害风险。[②]

因此，我们采取了无过失的标准。对此情形的认定，需要结合代理行为存在诸如合同书、公章、印鉴等有权代理的客观表象形式要素，以及合同的缔结时间、以谁的名义签字、是否盖有相关印章及印章真伪、标的物的交付方式与地点等因素综合判断。

此外，《总则编解释》第二十八条第二款还规定了有关举证责任的分配问题。这是为了贯彻善意推定的原则，明确相对人就行为人存在代理权的外观承担举证责任，被代理人就相对人非善意承担举证责任，为审判实践提供指引。因为“按照社会生活经验，‘不知道’是难于举证证明的，故法庭不要求相对人就自己属于善意举证，而依‘善意推定’的法理进行判断”[③]。

九、民事责任部分的重点内容

《总则编解释》第七部分通过对正当防卫的认定、防卫过当的认定和责任、紧急避险的认定、避险不当的认定和责任、见义勇为受益人适当补偿数额的确定等细化规定，明确了有关认定标准和责任分担问题，

① 参见王利明主编：《中国民法典释评总则编》，中国人民大学出版社 2020 年版，第 433 页。

② 参见朱广新：《经验、法理与体系：民法典总则编司法解释的三重思维》，载《人民法院报》2022 年 2 月 28 日第 2 版。

③ 梁慧星：《民法总则讲义》，法律出版社 2021 年版，第 316~317 页。

鲜明体现了弘扬社会主义核心价值观的价值导向。

（一）关于正当防卫、紧急避险的认定

关于正当防卫、紧急避险的认定，民事法律和司法解释一直未作明确规定，此前审判实践中通常是依据民法法理来认定，调研中不少意见认为有必要予以明确，为类似案件审理提供统一具体的法律适用规则。对此，《总则编解释》第三十条、第三十二条在参考有关刑事法律规定的基础上作出明确。《总则编解释》第三十条从防卫的起因、目的、时间、对象等角度，为人民法院正确适用正当防卫制度作出指引。《总则编解释》第三十二条为法官认定是否构成紧急避险，明确了避险的起因、目的、时间、紧迫性等重要参考因素。

（二）关于防卫过当、避险不当的认定与责任

关于防卫过当、避险不当的认定，《总则编解释》第三十一条、第三十三条均采取了动态系统论的思路，为人民法院依法认定作出指引。

对于防卫过当的民事责任，《总则编解释》第三十一条第二款规定明确了民法典第一百八十一条第二款规定的“适当的民事责任”是指部分责任，而不是全部责任，即正当防卫人只在造成不应有的损害范围内承担部分责任。

对于避险不当的民事责任，考虑到实践中紧急避险的情形非常复杂（从危险发生的原因看，可能是自然原因引起的，也可能是第三人行为引起的，还有可能是避险人的行为引起的；从避险目的看，可能是为了保护避险人利益，可能是为了保护引起险情的人的利益，也可能是为了保护其他人利益，或者两者兼而有之；从避险过当造成的损害后果看，可能造成了避险人损害，可能造成了引起险情的人的损害，也可能造成了其他人的损害），《总则编解释》第三十三条列出参考因素，指引法官在认定紧急避险人的责任时可以综合紧急避险人的过错程度、避险措

施造成不应有的损害的原因力大小、紧急避险人是否为受益人等因素认定。

（三）关于见义勇为受益人适当补偿数额的确定规则

因见义勇为使自己受到损害，在侵害人无力赔偿或者没有侵害人的情况下，受害人提出请求的，《民法通则意见》第 142 条规定，人民法院可以根据受益人受益的多少及其经济状况，责令受益人给予适当补偿。为鼓励见义勇为行为，不让见义勇为者流血又流泪，《总则编解释》第三十四条在此基础上，采用动态系统论的思路，明确了见义勇为受益人适当补偿数额的确定规则。

第一，保留《民法通则意见》中以“受益人受益的多少及其经济状况”作为考量因素。

第二，增加受害人所受损失的情况作为考量因素。主要考虑是，受益人对受害人的法定补偿是侵权责任法分配正义的体现，[①] 虽不适用赔偿责任的填平原则，但受害人的受损情况仍是最重要的考量因素。因为只有先确定受损情况，才能进一步确定补偿数额。一般而言，受害人所受损害严重的，应适当增加受益人补偿数额。

第三，增加受害人已获赔偿的情况作为考量因素。因为按照立法本意，见义勇为受害人的损失原则上应当由侵权人负责赔偿，在有侵权人时受益人仅是可以给予适当补偿，而只有在没有侵权人、侵权人逃逸或者侵权人无力赔偿的情况下，才应当由受益人适当补偿。因此，受害人的损失已经由侵权人部分填补的，受益人的补偿责任应当相应减轻。

---

① 参见［美］约翰·罗尔斯：《正义论》，何怀宏等译，中国社会科学出版社 2009 年版，第 12 页。

十、其他部分的重点内容

（一）关于父母诉讼保护胎儿利益的时间问题

关于胎儿利益能否在娩出前得到保护，理论与实务中主要存在法定解除条件说和法定停止条件说两种观点。[①] 前者认为，根据民法典第十六条的规定，在涉及遗产继承、接受赠与等胎儿利益保护情形下，胎儿视为具有民事权利能力，虽未出生视为已出生，应当肯定其诉的利益；后者认为，胎儿娩出是否为活体尚未确定，如为死体则涉及利益返还问题，并且胎儿姓名尚未确定，实践中在诉讼主体列明方面存在操作困难，故以胎儿娩出为活体后再起诉为宜。

对此，《总则编解释》第四条明确胎儿利益可以在娩出前得到保护，并且可由父母作为法定代理人主张相应权利。主要理由是，虽然父母在胎儿出生后代为起诉，相对于在胎儿娩出前起诉，人民法院处理有关诉讼案件更为简易，但肯定父母在胎儿娩出前代为起诉的权利，更符合民法典第十六条关于加强胎儿利益保护的立法本意。[②] 反之，如“一刀切”地否定胎儿出生前的诉权，并不利于胎儿利益的保护。不仅不符合民法典的立法精神，且可能导致个案诉讼中出现极不公平的局面，比如给侵权人恶意转让财产提供时间，致使胎儿健康维护所需费用得不到及时赔付等。况且，随着医疗卫生事业的发展，胎儿娩出时死亡率较低，即使胎儿娩出为死体，亦可通过受理后中止审理、中止执行甚至执行回转等方式解决。故《总则编解释》采取对胎儿利益可在娩出前诉讼保护的态度，有利于从真正意义上将民法典前沿性保护胎儿利益这一亮点规则落实落地。

---

① 参见最高人民法院民法典贯彻实施工作领导小组主编：《中华人民共和国民法典总则编理解与适用》，人民法院出版社 2020 年版，第 115 页。

② 参见黄薇主编：《中华人民共和国民法典释义》，法律出版社 2020 年版，第 39 页。

关于民法典总则编第十六条规定的“涉及遗产继承、接受赠与等”中的“等”的细化问题，我们在起草过程中曾规定了损害赔偿的情形，但由于这一问题较为复杂，且涉及伦理问题，实践中争议也较大，最终对此未作规定。特别是涉及胎儿身体健康权益侵害的问题，往往与其母体受到相应损害密切相连，有观点认为，对此完全可以通过孕妇主张对自身身体健康权进行损害赔偿进行救济。我们认为，不少情形下通过这一做法可以解决问题，也有利于避免法律关系过于复杂化，但考虑到社会生活及有关纠纷案件的多样性，对于胎儿的损害与孕妇自身所遭受损害的关联性及合理界分问题，还有必要在实践中通过具体案例进一步探索积累经验。

（二）关于诉讼时效的规定

1. 关于诉讼时效中止、中断和延长

《总则编解释》第三十五条对诉讼时效中止、中断和延长的具体适用作了规定，重点是明确民法典第一百八十八条规定的三年诉讼时效期间可否延长的问题。对此，理论和实践中存在不同认识。

有观点认为，民法典第一百八十八条第二款规定的诉讼时效延长主要适用于普通诉讼时效期间，而不适用于最长诉讼时效期间。法律规定最长诉讼时效制度的主要目的是给权利行使设定一个固定期限，如果允许该期限延长，就会使该最长期限变成可变期限，法律设置该最长期限的目的也将不复存在。[①]《民法通则意见》第175条则规定，民法通则第一百三十五条、第一百三十六条规定的诉讼时效期间，可以适用中止、中断和延长的规定，二十年期间可以适用延长的规定，不适用中止、中断的规定。

还有观点认为，民法典第一百八十八条仅规定了最长诉讼时效期间

① 参见王利明、杨立新、王轶、程啸：《民法学》，法律出版社2020年版，第303页。

的延长，普通诉讼时效不再适用延长的规则。民法典的有关释义性资料也持相同观点。①

部分学术著作亦指出："所谓诉讼时效期间的延长，只能适用于二十年长期时效期间。3年普通时效期间，因有中止、中断的规定，不发生延长问题。"②

产生以上认识分歧的一个重要原因就是民法典第一百八十八条第二款规定相较于民法通则第一百三十七条规定的标点符号调整，民法通则第一百三十七条但书中"有特殊情况的"前面为句号，而民法典中为逗号。考虑到立法本意是普通诉讼时效期间不适用延长，而在调研中发现绝大多数法官依然存在《民法通则意见》第175条规定形成的思维惯性，故在充分调研并征询立法机关意见后达成共识，明确规定普通诉讼时效期间可以适用中止、中断的规定，不适用延长的规定，最长诉讼时效期间不适用中止、中断的规定。

2. 关于无民事行为能力人、限制民事行为能力人的诉讼时效期间起算规则

《总则编解释》第三十六条明确，无民事行为能力人、限制民事行为能力人遭受法定代理人以外的人侵害的，诉讼时效期间自法定代理人知道或者应当知道损害事实以及义务人之日起计算。此即对照民法典第一百八十八条第二款，明确无民事行为能力人、限制民事行为能力人权利受到损害的，以其法定代理人知道或者应当知道的时间为起算点。

此外，《总则编解释》第三十七条还补充规定了无民事行为能力人或者限制民事行为能力人对法定代理人的诉讼时效期间起算规则。主要考虑是，虽然民法典第一百九十条规定"无民事行为能力人、限制民事行为能力人对其法定代理人的请求权的诉讼时效期间，自该法定代理终止之日起计算"，但实践中，已经发生法定代理终止时，无民事行为

① 参见黄薇主编：《中华人民共和国民法典释义》，法律出版社2020年版，第377页。

② 梁慧星：《民法总论》，法律出版社2017年版，第265页。

能力人、限制民事行为能力人仍不知道损害事实和义务人，或者仍因民事行为能力欠缺而无法亲自主张权利的情形。

因此，该条规定，即使原法定代理已经终止，诉讼时效期间也并非当然按照民法典第一百九十条的规定开始计算，而是适用民法典第一百八十八条第二款、《总则编解释》第三十六条的规定，自相应民事主体知道或者应当知道权利受到损害之日起计算。具体而言，无民事行为能力人、限制民事行为能力人如系因取得、恢复完全民事行为能力导致法定代理终止，且在终止后才知道权利受到损害的，自其本人知道或者应当知道权利受到损害之日起计算；如系原法定代理终止并确定新的法定代理人，且新的法定代理人在原法定代理终止后才知道权利受损害的，自其新的法定代理人知道或者应当知道权利受到损害之日起计算。

3. 关于与相关司法解释的衔接

调研中，有学者建议将《最高人民法院关于审理民事案件适用诉讼时效制度若干问题的规定》（2020年修正）（以下简称《诉讼时效规定》）整体纳入《总则编解释》中。

我们经研究认为，《总则编解释》和《诉讼时效规定》有不同的侧重点。本部分规则紧密围绕对民法典关于诉讼时效的具体条文的细化展开，旨在解决民法典关于诉讼时效规则的相互衔接问题，在体系上保持了与《民法通则意见》的连续性。而《诉讼时效规定》则是针对司法实践中涉及诉讼时效适用的具体问题展开，在内容上与《总则编解释》各有侧重，且在2020年司法解释全面清理工作中已经系统清理修订后重新发布。按照最高人民法院审委会关于构建民法典司法解释体系的思路，《总则编解释》起到一般规则的作用，应当紧扣总则编的条文进行；而《诉讼时效规定》系对具体问题的规定，属于另一层级的司法解释。因此二者在体系上也各有分工，可以相互呼应，形成完整体系。

（来源：《人民司法》2022年第10期）

最高人民法院

关于适用《中华人民共和国民法典》婚姻家庭编的解释（一）

法释〔2020〕22号

（2020年12月25日最高人民法院审判委员会第1825次会议通过
2020年12月29日最高人民法院公告公布
自2021年1月1日起施行）

为正确审理婚姻家庭纠纷案件，根据《中华人民共和国民法典》《中华人民共和国民事诉讼法》等相关法律规定，结合审判实践，制定本解释。

一、一般规定

第一条 持续性、经常性的家庭暴力，可以认定为民法典第一千零四十二条、第一千零七十九条、第一千零九十一条所称的“虐待”。

第二条 民法典第一千零四十二条、第一千零七十九条、第一千零九十一条规定的“与他人同居”的情形，是指有配偶者与婚外异性，不以夫妻名义，持续、稳定地共同居住。

第三条 当事人提起诉讼仅请求解除同居关系的，人民法院不予受理；已经受理的，裁定驳回起诉。

当事人因同居期间财产分割或者子女抚养纠纷提起诉讼的，人民法院应当受理。

第四条 当事人仅以民法典第一千零四十三条为依据提起诉讼的，人民法院不予受理；已经受理的，裁定驳回起诉。

第五条 当事人请求返还按照习俗给付的彩礼的，如果查明属于以下情形，人民法院应当予以支持：

（一）双方未办理结婚登记手续；

（二）双方办理结婚登记手续但确未共同生活；

（三）婚前给付并导致给付人生活困难。

适用前款第二项、第三项的规定，应当以双方离婚为条件。

二、结婚

第六条 男女双方依据民法典第一千零四十九条规定补办结婚登记的，婚姻关系的效力从双方均符合民法典所规定的结婚的实质要件时起算。

第七条 未依据民法典第一千零四十九条规定办理结婚登记而以夫妻名义共同生活的男女，提起诉讼要求离婚的，应当区别对待：

（一）1994 年 2 月 1 日民政部《婚姻登记管理条例》公布实施以前，男女双方已经符合结婚实质要件的，按事实婚姻处理。

（二）1994 年 2 月 1 日民政部《婚姻登记管理条例》公布实施以后，男女双方符合结婚实质要件的，人民法院应当告知其补办结婚登记。未补办结婚登记的，依据本解释第三条规定处理。

第八条 未依据民法典第一千零四十九条规定办理结婚登记而以夫妻名义共同生活的男女，一方死亡，另一方以配偶身份主张享有继承权的，依据本解释第七条的原则处理。

第九条 有权依据民法典第一千零五十一条规定向人民法院就已办

理结婚登记的婚姻请求确认婚姻无效的主体，包括婚姻当事人及利害关系人。其中，利害关系人包括：

（一）以重婚为由的，为当事人的近亲属及基层组织；

（二）以未到法定婚龄为由的，为未到法定婚龄者的近亲属；

（三）以有禁止结婚的亲属关系为由的，为当事人的近亲属。

第十条 当事人依据民法典第一千零五十一条规定向人民法院请求确认婚姻无效，法定的无效婚姻情形在提起诉讼时已经消失的，人民法院不予支持。

第十一条 人民法院受理请求确认婚姻无效案件后，原告申请撤诉的，不予准许。

对婚姻效力的审理不适用调解，应当依法作出判决。

涉及财产分割和子女抚养的，可以调解。调解达成协议的，另行制作调解书；未达成调解协议的，应当一并作出判决。

第十二条 人民法院受理离婚案件后，经审理确属无效婚姻的，应当将婚姻无效的情形告知当事人，并依法作出确认婚姻无效的判决。

第十三条 人民法院就同一婚姻关系分别受理了离婚和请求确认婚姻无效案件的，对于离婚案件的审理，应当待请求确认婚姻无效案件作出判决后进行。

第十四条 夫妻一方或者双方死亡后，生存一方或者利害关系人依据民法典第一千零五十一条的规定请求确认婚姻无效的，人民法院应当受理。

第十五条 利害关系人依据民法典第一千零五十一条的规定，请求人民法院确认婚姻无效的，利害关系人为原告，婚姻关系当事人双方为被告。

夫妻一方死亡的，生存一方为被告。

第十六条 人民法院审理重婚导致的无效婚姻案件时，涉及财产处理的，应当准许合法婚姻当事人作为有独立请求权的第三人参加诉讼。

第十七条 当事人以民法典第一千零五十一条规定的三种无效婚姻以外的情形请求确认婚姻无效的，人民法院应当判决驳回当事人的诉讼请求。

当事人以结婚登记程序存在瑕疵为由提起民事诉讼，主张撤销结婚登记的，告知其可以依法申请行政复议或者提起行政诉讼。

第十八条 行为人以给另一方当事人或者其近亲属的生命、身体、健康、名誉、财产等方面造成损害为要挟，迫使另一方当事人违背真实意愿结婚的，可以认定为民法典第一千零五十二条所称的“胁迫”。

因受胁迫而请求撤销婚姻的，只能是受胁迫一方的婚姻关系当事人本人。

第十九条 民法典第一千零五十二条规定的“一年”，不适用诉讼时效中止、中断或者延长的规定。

受胁迫或者被非法限制人身自由的当事人请求撤销婚姻的，不适用民法典第一百五十二条第二款的规定。

第二十条 民法典第一千零五十四条所规定的“自始没有法律约束力”，是指无效婚姻或者可撤销婚姻在依法被确认无效或者被撤销时，才确定该婚姻自始不受法律保护。

第二十一条 人民法院根据当事人的请求，依法确认婚姻无效或者撤销婚姻的，应当收缴双方的结婚证书并将生效的判决书寄送当地婚姻登记管理机关。

第二十二条 被确认无效或者被撤销的婚姻，当事人同居期间所得的财产，除有证据证明为当事人一方所有的以外，按共同共有处理。

三、夫妻关系

第二十三条 夫以妻擅自中止妊娠侵犯其生育权为由请求损害赔偿的，人民法院不予支持；夫妻双方因是否生育发生纠纷，致使感情确已破裂，一方请求离婚的，人民法院经调解无效，应依照民法典第一千零七十九条第三款第五项的规定处理。

第二十四条 民法典第一千零六十二条第一款第三项规定的“知识产权的收益”，是指婚姻关系存续期间，实际取得或者已经明确可以取得的财产性收益。

第二十五条 婚姻关系存续期间，下列财产属于民法典第一千零六十二条规定的“其他应当归共同所有的财产”：

（一）一方以个人财产投资取得的收益；

（二）男女双方实际取得或者应当取得的住房补贴、住房公积金；

（三）男女双方实际取得或者应当取得的基本养老金、破产安置补偿费。

第二十六条 夫妻一方个人财产在婚后产生的收益，除孳息和自然增值外，应认定为夫妻共同财产。

第二十七条 由一方婚前承租、婚后用共同财产购买的房屋，登记在一方名下的，应当认定为夫妻共同财产。

第二十八条 一方未经另一方同意出售夫妻共同所有的房屋，第三人善意购买、支付合理对价并已办理不动产登记，另一方主张追回该房屋的，人民法院不予支持。

夫妻一方擅自处分共同所有的房屋造成另一方损失，离婚时另一方请求赔偿损失的，人民法院应予支持。

第二十九条 当事人结婚前，父母为双方购置房屋出资的，该出资应当认定为对自己子女个人的赠与，但父母明确表示赠与双方的除外。

当事人结婚后，父母为双方购置房屋出资的，依照约定处理；没有约定或者约定不明确的，按照民法典第一千零六十二条第一款第四项规定的原则处理。

第三十条 军人的伤亡保险金、伤残补助金、医药生活补助费属于个人财产。

第三十一条 民法典第一千零六十三条规定为夫妻一方的个人财

产，不因婚姻关系的延续而转化为夫妻共同财产。但当事人另有约定的除外。

第三十二条 婚前或者婚姻关系存续期间，当事人约定将一方所有的房产赠与另一方或者共有，赠与方在赠与房产变更登记之前撤销赠与，另一方请求判令继续履行的，人民法院可以按照民法典第六百五十八条的规定处理。

第三十三条 债权人就一方婚前所负个人债务向债务人的配偶主张权利的，人民法院不予支持。但债权人能够证明所负债务用于婚后家庭共同生活的除外。

第三十四条 夫妻一方与第三人串通，虚构债务，第三人主张该债务为夫妻共同债务的，人民法院不予支持。

夫妻一方在从事赌博、吸毒等违法犯罪活动中所负债务，第三人主张该债务为夫妻共同债务的，人民法院不予支持。

第三十五条 当事人的离婚协议或者人民法院生效判决、裁定、调解书已经对夫妻财产分割问题作出处理的，债权人仍有权就夫妻共同债务向男女双方主张权利。

一方就夫妻共同债务承担清偿责任后，主张由另一方按照离婚协议或者人民法院的法律文书承担相应债务的，人民法院应予支持。

第三十六条 夫或者妻一方死亡的，生存一方应当对婚姻关系存续期间的夫妻共同债务承担清偿责任。

第三十七条 民法典第一千零六十五条第三款所称“相对人知道该约定的”，夫妻一方对此负有举证责任。

第三十八条 婚姻关系存续期间，除民法典第一千零六十六条规定情形以外，夫妻一方请求分割共同财产的，人民法院不予支持。

四、父母子女关系

第三十九条 父或者母向人民法院起诉请求否认亲子关系，并已提供必要证据予以证明，另一方没有相反证据又拒绝做亲子鉴定的，人民法院可以认定否认亲子关系一方的主张成立。

父或者母以及成年子女起诉请求确认亲子关系，并提供必要证据予以证明，另一方没有相反证据又拒绝做亲子鉴定的，人民法院可以认定确认亲子关系一方的主张成立。

第四十条 婚姻关系存续期间，夫妻双方一致同意进行人工授精，所生子女应视为婚生子女，父母子女间的权利义务关系适用民法典的有关规定。

第四十一条 尚在校接受高中及其以下学历教育，或者丧失、部分丧失劳动能力等非因主观原因而无法维持正常生活的成年子女，可以认定为民法典第一千零六十七条规定的“不能独立生活的成年子女”。

第四十二条 民法典第一千零六十七条所称“抚养费”，包括子女生活费、教育费、医疗费等费用。

第四十三条 婚姻关系存续期间，父母双方或者一方拒不履行抚养子女义务，未成年子女或者不能独立生活的成年子女请求支付抚养费的，人民法院应予支持。

第四十四条 离婚案件涉及未成年子女抚养的，对不满两周岁的子女，按照民法典第一千零八十四条第三款规定的原则处理。母亲有下列情形之一，父亲请求直接抚养的，人民法院应予支持：

（一）患有久治不愈的传染性疾病或者其他严重疾病，子女不宜与其共同生活；

（二）有抚养条件不尽抚养义务，而父亲要求子女随其生活；

（三）因其他原因，子女确不宜随母亲生活。

第四十五条 父母双方协议不满两周岁子女由父亲直接抚养，并对子女健康成长无不利影响的，人民法院应予支持。

第四十六条 对已满两周岁的未成年子女，父母均要求直接抚养，一方有下列情形之一的，可予优先考虑：

（一）已做绝育手术或者因其他原因丧失生育能力；

（二）子女随其生活时间较长，改变生活环境对子女健康成长明显不利；

（三）无其他子女，而另一方有其他子女；

（四）子女随其生活，对子女成长有利，而另一方患有久治不愈的传染性疾病或者其他严重疾病，或者有其他不利于子女身心健康的情形，不宜与子女共同生活。

第四十七条　父母抚养子女的条件基本相同，双方均要求直接抚养子女，但子女单独随祖父母或者外祖父母共同生活多年，且祖父母或者外祖父母要求并且有能力帮助子女照顾孙子女或者外孙子女的，可以作为父或者母直接抚养子女的优先条件予以考虑。

第四十八条　在有利于保护子女利益的前提下，父母双方协议轮流直接抚养子女的，人民法院应予支持。

第四十九条　抚养费的数额，可以根据子女的实际需要、父母双方的负担能力和当地的实际生活水平确定。

有固定收入的，抚养费一般可以按其月总收入的百分之二十至三十的比例给付。负担两个以上子女抚养费的，比例可以适当提高，但一般不得超过月总收入的百分之五十。

无固定收入的，抚养费的数额可以依据当年总收入或者同行业平均收入，参照上述比例确定。

有特殊情况的，可以适当提高或者降低上述比例。

第五十条　抚养费应当定期给付，有条件的可以一次性给付。

第五十一条　父母一方无经济收入或者下落不明的，可以用其财物折抵抚养费。

第五十二条　父母双方可以协议由一方直接抚养子女并由直接抚养方负担子女全部抚养费。但是，直接抚养方的抚养能力明显不能保障子女所需费用，影响子女健康成长的，人民法院不予支持。

第五十三条 抚养费的给付期限，一般至子女十八周岁为止。

十六周岁以上不满十八周岁，以其劳动收入为主要生活来源，并能维持当地一般生活水平的，父母可以停止给付抚养费。

第五十四条 生父与继母离婚或者生母与继父离婚时，对曾受其抚养教育的继子女，继父或者继母不同意继续抚养的，仍应由生父或者生母抚养。

第五十五条 离婚后，父母一方要求变更子女抚养关系的，或者子女要求增加抚养费的，应当另行提起诉讼。

第五十六条 具有下列情形之一，父母一方要求变更子女抚养关系的，人民法院应予支持：

（一）与子女共同生活的一方因患严重疾病或者因伤残无力继续抚养子女；

（二）与子女共同生活的一方不尽抚养义务或有虐待子女行为，或者其与子女共同生活对子女身心健康确有不利影响；

（三）已满八周岁的子女，愿随另一方生活，该方又有抚养能力；

（四）有其他正当理由需要变更。

第五十七条 父母双方协议变更子女抚养关系的，人民法院应予支持。

第五十八条 具有下列情形之一，子女要求有负担能力的父或者母增加抚养费的，人民法院应予支持：

（一）原定抚养费数额不足以维持当地实际生活水平；

（二）因子女患病、上学，实际需要已超过原定数额；

（三）有其他正当理由应当增加。

第五十九条 父母不得因子女变更姓氏而拒付子女抚养费。父或者母擅自将子女姓氏改为继母或继父姓氏而引起纠纷的，应当责令恢复原姓氏。

第六十条 在离婚诉讼期间，双方均拒绝抚养子女的，可以先行裁定暂由一方抚养。

第六十一条　对拒不履行或者妨害他人履行生效判决、裁定、调解书中有关子女抚养义务的当事人或者其他人，人民法院可依照民事诉讼法第一百一十一条的规定采取强制措施。

五、离婚

第六十二条　无民事行为能力人的配偶有民法典第三十六条第一款规定行为，其他有监护资格的人可以要求撤销其监护资格，并依法指定新的监护人；变更后的监护人代理无民事行为能力一方提起离婚诉讼的，人民法院应予受理。

第六十三条　人民法院审理离婚案件，符合民法典第一千零七十九条第三款规定“应当准予离婚”情形的，不应当因当事人有过错而判决不准离婚。

第六十四条　民法典第一千零八十一条所称的“军人一方有重大过错”，可以依据民法典第一千零七十九条第三款前三项规定及军人有其他重大过错导致夫妻感情破裂的情形予以判断。

第六十五条　人民法院作出的生效的离婚判决中未涉及探望权，当事人就探望权问题单独提起诉讼的，人民法院应予受理。

第六十六条　当事人在履行生效判决、裁定或者调解书的过程中，一方请求中止探望的，人民法院在征询双方当事人意见后，认为需要中止探望的，依法作出裁定；中止探望的情形消失后，人民法院应当根据当事人的请求书面通知其恢复探望。

第六十七条　未成年子女、直接抚养子女的父或者母以及其他对未成年子女负担抚养、教育、保护义务的法定监护人，有权向人民法院提出中止探望的请求。

第六十八条　对于拒不协助另一方行使探望权的有关个人或者组织，可以由人民法院依法采取拘留、罚款等强制措施，但是不能对子女的人身、探望行为进行强制执行。

第六十九条 当事人达成的以协议离婚或者到人民法院调解离婚为条件的财产以及债务处理协议，如果双方离婚未成，一方在离婚诉讼中反悔的，人民法院应当认定该财产以及债务处理协议没有生效，并根据实际情况依照民法典第一千零八十七条和第一千零八十九条的规定判决。

当事人依照民法典第一千零七十六条签订的离婚协议中关于财产以及债务处理的条款，对男女双方具有法律约束力。登记离婚后当事人因履行上述协议发生纠纷提起诉讼的，人民法院应当受理。

第七十条 夫妻双方协议离婚后就财产分割问题反悔，请求撤销财产分割协议的，人民法院应当受理。

人民法院审理后，未发现订立财产分割协议时存在欺诈、胁迫等情形的，应当依法驳回当事人的诉讼请求。

第七十一条 人民法院审理离婚案件，涉及分割发放到军人名下的复员费、自主择业费等一次性费用的，以夫妻婚姻关系存续年限乘以年平均值，所得数额为夫妻共同财产。

前款所称年平均值，是指将发放到军人名下的上述费用总额按具体年限均分得出的数额。其具体年限为人均寿命七十岁与军人入伍时实际年龄的差额。

第七十二条 夫妻双方分割共同财产中的股票、债券、投资基金份额等有价证券以及未上市股份有限公司股份时，协商不成或者按市价分配有困难的，人民法院可以根据数量按比例分配。

第七十三条 人民法院审理离婚案件，涉及分割夫妻共同财产中以一方名义在有限责任公司的出资额，另一方不是该公司股东的，按以下情形分别处理：

（一）夫妻双方协商一致将出资额部分或者全部转让给该股东的配偶，其他股东过半数同意，并且其他股东均明确表示放弃优先购买权的，该股东的配偶可以成为该公司股东；

（二）夫妻双方就出资额转让份额和转让价格等事项协商一致后，其他股东半数以上不同意转让，但愿意以同等条件购买该出资额的，人民法院可以对转让出资所得财产进行分割。其他股东半数以上不同意转让，也不愿意以同等条件购买该出资额的，视为其同意转让，该股东的配偶可以成为该公司股东。

用于证明前款规定的股东同意的证据，可以是股东会议材料，也可以是当事人通过其他合法途径取得的股东的书面声明材料。

第七十四条　人民法院审理离婚案件，涉及分割夫妻共同财产中以一方名义在合伙企业中的出资，另一方不是该企业合伙人的，当夫妻双方协商一致，将其合伙企业中的财产份额全部或者部分转让给对方时，按以下情形分别处理：

（一）其他合伙人一致同意的，该配偶依法取得合伙人地位；

（二）其他合伙人不同意转让，在同等条件下行使优先购买权的，可以对转让所得的财产进行分割；

（三）其他合伙人不同意转让，也不行使优先购买权，但同意该合伙人退伙或者削减部分财产份额的，可以对结算后的财产进行分割；

（四）其他合伙人既不同意转让，也不行使优先购买权，又不同意该合伙人退伙或者削减部分财产份额的，视为全体合伙人同意转让，该配偶依法取得合伙人地位。

第七十五条　夫妻以一方名义投资设立个人独资企业的，人民法院分割夫妻在该个人独资企业中的共同财产时，应当按照以下情形分别处理：

（一）一方主张经营该企业的，对企业资产进行评估后，由取得企业资产所有权一方给予另一方相应的补偿；

（二）双方均主张经营该企业的，在双方竞价基础上，由取得企业资产所有权的一方给予另一方相应的补偿；

（三）双方均不愿意经营该企业的，按照《中华人民共和国个人独资企业法》等有关规定办理。

第七十六条 双方对夫妻共同财产中的房屋价值及归属无法达成协议时，人民法院按以下情形分别处理：

（一）双方均主张房屋所有权并且同意竞价取得的，应当准许；

（二）一方主张房屋所有权的，由评估机构按市场价格对房屋作出评估，取得房屋所有权的一方应当给予另一方相应的补偿；

（三）双方均不主张房屋所有权的，根据当事人的申请拍卖、变卖房屋，就所得价款进行分割。

第七十七条 离婚时双方对尚未取得所有权或者尚未取得完全所有权的房屋有争议且协商不成的，人民法院不宜判决房屋所有权的归属，应当根据实际情况判决由当事人使用。

当事人就前款规定的房屋取得完全所有权后，有争议的，可以另行向人民法院提起诉讼。

第七十八条 夫妻一方婚前签订不动产买卖合同，以个人财产支付首付款并在银行贷款，婚后用夫妻共同财产还贷，不动产登记于首付款支付方名下的，离婚时该不动产由双方协议处理。

依前款规定不能达成协议的，人民法院可以判决该不动产归登记一方，尚未归还的贷款为不动产登记一方的个人债务。双方婚后共同还贷支付的款项及其相对应财产增值部分，离婚时应根据民法典第一千零八十七条第一款规定的原则，由不动产登记一方对另一方进行补偿。

第七十九条 婚姻关系存续期间，双方用夫妻共同财产出资购买以一方父母名义参加房改的房屋，登记在一方父母名下，离婚时另一方主张按照夫妻共同财产对该房屋进行分割的，人民法院不予支持。购买该房屋时的出资，可以作为债权处理。

第八十条 离婚时夫妻一方尚未退休、不符合领取基本养老金条件，另一方请求按照夫妻共同财产分割基本养老金的，人民法院不予支持；婚后以夫妻共同财产缴纳基本养老保险费，离婚时一方主张将养老金账户中婚姻关系存续期间个人实际缴纳部分及利息作为夫妻共同财产分割的，人民法院应予支持。

第八十一条 婚姻关系存续期间，夫妻一方作为继承人依法可以继承的遗产，在继承人之间尚未实际分割，起诉离婚时另一方请求分割的，人民法院应当告知当事人在继承人之间实际分割遗产后另行起诉。

第八十二条 夫妻之间订立借款协议，以夫妻共同财产出借给一方从事个人经营活动或者用于其他个人事务的，应视为双方约定处分夫妻共同财产的行为，离婚时可以按照借款协议的约定处理。

第八十三条 离婚后，一方以尚有夫妻共同财产未处理为由向人民法院起诉请求分割的，经审查该财产确属离婚时未涉及的夫妻共同财产，人民法院应当依法予以分割。

第八十四条 当事人依据民法典第一千零九十二条的规定向人民法院提起诉讼，请求再次分割夫妻共同财产的诉讼时效期间为三年，从当事人发现之日起计算。

第八十五条 夫妻一方申请对配偶的个人财产或者夫妻共同财产采取保全措施的，人民法院可以在采取保全措施可能造成损失的范围内，根据实际情况，确定合理的财产担保数额。

第八十六条 民法典第一千零九十一条规定的“损害赔偿”，包括物质损害赔偿和精神损害赔偿。涉及精神损害赔偿的，适用《最高人民法院关于确定民事侵权精神损害赔偿责任若干问题的解释》的有关规定。

第八十七条 承担民法典第一千零九十一条规定的损害赔偿责任的主体，为离婚诉讼当事人中无过错方的配偶。

人民法院判决不准离婚的案件，对于当事人基于民法典第一千零九十一条提出的损害赔偿请求，不予支持。

在婚姻关系存续期间，当事人不起诉离婚而单独依据民法典第一千零九十一条提起损害赔偿请求的，人民法院不予受理。

第八十八条 人民法院受理离婚案件时，应当将民法典第一千零九十一条等规定中当事人的有关权利义务，书面告知当事人。在适用民法典第一千零九十一条时，应当区分以下不同情况：

（一）符合民法典第一千零九十一条规定的无过错方作为原告基于该条规定向人民法院提起损害赔偿请求的，必须在离婚诉讼的同时提出。

（二）符合民法典第一千零九十一条规定的无过错方作为被告的离婚诉讼案件，如果被告不同意离婚也不基于该条规定提起损害赔偿请求的，可以就此单独提起诉讼。

（三）无过错方作为被告的离婚诉讼案件，一审时被告未基于民法典第一千零九十一条规定提出损害赔偿请求，二审期间提出的，人民法院应当进行调解；调解不成的，告知当事人另行起诉。双方当事人同意由第二审人民法院一并审理的，第二审人民法院可以一并裁判。

第八十九条 当事人在婚姻登记机关办理离婚登记手续后，以民法典第一千零九十一条规定为由向人民法院提出损害赔偿请求的，人民法院应当受理。但当事人在协议离婚时已经明确表示放弃该项请求的，人民法院不予支持。

第九十条 夫妻双方均有民法典第一千零九十一条规定的过错情形，一方或者双方向对方提出离婚损害赔偿请求的，人民法院不予支持。

六、附则

第九十一条 本解释自 2021 年 1 月 1 日起施行。

解读《最高人民法院关于适用〈中华人民共和国民法典〉婚姻家庭编的解释（一）》若干重点问题

刘　敏　王　丹*

为贯彻落实习近平总书记在中央政治局第二十次集体学习时的重要讲话精神，更好地贯彻实施民法典，2020年，最高人民法院除完成591件司法解释及相关规范性文件的清理工作外，还新修改制定了第一批与民法典配套的7件司法解释，其中之一即为《最高人民法院关于适用〈中华人民共和国民法典〉婚姻家庭编的解释（一）》（以下简称《解释》）。现就其制定背景和相关重要问题介绍如下。

一、《解释》修改制定的背景

婚姻家庭制度是规范夫妻关系和家庭关系的基本准则，婚姻法回归民法体系是此次民法典编纂的重要成果。民法典婚姻家庭编以婚姻法和收养法为基础，结合社会发展需要，修改完善了部分规定，并增加了新的规定。为配合民法典的实施，统一法律适用标准，最高人民法院在民法典通过后即着手婚姻家庭编司法解释的修改制定工作。涉及婚姻家庭方面的司法解释共有11个，条文共计200余条，体量庞大。经逐件逐

* 作者单位：最高人民法院民事审判第一庭。

条清理，并经反复研究论证，我们认为，其中，《最高人民法院关于审理涉及夫妻债务纠纷案件适用法律有关问题的解释》《最高人民法院关于人民法院审理离婚案件如何认定夫妻感情确已破裂的若干具体意见》《最高人民法院关于人民法院审理未办结婚登记而以夫妻名义同居生活案件的若干意见》《最高人民法院关于人民法院审理离婚案件处理财产分割问题的若干具体意见》《最高人民法院关于审理离婚案件中公房使用、承租若干问题的解答》等5个司法解释或部分条文已被民法典吸收或所规范的情形已不适应当前经济社会实际需要，故可整体予以废止；对《最高人民法院关于适用〈中华人民共和国婚姻法〉若干问题的解释（一）》（以下简称《婚姻法解释一》）、《最高人民法院关于适用〈中华人民共和国婚姻法〉若干问题的解释（二）》（以下简称《婚姻法解释二》）、《最高人民法院关于适用〈中华人民共和国婚姻法〉若干问题的解释（三）》（以下简称《婚姻法解释三》）、《最高人民法院关于适用〈中华人民共和国婚姻法〉若干问题的解释（二）的补充规定》《最高人民法院关于人民法院审理离婚案件处理子女抚养问题的若干具体意见》《最高人民法院关于夫妻离婚后人工授精所生子女的法律地位如何确定的复函》等6个司法解释，在废止后按照婚姻家庭编的体例进行体系化整合，并经征求全国人大常委会法工委、国务院妇儿工委、全国妇联、民政部、司法部、最高人民检察院等单位以及各高级人民法院的意见后，由最高人民法院审判委员会第1825次会议通过，于2021年1月1日起施行。

二、《解释》修改制定的原则

在婚姻家庭编司法解释修改制定过程中，主要坚持了以下几个原则。

一是坚持婚姻家庭和谐稳定原则。党的十八大以来，以习近平同志为核心的党中央高度重视家庭文明建设。习近平总书记深刻指出：“家庭和睦则社会安定，家庭幸福则社会祥和，家庭文明则社会文明。”①民法典婚姻家庭编中也明确规定“家庭应当树立优良家风，弘扬家庭美德，重视家庭文明建设”。最高人民法院深入学习、坚决贯彻落实党中央决策部署和习近平总书记关于家庭、家教、家风的重要论述，始终坚持将司法为民，维护妇女、儿童合法权益作为重要工作内容，立足自身职能做了大量工作。2016 年以来，最高人民法院持续深入推进家事审判方式和工作机制改革，建立了包括民政部、公安部、全国妇联等 15 个部门共同参与的联席会议制度，抓前端、治未病，坚持将非诉讼纠纷解决机制挺在前面，不断完善家事审判多元化纠纷解决机制。此次婚姻家庭编司法解释清理中，最高人民法院也将维护婚姻家庭和谐稳定作为重要工作统领，清理过程中尤其注重保留了相关司法解释的规定，比如在反家庭暴力法已经明确规定家庭暴力的基础上，继续保留原规定中“持续性、经常性的家庭暴力，可以认定为虐待”的规定，体现了弘扬良好家庭美德，对家庭暴力坚决说“不”的鲜明价值导向。

二是坚持司法为民原则。保护妇女、未成年人、老年人和残疾人的合法权益是婚姻家庭编的基本原则，此次对婚姻家庭方面司法解释的清理尤其注重贯彻上述原则。例如，对无民事行为能力人在法定情形下变更监护人并提起离婚诉讼的细化规定；对亲子关系确认、否认之诉的条文进一步完善；贯彻最有利于未成年子女原则，在离婚诉讼中对于未成年子女的抚养纠纷，尊重八周岁以上子女的真实意愿，删除了原来十周岁的规定；等等。

三是坚持严格依法和分步走原则。此次修改制定的《解释》主要是在对标对表民法典基础上对原有司法解释清理修改后制定。对与民法典抵触的坚决予以废止，确保司法解释符合民法典规定，法律适用标准统一；对已经被民法典吸收的，如关于夫妻共同债务的规定、婚内特定

① 《习近平：在会见第一届全国文明家庭代表时的讲话》，载《人民日报》2016 年 12 月 16 日第 2 版。

情形分割夫妻共同财产的规定等，因司法解释内容已经上升为法律规定，适用中直接引用法律规定即可，相关规定不再纳入《解释》；对其他与民法典规定不抵触的，以保留为原则，整体思路是不作大的修改。由于原有司法解释在不同年代制定，时间跨度达三十年，其中也有针对不同问题的重复规定，有的还存在矛盾之处，此次清理中整体上按照婚姻家庭编的体例结构，进行体系化整合，保持司法解释内在统一协调；针对近年来婚姻家庭领域新出现的重大、疑难问题，鉴于司法解释的制定需要更加广泛充分的调研和论证，而且有争议的或者民法典新规定的内容仍需司法实践继续探索，故此次暂未作规定，留待以后专门立项制定新的司法解释。

三、《解释》中的主要问题

（一）删除原有司法解释“一年期间”的规定

关于“一年期间”的规定，涉及原婚姻法司法解释的条文有4条，分别为：

《婚姻法解释一》第三十条：“人民法院受理离婚案件时，应当将婚姻法第四十六条等规定中当事人的有关权利义务，书面告知当事人。在适用婚姻法第四十六条时，应当区分以下不同情况：（一）符合婚姻法第四十六条规定的无过错方作为原告基于该条规定向人民法院提起损害赔偿请求的，必须在离婚诉讼的同时提出。（二）符合婚姻法第四十六条规定的无过错方作为被告的离婚诉讼案件，如果被告不同意离婚也不基于该条规定提起损害赔偿请求的，可以在离婚后一年内就此单独提起诉讼。（三）无过错方作为被告的离婚诉讼案件，一审时被告未基于婚姻法第四十六条规定提出损害赔偿请求，二审期间提出的，人民法院应当进行调解，调解不成的，告知当事人在离婚后一年内另行起诉。”

《婚姻法解释二》第五条：“夫妻一方或者双方死亡后一年内，生存一方或者利害关系人依据婚姻法第十条的规定申请宣告婚姻无效的，人民法院应当受理。”

《婚姻法解释二》第九条：“男女双方协议离婚后一年内就财产分割问题反悔，请求变更或者撤销财产分割协议的，人民法院应当受理。人民法院审理后，未发现订立财产分割协议时存在欺诈、胁迫等情形的，应当依法驳回当事人的诉讼请求。”

《婚姻法解释二》第二十七条：“当事人在婚姻登记机关办理离婚登记手续后，以婚姻法第四十六条规定为由向人民法院提出损害赔偿请求的，人民法院应当受理。但当事人在协议离婚时已经明确表示放弃该项请求，或者在办理离婚登记手续一年后提出的，不予支持。”

上述4个条文中涉及的一年期间虽然在审判实践中争议不大，但考虑到期间的设定对当事人利益影响巨大，应当由法律统一作出规定。在征求意见过程中，全国人大常委会法工委也提出对该4个条文应当进一步斟酌考虑。故本着严格依法的原则，此次清理过程中，将4个条文中的“一年期间”均予以删除。我们认为，删除了一年期间的规定，并不意味着上述权利的行使不受任何限制，审判实践中，在具体适用上述条文时要根据相关请求权的性质分别适用不同的规定。具体分述如下：

1. 关于离婚损害赔偿请求权问题

《婚姻法解释一》第三十条和《婚姻法解释二》第二十七条均涉及离婚损害赔偿请求权的行使，并以离婚之日作为期间起算点。损害赔偿请求权本质上属于债权请求权范畴，因此，应当受诉讼时效制度的规范。由于婚姻家庭编对离婚损害赔偿请求权没有作出特别规定，根据体系解释原则，应当适用民法典总则编有关诉讼时效的规定。根据民法典第一百八十八条的规定，该请求权的诉讼时效期间为三年，以无过错方知道或者应当知道权利受到损害之日起计算。当然，由于离婚损害赔偿请求权是以离婚为前提，故即便在婚姻关系存续期间，已经知道对方存在民法典第一千零九十一条规定的情形，亦不宜以此计算诉讼时效。为尽量维护婚姻家庭的和谐稳定，尊重当事人对婚姻家庭的选择，同时最大限度保障无过错方的权益，以离婚之日作为起算点较为合适。但实践中也存在比如离婚之后才发现对方与他人同居的事实，则不以离婚之日，而以无过错方知道其权利受损害之日起算，能更好地保护无过错方的合法权益。此外，为维护社会秩序的稳定，该权利的行使原则上也应受二十年最长时效的限制。当然，有特殊情况的，根据当事人申请，人民法院也可以决定予以延长。

2. 关于确认婚姻无效问题

《婚姻法解释二》第五条规定了夫妻一方或双方死亡后，生存一方或利害关系人的婚姻无效确认请求权。婚姻法回归民法体系后，从体系解释角度看，确认婚姻无效应当与确认民事法律行为无效的路径一致。一般认为，民事法律行为的效力是公权力对私法自治的评价，不受诉讼时效制度规制，因此，该条不应适用诉讼时效的规定。

3. 关于撤销离婚财产分割协议问题

《婚姻法解释二》第九条涉及的撤销权属于形成权，在婚姻家庭编对该种情况没有特别规定的情况下，应当适用总则编关于撤销权行使除斥期间的有关规定。根据民法典第一百五十二条的规定，虽然权利行使的期间仍为一年，但起算点不同，在受欺诈的情形下，应为当事人知道或者应当知道撤销事由之日，而不是原来规定的离婚之日；在受胁迫的情形下，为胁迫行为终止之日。而且，由于离婚财产分割协议是以离婚为条件，根据民法典第一百五十二条规定的精神，自离婚之日起五年内没有行使撤销权的，撤销权即消灭。

（二）对宣告婚姻无效案件的诉讼程序进行调整

原有婚姻法相关司法解释中涉及婚姻无效案件诉讼程序的条文共有以下5条。

《婚姻法解释一》第九条：“人民法院审理宣告婚姻无效案件，对婚姻效力的审理不适用调解，应当依法作出判决；有关婚姻效力的判决一经作出，即发生法律效力。涉及财产分割和子女抚养的，可以调解。调解达成协议的，另行制作调解书。对财产分割和子女抚养问题的判决不服的，当事人可以上诉。”

《婚姻法解释二》第二条：“人民法院受理申请宣告婚姻无效案件后，经审查确属无效婚姻的，应当依法作出宣告婚姻无效的判决。原告申请撤诉的，不予准许。”

《婚姻法解释二》第三条：“人民法院受理离婚案件后，经审查确属无效婚姻的，应当将婚姻无效的情形告知当事人，并依法作出宣告婚姻无效的判决。”

《婚姻法解释二》第四条：“人民法院审理无效婚姻案件，涉及财产分割和子女抚养的，应当对婚姻效力的认定和其他纠纷的处理分别制作裁判文书。”

《婚姻法解释二》第七条：“人民法院就同一婚姻关系分别受理了离婚和申请宣告婚姻无效案件的，对于离婚案件的审理，应当待申请宣告婚姻无效案件作出判决后进行。前款所指的婚姻关系被宣告无效后，涉及财产分割和子女抚养的，应当继续审理。”

在制定《婚姻法解释一》和《婚姻法解释二》过程中，基于对婚姻无效案件为非诉案件，非诉案件比照特别程序审理的思路，对于申请宣告婚姻无效的程序用 5 个条文进行了设计。这次清理中，基于体系化解释和对审判实践理解的深入，我们认为，现有确认合同无效的案件均适用普通程序审理，确认婚姻无效的案件也应当与其他确认民事法律行为效力的案件在程序选择上作一体化处理。而且，审判实践中，婚姻效力问题如果是当事人双方的争议焦点，应当以充分辩论为前提，适用特别程序一审终审可能损害当事人的程序和实体利益。同时，根据民事诉讼法（2017年修正，下同）第一百七十七条[①]的规定，适用特别程序审理的案件只包括选民资格案件、宣告失踪和宣告死亡案件、认定公民无民事行为能力或者限制民事行为能力案件、认定财产无主案件、确认调解协议案件和实现担保物权案件，没有适用其他案件的解释空间，确认婚姻无效案件适用一审终审的特别程序已不符合民事诉讼法的规定。故此次清理将宣告婚姻无效案件从一审终审的特别程序改为普通程序。相应地，由于程序设计的变化，将原有的5个条文整合成3个条文，即《解释》的第十一条、第十二条和第十三条。

之所以这样规定，出于以下几方面考虑。

1. 将婚姻无效与财产分割、子女抚养一并处理

由于确认婚姻无效案件不再适用特别程序，故删除了《婚姻法解释一》第九条中“有关婚姻效力的判决一经作出，即发生法律效力”和“对财产分割和子女抚养问题的判决不服的，当事人可以上诉”的规定，确认婚姻无效和财产分割、子女抚养的诉讼请求可以一并处理，当事人不服的，均可以上诉，不再对财产分割和子女抚养问题判决可以上诉另行作出特别规定。但是，婚姻效力问题涉及国家对婚姻的评价，不允许当事人撤诉，也不适用调解，故在《解释》第十一条整合了《婚姻法解释二》第二条的规定，明确请求确认婚姻无效案件的基本原则。考虑到虽然财产分割和子女抚养问题可以与婚姻效力问题一并审理，而不需要适用不同程序，因此删去了《婚姻法解释二》第四条关于婚姻效力和其他纠纷处理分别制作裁判文书的规定。但因为婚姻效力的问题不适用调解，只能依法作出判决，而财产分割和子女抚养完全可以由当事人调解解决，故仍保留了原来的对财产分割和子女抚养达成调解协议后，需要另行制作调解书的内容。考虑到如果对财产分割和子女抚养不能达成调解协议的情况下，两项诉讼请求均适用普通程序审理，

① 现为2023年修正的民事诉讼法第一百八十四条。——编者注

则可以一并作出判决，而且该判决均可以上诉，因此，增加规定："未达成调解协议的，应当一并作出判决。"同时，由于改变了原来特别程序的制度设计，在文字表述上也将"申请宣告"改为"请求确认"。

2. 离婚诉讼中涉及婚姻效力问题的，应当予以审理

对此，此次清理中保留了《婚姻法解释二》第三条的内容，即如果当事人提起离婚的诉讼请求，但经审理属于无效婚姻的，应当作出宣告婚姻无效的判决。但在审理相关案件中要注意依法保障当事人的程序利益。一方起诉离婚，另一方主张婚姻无效的，应当根据《最高人民法院关于民事诉讼证据的若干规定》第五十三条的规定，将婚姻的效力问题作为焦点问题进行审理，经过当事人充分辩论后依法认定。如果当事人因此变更诉讼请求的，人民法院应当准许，并可以根据案件的具体情况重新指定举证期限。

3. 对同一婚姻关系分别受理离婚和请求确认婚姻无效的，着重考虑当事人的程序利益

为此，对《婚姻法解释二》第七条进行了修改。考虑到离婚案件的当事人只能是夫妻双方，而申请确认婚姻无效的当事人可能是婚姻关系当事人，也可能是利害关系人，合并审理存在一定的障碍，也不利于保护相关当事人合法权益，为稳妥起见，仍保持了原来的制度设计，即在审理离婚诉讼中，如果就同一婚姻关系，另行受理了请求确认婚姻无效的案件的，应当分别审理。由于离婚须以合法有效的婚姻关系为前提，故在此情况下，离婚案件审理属于民事诉讼法第一百五十条①规定的必须以另一案的审理结果为依据，而另一案尚未审结的情形，离婚案件应当中止诉讼，待请求确认婚姻无效的案件判决生效后恢复诉讼。故本次清理中保留了《婚姻法解释二》第七条第一款的规定，即人民法院就同一婚姻关系分别受理了离婚和请求确认婚姻无效案件的，对于离

① 现为 2023 年修正的民事诉讼法第一百五十三条。——编者注

婚案件的审理，应当待请求确认婚姻无效案件作出判决后进行。要特别注意的是，由于请求确认婚姻无效的案件不再实行一审终审，故须待该案件二审判决生效后，离婚案件才可以恢复诉讼。《婚姻法解释二》第七条第二款还规定，婚姻关系被宣告无效后，涉及财产分割和子女抚养的，应当继续审理。此规定是考虑到如果当事人在申请宣告婚姻无效的同时，请求处理无效婚姻引起的子女抚养和财产分割争议的，因宣告婚姻无效是一审终审，而在宣告婚姻无效后，财产分割和子女抚养仍可以按照普通程序继续审理，故而作出规定。但根据《解释》第十一条的规定，婚姻无效和财产分割、子女抚养问题可以一并适用普通程序审理，因此，对于财产分割和子女抚养，不是继续审理的问题，而是一并审理，故删除了该款规定。如果宣告婚姻无效的案件中没有提出财产分割和子女抚养诉请而在离婚纠纷中提出相关诉请的，在对婚姻效力的案件作出判决后，在离婚纠纷一案中，对解除婚姻关系的诉讼请求应当予以驳回，对财产分割和子女抚养诉请也需要一并审理。

4. 对相关程序处理的考虑

基于婚姻无效案件适用特别程序的制度设计，《婚姻法解释一》第十一条专门规定，人民法院审理婚姻当事人因受胁迫而请求撤销婚姻的案件，应当适用简易程序或者普通程序。上述规定即是为了区别婚姻无效案件适用特别程序而对撤销婚姻案件适用程序作出的规定。在婚姻无效案件已经统一改为普通程序审理的情况下，该条规定已无存在的意义，故删除此条规定。

（三）关于同居关系问题

民法典第一千零四十九条规定：要求结婚的男女双方应当亲自到婚姻登记机关申请结婚登记。符合本法规定的，予以登记，发给结婚证。完成结婚登记，即确立婚姻关系。未办理结婚登记的，应当补办登记。可见，法律倡导有结婚意愿的男女通过办理结婚登记的方式保护其合法权益，未办理结婚登记的，应当补办登记。虽然单身适婚男女同居是当事人的自主选择，不再被认定为违法行为，但法律对该种行为是持否定态度的，表现在未办理结婚登记的，双方不具有夫妻之间的权利义务关系，相互之间的扶养、继承等有关身份权利无法得到法律的保障。同居关系问题非常复杂，1989年最高人民法院就曾出台《最高人民法院关于人民法院审理未办结婚登记而以夫妻名义同居生活案件的若干意见》，针对当时同居引发的纠纷进行规范。该意见距今已经三十余年，经济社会生活以及人们的思想观念发生了巨大变化，同居群体的年龄结构、心理预期、财产形式等均与三十年前有很大不同，该司法解释确立的规则大部分已经不能适应新的审判实践需要，而新规则的确立需要考量社会、文化、心理等多方面因素，更需要大量的审判实践支持，在广泛深入的调研后再出台有针对性的规则更为适宜，因此，清理中整体废止了上述关于同居的司法解释。同时，对婚姻法司法解释中的其他相关条文也进行了体系化梳理和修改，具体有以下几个问题需要关注。

1. 关于补办登记是否具有溯及力的问题

民法典第一千零四十九条规定，完成结婚登记，即确立婚姻关系。结婚登记是男女缔结婚姻关系的法定必经程序，因此原则上双方应当以结婚登记作为婚姻关系确立的起点。该条同时规定，未办理结婚登记的，应当补办登记。在编纂民法典时，对该条后半部分是否予以保留有过争议，其中就包括补办登记的情况下婚姻关系自何时确立的问题，最后民法典仍保留了婚姻法的表述，但是，对于补办结婚登记的情况下婚姻关系的效力能否具有溯及力没有明确。我们认为，既然法律规定可以补办登记，那么认定补办登记具有溯及既往的效力更能保护当事人的权益，即不仅认可事实婚姻关系在补办登记后的合法婚姻效力，而且对补办登记前的事实婚姻关系也应予以认可。但对补办登记前婚姻效力的追及认可，是以没有办理结婚登记即以夫妻名义同居生活的男女双方必须具备结婚的法定实质要件为条件的，即补办登记的溯及力自男女双方均符合结婚的实质要件时起算，而不是溯及到男女双方以夫妻名义同居生活时。对于该条规定，全国人大常委会法工委在征求意见的回函中亦未提出不同意见。

2. 关于是否可以诉请解除同居关系的问题

《最高人民法院关于人民法院审理未办结婚登记而以夫妻名义同居生活案件的若干意见》和《婚姻法解释一》第五条均有解除同居关系的规定，《婚姻法解释二》第一条也在但书部分对有配偶者与他人同居的情形规定可以解除同居关系。我们经研究认为，目前法律并未明确规定同居关系，同居关系本身不具有法律上的权利义务内容，故没有必要由人民法院通过判决的方式予以解除。而且，有配偶者与他人同居亦无例外规定的必要。因此，《解释》第三条统一规定，当事人提起诉讼仅请求解除同居关系的，人民法院不予受理。同时，在《解释》第七条关于《婚姻登记管理条例》公布实施以后未补办结婚登记的情况，删除了原来“按解除同居关系处理”的规定，转引至第三条统一处理。

3. 关于婚姻被确认无效或被撤销后的财产问题

民法典第一千零五十四条规定，无效的或者被撤销的婚姻自始没有法律约束力，当事人不具有夫妻的权利和义务。同居期间所得的财产，由当事人协议处理；协议不成的，由人民法院根据照顾无过错方的原则判决。可见，婚姻被确认无效或者被撤销后，对前期同居期间所得的财产，法律并未明确规定为共同共有，而是指引当事人通过协议的方式处理。因此，在婚姻被确认无效或者被撤销后，如果当事人对同居期间所得的财产有协议，应当首先按照协议约定处理，不适用婚姻法有关夫妻法定婚后所得共同制的规定，也不存在依法分割夫妻共同财产的问题。因为无效婚姻或被撤销婚姻的双方在法律上并不是配偶关系而只是同居关系，夫妻财产制所调整的财产关系，是以合法的配偶身份关系为前提的，无效婚姻或被撤销婚姻当事人同居期间并非婚姻关系存续期间，在同居期间所得的财产，不能当然地视为双方当事人共同所有。夫妻共有财产与其他一般共有财产的最大区别在于，夫妻共有财产关系是基于配偶身份，基于彼此是夫妻的特别关系而产生的，虽然财产的形成也含有共同投资、共同劳动的内容，但法律更强调的是身份关系，并不要求双方付出同等的劳动、智力才能共同所有。而其他财产共有关系主要是基于共同投资、共同经营而形成的，如合伙共有财产、出资合购的共有房屋等都不是基于身份而产生的共有关系。无效婚姻或被撤销的婚姻中，虽没有配偶身份关系，但共同生活期间因紧密联系而共同投资、经营或者共同购置的，也可能形成共有财产。这次司法解释清理中，《解释》第二十二条对《婚姻法解释一》第十五条整体上没有改变，只是文字上作了微调，将除外条款提前，以强调这一理念，即同居期间，如果有证据证明为一方所有的，即首先认定为个人财产，以更明确地区别于合法的婚姻关系。要特别说明的是，《解释》第二十二条只适用于婚姻被确认无效或者被撤销后同居期间的财产分割问题，而不适用一般同居关系中的财产纠纷。

（四）关于体系化协调问题

《解释》第十九条第一款来源于《婚姻法解释一》第十二条，该条是对婚姻法第十一条的解释。婚姻法第十一条规定：因胁迫结婚的，受胁迫的一方可以向婚姻登记机关或人民法院请求撤销该婚姻。受胁迫的一方撤销婚姻的请求，应当自结婚登记之日起一年内提出。被非法限制人身自由的当事人请求撤销婚姻的，应当自恢复人身自由之日起一年内提出。该条规定的婚姻撤销权，其性质属于形成权，功能在于权利主体得依其单方之意思表示，干预他人之法律关系，使权利人自己与他人已成立的法律关系发生变更。因撤销权的行使将干预他人的利益，为保护相对人的利益，法律规定形成权的行使应受相应的限制，以避免置相对人和法律关系处于不确定之状态。该条规定中“一年”的性质属于对形成权行使的限制，即除斥期间。除斥期间是法定权利的存续期间，它是一种不变期间，法定权利因该期间的经过将发生实体权利消灭的法律效果。它与诉讼时效不同，除斥期间不发生中止、中断、延长的问题。故《婚姻法解释一》第十二条明确，该“一年”不适用诉讼时效中止、中断或者延长的规定。《婚姻法解释一》的规定并无不当，故此次清理中予以保留。但由于此次民法典编纂过程中在总则编中的第一百五十二条第二款增加了当事人自民事法律行为发生之日起五年内没有行使撤销权的，撤销权消灭，因此，从体系解释的角度，需要回答该款是否适用婚姻家庭编中婚姻撤销权这一问题。我们经研究认为，在婚姻法回归民法体系的大前提下，原则上婚姻家庭编作为分编，应当受总则编的规制。但是，根据特别法优于一般法的法律适用基本原则，亦应当作精细化解释。虽然总则编规定了撤销民事法律行为的各种情形，但是，对撤销婚姻的具体情形，在婚姻家庭编中有单独的规定，应当适用该特别规定。针对被胁迫或者非法限制人身自由的情况，民法典第一千零五十二条作出了明确规定，而在该规定中，并未如总则编第一百五十二条第二款一样对撤销权消灭的客观标准进行规定；而且，由于胁迫或非法限制人身自由可能一直处于持续状态，如果自被胁迫或者非法限制人身自由之日起五年内没有行使撤销权的，撤销权即消灭，将对当事人的基本人身权益产生重大影响。从最大限度保护当事人婚姻自主权和妇女权益的角度，作此理解更为妥当。故《解释》第十九条在《婚姻法解释一》第十二条的基础上专门增加了一款，明确受胁迫或者被非法限制人身自由的当事人请求撤销婚姻的，不适用民法典第一百五十二条第二款的规定，以体现婚姻家庭编保护当事人婚姻自主权的基本价值取向。

（五）关于父母为子女出资购房问题

近年来，由于房价高企，子女购房财力有限，往往需要父母的资助，为了子女能够安居乐业，很多父母也是倾其大半生积蓄。父母为子女购房出资的性质以及归属关涉各方切身利益，往往成为社会热点。

《婚姻法解释二》和《婚姻法解释三》对此问题均有规定。此次清理中对上述规定进行了体系化整合，删除了《婚姻法解释三》第七条。在理解时需要注意以下问题。

1. 严格遵守法律的规定

根据民法典第一千零六十二条第一款第四项和第一千零六十三条第三项的规定，夫妻在婚姻关系存续期间继承或受赠的财产原则上为夫妻共同所有，除非遗嘱或者赠与合同中确定财产只归一方。也即，在我国法定夫妻财产制为婚后所得共同制的前提下，夫妻一方婚后所得的财产原则上均为夫妻共同所有，除非赠与合同中确定只归夫或妻一方的财产。因此，总体上，《婚姻法解释二》第二十二条第二款是符合立法精神的。但考虑到实践中的情形非常复杂，有借款的情形，也有赠与的情形；有只赠与一方的，也有愿意赠与双方的。如果当事人愿意通过事先协议的方式明确出资性质以及房屋产权归属，则能够最大限度减少纠纷的发生。为此，我们对《婚姻法解释二》第二十二条第二款进行了重新表述：规定当事人结婚后，父母为双方购置房屋出资的，依照约定处理；对于没有约定或者约定不明的，严格按照法律规定的精神，直接转引至民法典第一千零六十二条第一款第四项的规定，即没有明确表示是赠与一方的，则按照夫妻共同财产处理。

2. 要明确法律关系的性质

实践中，对父母为子女购房出资的性质是借贷还是赠与，各方可能存在争议，在此情况下，应当将法律关系的性质作为争议焦点进行审理，根据查明的案件事实，准确认定双方的法律关系是借款还是赠与，不能仅依据《解释》第二十九条当然地认为是赠与法律关系。要特别强调的是，在相关证据的认定和采信上，注意适用《最高人民法院关于适用〈中华人民共和国民事诉讼法〉的解释》第一百零五条的规定，运用逻辑推理和日常生活经验法则，对证据有无证明力和证明力大小进行判断，从而准确认定法律关系的性质。从中国现实国情看，子女刚参加工作缺乏经济能力，无力独自负担买房费用，而父母基于对子女的亲情，往往自愿出资为子女购置房屋。大多数父母出资的目的是要解决或改善子女的居住条件，希望让子女生活更加幸福，而不是日后要回这笔出资，因此，在父母一方主张为借款的情况下，应当由父母来承担证明责任，这也与一般人的日常生活经验感知一致。

3. 准确认定是赠与一方还是赠与双方

认定父母为子女出资购房为赠与的情况下，根据民法典第一千零六十二条的规定，婚姻关系存续期间受赠的财产原则上为夫妻共同财产，除非赠与合同中确定只归一方的财产。因此，《解释》没有再作出具体规定，而是转引至民法典第一千零六十二条第一款第四项。要特别注意的是第四项中的但书条款，即民法典第一千零六十三条第三项的规定，对于如何认定“赠与合同中确定只归一方”，司法实践中最具争议。如前所述，我们在《解释》中首先引导当事人事先约定，以期尽量减少纠纷的发生。但是，基于父母子女间密切的人身关系和特有的中国传统家庭文化的影响，实践中父母与子女之间一般并没有正式赠与合同的存在，或者说没有一个书面赠与合同的存在，对于是否存在口头的赠与合同以及赠与合同的内容，在夫妻离婚时往往是双方争议的焦点。在一方父母出全资并且在购买不动产后将不动产登记在自己一方子女名下的，考虑到物权法已经实施多年，普通民众对不动产登记的意义已经有较为充分的认识，在出资后将不动产登记在自己一方子女名下，认定为父母将出资确定赠与自己子女一方的意思表示，符合当事人本意，也符合法律规定的精神。

4. 删除双方父母出资情况下房产按份共有的规定

实践中，由于房价高企，一方父母可能无力单独承担购房负担，由双方父母共同出资为子女购房的情形并不鲜见，父母为子女出资购房不仅是家族财产的传递形式之一，也寄托了父母对子女婚姻幸福美满的期望，在双方没有明确约定的情况下，认定为是按份共有与家庭的伦理性特征不相符，也与法律规定有一定冲突。根据民法典第一千零六十二条规定，在没有明确表示赠与一方的情况下，应当归夫妻共同所有。同时，民法典第三百零八条也规定，共有人对共有的不动产或者动产没有约定为按份共有或者共同共有，或者约定不明确的，除共有人具有家庭关系等外，视为按份共有。可见，在双方没有明确约定的情况下，基于家庭关系的特殊身份属性，亦不宜认定为按份共有。

（来源：《人民司法》2021年第13期）

最高人民法院

关于审理劳动争议案件适用法律问题的解释（一）

法释〔2020〕26号

（2020年12月25日最高人民法院审判委员会第1825次会议通过
2020年12月29日最高人民法院公告公布
自2021年1月1日起施行）

为正确审理劳动争议案件，根据《中华人民共和国民法典》《中华人民共和国劳动法》《中华人民共和国劳动合同法》《中华人民共和国劳动争议调解仲裁法》《中华人民共和国民事诉讼法》等相关法律规定，结合审判实践，制定本解释。

第一条 劳动者与用人单位之间发生的下列纠纷，属于劳动争议，当事人不服劳动争议仲裁机构作出的裁决，依法提起诉讼的，人民法院应予受理：

（一）劳动者与用人单位在履行劳动合同过程中发生的纠纷；

（二）劳动者与用人单位之间没有订立书面劳动合同，但已形成劳动关系后发生的纠纷；

（三）劳动者与用人单位因劳动关系是否已经解除或者终止，以及应否支付解除或者终止劳动关系经济补偿金发生的纠纷；

（四）劳动者与用人单位解除或者终止劳动关系后，请求用人单位返还其收取的劳动合同定金、保证金、抵押金、抵押物发生的纠纷，或者办理劳动者的人事档案、社会保险关系等移转手续发生的纠纷；

（五）劳动者以用人单位未为其办理社会保险手续，且社会保险经办机构不能补办导致其无法享受社会保险待遇为由，要求用人单位赔偿损失发生的纠纷；

（六）劳动者退休后，与尚未参加社会保险统筹的原用人单位因追索养老金、医疗费、工伤保险待遇和其他社会保险待遇而发生的纠纷；

（七）劳动者因为工伤、职业病，请求用人单位依法给予工伤保险待遇发生的纠纷；

（八）劳动者依据劳动合同法第八十五条规定，要求用人单位支付加付赔偿金发生的纠纷；

（九）因企业自主进行改制发生的纠纷。

第二条 下列纠纷不属于劳动争议：

（一）劳动者请求社会保险经办机构发放社会保险金的纠纷；

（二）劳动者与用人单位因住房制度改革产生的公有住房转让纠纷；

（三）劳动者对劳动能力鉴定委员会的伤残等级鉴定结论或者对职业病诊断鉴定委员会的职业病诊断鉴定结论的异议纠纷；

（四）家庭或者个人与家政服务人员之间的纠纷；

（五）个体工匠与帮工、学徒之间的纠纷；

（六）农村承包经营户与受雇人之间的纠纷。

第三条 劳动争议案件由用人单位所在地或者劳动合同履行地的基层人民法院管辖。

劳动合同履行地不明确的，由用人单位所在地的基层人民法院管辖。

法律另有规定的，依照其规定。

第四条 劳动者与用人单位均不服劳动争议仲裁机构的同一裁决，向同一人民法院起诉的，人民法院应当并案审理，双方当事人互为原告和被告，对双方的诉讼请求，人民法院应当一并作出裁决。在诉讼过程中，一方当事人撤诉的，人民法院应当根据另一方当事人的诉讼请求继续审理。双方当事人就同一仲裁裁决分别向有管辖权的人民法院起诉的，后受理的人民法院应当将案件移送给先受理的人民法院。

第五条 劳动争议仲裁机构以无管辖权为由对劳动争议案件不予受理，当事人提起诉讼的，人民法院按照以下情形分别处理：

（一）经审查认为该劳动争议仲裁机构对案件确无管辖权的，应当告知当事人向有管辖权的劳动争议仲裁机构申请仲裁；

（二）经审查认为该劳动争议仲裁机构有管辖权的，应当告知当事人申请仲裁，并将审查意见书面通知该劳动争议仲裁机构；劳动争议仲裁机构仍不受理，当事人就该劳动争议事项提起诉讼的，人民法院应予受理。

第六条 劳动争议仲裁机构以当事人申请仲裁的事项不属于劳动争议为由，作出不予受理的书面裁决、决定或者通知，当事人不服依法提起诉讼的，人民法院应当分别情况予以处理：

（一）属于劳动争议案件的，应当受理；

（二）虽不属于劳动争议案件，但属于人民法院主管的其他案件，应当依法受理。

第七条 劳动争议仲裁机构以申请仲裁的主体不适格为由，作出不予受理的书面裁决、决定或者通知，当事人不服依法提起诉讼，经审查确属主体不适格的，人民法院不予受理；已经受理的，裁定驳回起诉。

第八条 劳动争议仲裁机构为纠正原仲裁裁决错误重新作出裁决，当事人不服依法提起诉讼的，人民法院应当受理。

第九条 劳动争议仲裁机构仲裁的事项不属于人民法院受理的案件范围，当事人不服依法提起诉讼的，人民法院不予受理；已经受理的，裁定驳回起诉。

第十条 当事人不服劳动争议仲裁机构作出的预先支付劳动者劳动报酬、工伤医疗费、经济补偿或者赔偿金的裁决，依法提起诉讼的，人民法院不予受理。

用人单位不履行上述裁决中的给付义务，劳动者依法申请强制执行的，人民法院应予受理。

第十一条 劳动争议仲裁机构作出的调解书已经发生法律效力，一方当事人反悔提起诉讼的，人民法院不予受理；已经受理的，裁定驳回起诉。

第十二条 劳动争议仲裁机构逾期未作出受理决定或仲裁裁决，当事人直接提起诉讼的，人民法院应予受理，但申请仲裁的案件存在下列事由的除外：

（一）移送管辖的；

（二）正在送达或者送达延误的；

（三）等待另案诉讼结果、评残结论的；

（四）正在等待劳动争议仲裁机构开庭的；

（五）启动鉴定程序或者委托其他部门调查取证的；

（六）其他正当事由。

当事人以劳动争议仲裁机构逾期未作出仲裁裁决为由提起诉讼的，

应当提交该仲裁机构出具的受理通知书或者其他已接受仲裁申请的凭证、证明。

第十三条 劳动者依据劳动合同法第三十条第二款和调解仲裁法第十六条规定向人民法院申请支付令，符合民事诉讼法第十七章督促程序规定的，人民法院应予受理。

依据劳动合同法第三十条第二款规定申请支付令被人民法院裁定终结督促程序后，劳动者就劳动争议事项直接提起诉讼的，人民法院应当告知其先向劳动争议仲裁机构申请仲裁。

依据调解仲裁法第十六条规定申请支付令被人民法院裁定终结督促程序后，劳动者依据调解协议直接提起诉讼的，人民法院应予受理。

第十四条 人民法院受理劳动争议案件后，当事人增加诉讼请求的，如该诉讼请求与讼争的劳动争议具有不可分性，应当合并审理；如属独立的劳动争议，应当告知当事人向劳动争议仲裁机构申请仲裁。

第十五条 劳动者以用人单位的工资欠条为证据直接提起诉讼，诉讼请求不涉及劳动关系其他争议的，视为拖欠劳动报酬争议，人民法院按照普通民事纠纷受理。

第十六条 劳动争议仲裁机构作出仲裁裁决后，当事人对裁决中的部分事项不服，依法提起诉讼的，劳动争议仲裁裁决不发生法律效力。

第十七条 劳动争议仲裁机构对多个劳动者的劳动争议作出仲裁裁决后，部分劳动者对仲裁裁决不服，依法提起诉讼的，仲裁裁决对提起诉讼的劳动者不发生法律效力；对未提起诉讼的部分劳动者，发生法律效力，如其申请执行的，人民法院应当受理。

第十八条 仲裁裁决的类型以仲裁裁决书确定为准。仲裁裁决书未载明该裁决为终局裁决或者非终局裁决，用人单位不服该仲裁裁决向基层人民法院提起诉讼的，应当按照以下情形分别处理：

（一）经审查认为该仲裁裁决为非终局裁决的，基层人民法院应予受理；

（二）经审查认为该仲裁裁决为终局裁决的，基层人民法院不予受理，但应告知用人单位可以自收到不予受理裁定书之日起三十日内向劳动争议仲裁机构所在地的中级人民法院申请撤销该仲裁裁决；已经受理的，裁定驳回起诉。

第十九条 仲裁裁决书未载明该裁决为终局裁决或者非终局裁决，劳动者依据调解仲裁法第四十七条第一项规定，追索劳动报酬、工伤医疗费、经济补偿或者赔偿金，如果仲裁裁决涉及数项，每项确定的数额均不超过当地月最低工资标准十二个月金额的，应当按照终局裁决处理。

第二十条 劳动争议仲裁机构作出的同一仲裁裁决同时包含终局裁决事项和非终局裁决事项，当事人不服该仲裁裁决向人民法院提起诉讼的，应当按照非终局裁决处理。

第二十一条 劳动者依据调解仲裁法第四十八条规定向基层人民法院提起诉讼，用人单位依据调解仲裁法第四十九条规定向劳动争议仲裁机构所在地的中级人民法院申请撤销仲裁裁决的，中级人民法院应当不予受理；已经受理的，应当裁定驳回申请。

被人民法院驳回起诉或者劳动者撤诉的，用人单位可以自收到裁定书之日起三十日内，向劳动争议仲裁机构所在地的中级人民法院申请撤销仲裁裁决。

第二十二条 用人单位依据调解仲裁法第四十九条规定向中级人民法院申请撤销仲裁裁决，中级人民法院作出的驳回申请或者撤销仲裁裁决的裁定为终审裁定。

第二十三条 中级人民法院审理用人单位申请撤销终局裁决的案件，应当组成合议庭开庭审理。经过阅卷、调查和询问当事人，对没有新的事实、证据或者理由，合议庭认为不需要开庭审理的，可以不开庭审理。

中级人民法院可以组织双方当事人调解。达成调解协议的，可以制作调解书。一方当事人逾期不履行调解协议的，另一方可以申请人民法院强制执行。

第二十四条 当事人申请人民法院执行劳动争议仲裁机构作出的发生法律效力的裁决书、调解书，被申请人提出证据证明劳动争议仲裁裁决书、调解书有下列情形之一，并经审查核实的，人民法院可以根据民事诉讼法第二百三十七条规定，裁定不予执行：

（一）裁决的事项不属于劳动争议仲裁范围，或者劳动争议仲裁机构无权仲裁的；

（二）适用法律、法规确有错误的；

（三）违反法定程序的；

（四）裁决所根据的证据是伪造的；

（五）对方当事人隐瞒了足以影响公正裁决的证据的；

（六）仲裁员在仲裁该案时有索贿受贿、徇私舞弊、枉法裁决行为的；

（七）人民法院认定执行该劳动争议仲裁裁决违背社会公共利益的。

人民法院在不予执行的裁定书中，应当告知当事人在收到裁定书之次日起三十日内，可以就该劳动争议事项向人民法院提起诉讼。

第二十五条 劳动争议仲裁机构作出终局裁决，劳动者向人民法院申请执行，用人单位向劳动争议仲裁机构所在地的中级人民法院申请撤销的，人民法院应当裁定中止执行。

用人单位撤回撤销终局裁决申请或者其申请被驳回的，人民法院应当裁定恢复执行。仲裁裁决被撤销的，人民法院应当裁定终结执行。

用人单位向人民法院申请撤销仲裁裁决被驳回后，又在执行程序中以相同理由提出不予执行抗辩的，人民法院不予支持。

第二十六条 用人单位与其他单位合并的，合并前发生的劳动争议，由合并后的单位为当事人；用人单位分立为若干单位的，其分立前发生的劳动争议，由分立后的实际用人单位为当事人。

用人单位分立为若干单位后，具体承受劳动权利义务的单位不明确的，分立后的单位均为当事人。

第二十七条 用人单位招用尚未解除劳动合同的劳动者，原用人单位与劳动者发生的劳动争议，可以列新的用人单位为第三人。

原用人单位以新的用人单位侵权为由提起诉讼的，可以列劳动者为第三人。

原用人单位以新的用人单位和劳动者共同侵权为由提起诉讼的，新的用人单位和劳动者列为共同被告。

第二十八条 劳动者在用人单位与其他平等主体之间的承包经营期间，与发包方和承包方双方或者一方发生劳动争议，依法提起诉讼的，应当将承包方和发包方作为当事人。

第二十九条 劳动者与未办理营业执照、营业执照被吊销或者营业期限届满仍继续经营的用人单位发生争议的，应当将用人单位或者其出资人列为当事人。

第三十条 未办理营业执照、营业执照被吊销或者营业期限届满仍继续经营的用人单位，以挂靠等方式借用他人营业执照经营的，应当将用人单位和营业执照出借方列为当事人。

第三十一条 当事人不服劳动争议仲裁机构作出的仲裁裁决，依法提起诉讼，人民法院审查认为仲裁裁决遗漏了必须共同参加仲裁的当事人的，应当依法追加遗漏的人为诉讼当事人。

被追加的当事人应当承担责任的，人民法院应当一并处理。

第三十二条 用人单位与其招用的已经依法享受养老保险待遇或者领取退休金的人员发生用工争议而提起诉讼的，人民法院应当按劳务关系处理。

企业停薪留职人员、未达到法定退休年龄的内退人员、下岗待岗人员以及企业经营性停产放长假人员，因与新的用人单位发生用工争议而提起诉讼的，人民法院应当按劳动关系处理。

第三十三条　外国人、无国籍人未依法取得就业证件即与中华人民共和国境内的用人单位签订劳动合同，当事人请求确认与用人单位存在劳动关系的，人民法院不予支持。

持有《外国专家证》并取得《外国人来华工作许可证》的外国人，与中华人民共和国境内的用人单位建立用工关系的，可以认定为劳动关系。

第三十四条　劳动合同期满后，劳动者仍在原用人单位工作，原用人单位未表示异议的，视为双方同意以原条件继续履行劳动合同。一方提出终止劳动关系的，人民法院应予支持。

根据劳动合同法第十四条规定，用人单位应当与劳动者签订无固定期限劳动合同而未签订的，人民法院可以视为双方之间存在无固定期限劳动合同关系，并以原劳动合同确定双方的权利义务关系。

第三十五条　劳动者与用人单位就解除或者终止劳动合同办理相关手续、支付工资报酬、加班费、经济补偿或者赔偿金等达成的协议，不违反法律、行政法规的强制性规定，且不存在欺诈、胁迫或者乘人之危情形的，应当认定有效。

前款协议存在重大误解或者显失公平情形，当事人请求撤销的，人民法院应予支持。

第三十六条　当事人在劳动合同或者保密协议中约定了竞业限制，但未约定解除或者终止劳动合同后给予劳动者经济补偿，劳动者履行了竞业限制义务，要求用人单位按照劳动者在劳动合同解除或者终止前十二个月平均工资的30%按月支付经济补偿的，人民法院应予支持。

前款规定的月平均工资的30%低于劳动合同履行地最低工资标准的，按照劳动合同履行地最低工资标准支付。

第三十七条　当事人在劳动合同或者保密协议中约定了竞业限制和经济补偿，当事人解除劳动合同时，除另有约定外，用人单位要求劳动者履行竞业限制义务，或者劳动者履行了竞业限制义务后要求用人单位支付经济补偿的，人民法院应予支持。

第三十八条　当事人在劳动合同或者保密协议中约定了竞业限制和经济补偿，劳动合同解除或者终止后，因用人单位的原因导致三个月未支付经济补偿，劳动者请求解除竞业限制约定的，人民法院应予支持。

第三十九条　在竞业限制期限内，用人单位请求解除竞业限制协议的，人民法院应予支持。

在解除竞业限制协议时，劳动者请求用人单位额外支付劳动者三个月的竞业限制经济补偿的，人民法院应予支持。

第四十条　劳动者违反竞业限制约定，向用人单位支付违约金后，用人单位要求劳动者按照约定继续履行竞业限制义务的，人民法院应予支持。

第四十一条　劳动合同被确认为无效，劳动者已付出劳动的，用人单位应当按照劳动合同法第二十八条、第四十六条、第四十七条的规定向劳动者支付劳动报酬和经济补偿。

由于用人单位原因订立无效劳动合同，给劳动者造成损害的，用人单位应当赔偿劳动者因合同无效所造成的经济损失。

第四十二条　劳动者主张加班费的，应当就加班事实的存在承担举证责任。但劳动者有证据证明用人单位掌握加班事实存在的证据，用人单位不提供的，由用人单位承担不利后果。

第四十三条　用人单位与劳动者协商一致变更劳动合同，虽未采用书面形式，但已经实际履行了口头变更的劳动合同超过一个月，变更后的劳动合同内容不违反法律、行政法规且不违背公序良俗，当事人以未采用书面形式为由主张劳动合同变更无效的，人民法院不予支持。

第四十四条　因用人单位作出的开除、除名、辞退、解除劳动合同、减少劳动报酬、计算劳动者工作年限等决定而发生的劳动争议，用人单位负举证责任。

第四十五条 用人单位有下列情形之一，迫使劳动者提出解除劳动合同的，用人单位应当支付劳动者的劳动报酬和经济补偿，并可支付赔偿金：

（一）以暴力、威胁或者非法限制人身自由的手段强迫劳动的；

（二）未按照劳动合同约定支付劳动报酬或者提供劳动条件的；

（三）克扣或者无故拖欠劳动者工资的；

（四）拒不支付劳动者延长工作时间工资报酬的；

（五）低于当地最低工资标准支付劳动者工资的。

第四十六条 劳动者非因本人原因从原用人单位被安排到新用人单位工作，原用人单位未支付经济补偿，劳动者依据劳动合同法第三十八条规定与新用人单位解除劳动合同，或者新用人单位向劳动者提出解除、终止劳动合同，在计算支付经济补偿或赔偿金的工作年限时，劳动者请求把在原用人单位的工作年限合并计算为新用人单位工作年限的，人民法院应予支持。

用人单位符合下列情形之一的，应当认定属于“劳动者非因本人原因从原用人单位被安排到新用人单位工作”：

（一）劳动者仍在原工作场所、工作岗位工作，劳动合同主体由原用人单位变更为新用人单位；

（二）用人单位以组织委派或任命形式对劳动者进行工作调动；

（三）因用人单位合并、分立等原因导致劳动者工作调动；

（四）用人单位及其关联企业与劳动者轮流订立劳动合同；

（五）其他合理情形。

第四十七条 建立了工会组织的用人单位解除劳动合同符合劳动合同法第三十九条、第四十条规定，但未按照劳动合同法第四十三条规定事先通知工会，劳动者以用人单位违法解除劳动合同为由请求用人单位支付赔偿金的，人民法院应予支持，但起诉前用人单位已经补正有关程序的除外。

第四十八条 劳动合同法施行后，因用人单位经营期限届满不再继续经营导致劳动合同不能继续履行，劳动者请求用人单位支付经济补偿的，人民法院应予支持。

第四十九条 在诉讼过程中，劳动者向人民法院申请采取财产保全措施，人民法院经审查认为申请人经济确有困难，或者有证据证明用人单位存在欠薪逃匿可能的，应当减轻或者免除劳动者提供担保的义务，及时采取保全措施。

人民法院作出的财产保全裁定中，应当告知当事人在劳动争议仲裁机构的裁决书或者在人民法院的裁判文书生效后三个月内申请强制执行。逾期不申请的，人民法院应当裁定解除保全措施。

第五十条 用人单位根据劳动合同法第四条规定，通过民主程序制定的规章制度，不违反国家法律、行政法规及政策规定，并已向劳动者公示的，可以作为确定双方权利义务的依据。

用人单位制定的内部规章制度与集体合同或者劳动合同约定的内容不一致，劳动者请求优先适用合同约定的，人民法院应予支持。

第五十一条 当事人在调解仲裁法第十条规定的调解组织主持下达成的具有劳动权利义务内容的调解协议，具有劳动合同的约束力，可以作为人民法院裁判的根据。

当事人在调解仲裁法第十条规定的调解组织主持下仅就劳动报酬争议达成调解协议，用人单位不履行调解协议确定的给付义务，劳动者直接提起诉讼的，人民法院可以按照普通民事纠纷受理。

第五十二条 当事人在人民调解委员会主持下仅就给付义务达成的调解协议，双方认为有必要的，可以共同向人民调解委员会所在地的基层人民法院申请司法确认。

第五十三条 用人单位对劳动者作出的开除、除名、辞退等处理，或者因其他原因解除劳动合同确有错误的，人民法院可以依法判决予以撤销。

对于追索劳动报酬、养老金、医疗费以及工伤保险待遇、经济补偿金、培训费及其他相关费用等案件，给付数额不当的，人民法院可以予以变更。

第五十四条 本解释自 2021 年 1 月 1 日起施行。

解读《最高人民法院关于审理劳动争议案件适用法律问题的解释（一）》几个重点问题

刘 敏 于 蒙 危浪平*

为贯彻落实习近平总书记在中央政治局第二十次集体学习时的重要讲话精神，以清理涉及民法典相关司法解释为契机，在最高人民法院颁布施行的原有四个劳动争议司法解释基础上，根据民法典、劳动法、劳动合同法、民事诉讼法、劳动争议调解仲裁法（以下简称调解仲裁法），以及《劳动合同法实施条例》等法律法规，对涉及劳动争议的司法解释作清理整合。通过听取专家学者、社会有关方面建议，征求全国人大常委会法工委、科技部、人力资源和社会保障部等单位，以及各高级人民法院意见建议，经反复研究论证，《最高人民法院关于审理劳动争议案件适用法律问题的解释（一）》（以下简称《劳动争议司法解释一》）由最高人民法院审判委员会第 1825 次会议审议通过，于 2021 年 1 月 1 日起施行。

* 作者单位：最高人民法院民事审判第一庭。

一、《劳动争议司法解释一》出台的背景、意义

关于劳动争议的司法解释向来是社会关注度高、司法审判急需的重要解释。之所以采取废止原有多个司法解释，重新修改制定新解释的清理模式，主要考虑：一是增强司法解释的体系性、完整性，通过重新修订整合，既统一了解释形式，也方便法官、劳动者、用人单位等查找条文。二是保持新旧司法解释内容的连续性、稳定性，对与劳动合同法、调解仲裁法等法律法规相冲突的予以删除，对已经被前述法律吸收的条文内容不再重复，对前述法律新规定的内容予以适当补充，整体未作大规模修改。三是保持适度的前瞻性、开放性，对于有争议仍待司法实践探索或者法律作出新规定但适用中分歧较大的问题暂不作规定，因为民法典颁布施行后，相关法律和司法解释将作对应调整，《劳动争议司法解释一》在这些法律、司法解释颁布施行后，还将进一步补充、细化、完善。四是相关单位和社会有关方面认为目前劳动争议相关的司法解释纷繁复杂，建议清理修改，重新整合。这次重新修改制定劳动争议司法解释一，有以下重要意义。

第一，有利于人民法院正确统一实施劳动法律和民法典。从劳动法到劳动合同法、调解仲裁法，劳动法律不断发展、完善，为应对劳动争议案件审理中出现的新问题、难问题，最高人民法院曾先后颁布施行四个审理劳动争议案件的司法解释，内容丰富、体系庞大，跨越所谓劳动法时代和劳动合同法时代，因此也出现了《最高人民法院关于审理劳动争议案件适用法律若干问题的解释》（以下简称《原解释一》）、《最高人民法院关于审理劳动争议案件适用法律若干问题的解释（二）》（以下简称《原解释二》）相关内容与后颁布的劳动合同法、调解仲裁法内容不协调、不一致的情况。《劳动争议司法解释一》严格依照劳动法、劳动合同法、调解仲裁法以及民法典等法律制定。需要指出：一是劳动法律与民法关系问题。劳动法律属于社会法范畴，有其特

有理念和规则，民法则属于私法范畴，民法与劳动法律对同一问题有不同规定时，应当适用劳动法律有关规定。例如，民法典对欺诈行为效力的规定与劳动合同法规定不同，本次解释相关条文并未依照民法典规定作修改，而是与劳动合同法保持一致。但是劳动法律没有规定时，民法典仍有适用余地，劳动法律中的部分概念、规则，例如，主体资格、民事行为能力等，仍然要以民法典规定为基础；劳动关系相关规定或者约定不得违背民法典强制性规定；等等。二是劳动法与劳动合同法、调解仲裁法关系问题。可以说，劳动法是劳动法律领域的基本法，劳动合同法是劳动合同领域的特别法，调解仲裁法是劳动争议程序领域的特别法，劳动法与劳动合同法、调解仲裁法对同一问题规定不一致时，应当以特别法为准。例如，劳动法第八十二条与调解仲裁法第二十七条对仲裁时效的起算、中断、中止等规定不一致，本次解释制定时就将《原解释一》《原解释二》中有关仲裁时效条文予以废止，相关案件审理可以直接援引调解仲裁法第二十七条的规定。

第二，有利于构建、发展和谐稳定的劳动关系。劳动关系是现代社会最重要、最基本的社会经济关系之一，健康和谐的劳动关系是社会稳定、经济发展的基石；维护劳动者合法权益，合理平衡劳动者与用人单位双方利益，有效促进企业生产经营，构建科学、和谐的劳动关系，是人民法院劳动争议审判工作的职责和使命。据统计，近三年来，全国劳动争议纠纷案件一审收案数量每年超过 40 万件，且呈逐年递增态势。这些案件的处理，既涉及劳动者权益保护和用人单位发展，又涉及我国劳动用工、社会保障制度改革成果的落实。正因为如此，本次解释制定中，根据劳动合同法关于劳动者权益保护的制度发展，例如经济补偿、赔偿金制度等，以及新形势下对劳动者和用人单位双方利益的平衡，对原解释特别是《原解释一》《原解释二》有关条文作相应修改，修改后的条文应当结合这一背景来理解。

第三，有利于广大劳动者、用人单位准确理解法律。按照诉讼程序进程和劳动关系演变规律，将原解释中的相关内容整合归纳。《劳动争议司法解释一》原则上分为劳动争议案件受理范围、管辖、裁审衔接、当事人、劳动合同的订立、履行和变更、解除和终止、其他事项八个部分。通过归纳整合，更加有利于广大劳动者、用人单位完整、系统地理解劳动法、劳动合同法、调解仲裁法等有关法律内容，依法维权。以裁审衔接部分为例，处理劳动争议主要依赖于调解、仲裁和诉讼三大程序，理顺诉裁衔接程序是解决劳资纠纷、畅通劳资关系的主要途径；通过对原有四个解释中涉及裁审衔接的条文归纳整合，例如依照调解仲裁法相关规定，对先予执行仲裁裁决的情形作了完善，进一步规范劳动争议纠纷案件处理程序，促进裁审衔接。

二、关于案件管辖制度

本次司法解释清理，对原有几个解释中涉及劳动争议案件管辖的规定作了整合，在第三条、第四条、第五条中重新作出规定，涉及地域管辖、管辖权确定等方面。

第一，关于劳动争议案件管辖的一般规定。一是关于用人单位所在地法院管辖。依据民事诉讼法关于地域管辖的基本原则，即原告就被告，劳动争议案件应由一方当事人住所地人民法院管辖。用人单位住所地相对固定，且用人单位相关管理规章往往依据所在地地方性法规、规章等文件制定，因此相对于劳动者住所地，由用人单位所在地法院管辖更为适当。二是关于合同履行地法院管辖。在用人单位所在地与合同履行地不一致的情况下，例如，用人单位所在地在上海市黄浦区，合同履行地在北京市通州区，当事人赴用人单位所在地起诉极为不便，因此《劳动争议司法解释一》第三条规定可以由合同履行地基层人民法院管辖。三是关于法律另有规定的，依照其规定。例如，根据调解仲裁法第四十九条的规定，用人单位申请撤销终局仲裁裁决的，向劳动争议仲裁委员会所在地的中级人民法院提出。

第二，关于双方当事人同时起诉的法院管辖。征求意见时有建议认为，可以结合调解仲裁法第二十一条，规定双方当事人对同一仲裁裁决不服同时提起诉讼的，由该劳动争议仲裁机构所在地人民法院管辖。这一建议具有一定合理性，有利于管辖权恒定，减少裁判尺度不一引发法律适用不一致的现象。但是考虑到，一方面，以劳动争议仲裁机构所在地作为人民法院地域管辖根据，不符合原告就被告的基本规则，目前也无其他程序法就此作出明确规定；另一方面，劳动争议仲裁机构层级设置与法院不完全相同，有的一个劳动争议仲裁机构管辖范围内可能有多个基层人民法院，在此情况下反而增加了管辖权确定的难度。因此，《劳动争议司法解释一》仍然规定“后受理的人民法院应当将案件移送给先受理的人民法院”。征求意见过程中，有人认为可以参考调解仲裁法第二十一条关于双方当事人分别向有管辖权的劳动争议仲裁机构申请仲裁的处理，规定双方当事人同时向有管辖权的人民法院起诉的，直接明确由合同履行地基层人民法院管辖。我们认为，交由合同履行地基层人民法院管辖是否更符合实际，或者是否有更加合适的解决办法，可以留待立法、司法实践继续作探索优化。

第三，关于劳动者和用人单位同时起诉的诉讼地位。劳动者和用人单位均不服同一仲裁裁决提起诉讼的，《原解释一》《原解释二》有关规定存在冲突。《原解释一》第九条规定，先起诉的为原告，后起诉的为被告，但是对被告诉讼请求一并审理；《原解释二》第十一条规定，人民法院应当并案审理，双方当事人互为原告和被告。司法实践中，一是因为当事人均不服同一仲裁裁决提起诉讼的，由于起诉时间不同，负责立案审查人员可能不同，导致法院先后立了两案；二是由于当事人可以向用人单位所在地或者劳动合同履行地的人民法院起诉，双方当事人分别选择其一的，也会产生不同法院分别立案的情况。因此，《原解释二》第十一条规定，依据民事诉讼法对前述情况实行并案审理，既能体现“两便”原则，减轻当事人讼累，防止出现“同案不同判”，也能解决劳动争议案件是否存在反诉机制的理论困惑。并案审理后，双方互为原告和被告。若一方提出撤诉申请并经人民法院裁定准许后，表明其作为原告提起的诉讼消除，其不再以原告身份参加诉讼，但是其在对方当事人为原告所提诉讼中的被告身份没有因撤诉而改变，因此，即使一方当事人撤诉，人民法院仍应当根据另一方当事人的诉讼请求对案件继续审理。因此，本解释制定时，将《原解释一》第九条和《原解释二》第十一条合并，废止前者部分内容，保留后者。

三、关于达到法定退休年龄人员的用工认定

关于达到法定退休年龄人员的用工认定问题，司法实践中仍有争议，《劳动争议司法解释一》第三十二条对此作了规定。准确理解这一条，应当注意以下两个方面。

第一，关于与依法享受养老保险待遇或者领取退休金人员建立的用工关系的性质认定。依法享受养老保险待遇或者领取退休金人员再就业情况非常普遍，对于这类人员的用工关系如何定性，目前司法实践争议不大。依照劳动合同法第四十四条第二项的规定，劳动者开始依法享受基本养老保险待遇，是劳动者与用人单位劳动合同终止的法定原因。劳动者只要已经依法享受基本养老保险待遇，劳动合同即终止，不宜再建立劳动关系。所以用人单位与这类人员建立的用工关系，不应当认定为劳动关系，否则违背劳动合同法规定，也违背基本养老保险待遇制度初衷。因此，《劳动争议司法解释一》第三十二条第一款规定，用人单位与已经依法享受养老保险待遇或者领取退休金人员发生用工争议提起诉讼的，人民法院应当按劳务关系处理。

第二，关于与达到法定退休年龄但不能享受养老保险待遇人员建立的用工关系的性质认定。一般情况下，享受养老保险待遇的人员已经达到法定退休年龄，但是达到法定退休年龄不一定能够享受养老保险待遇。对于用人单位与已达到法定退休年龄但是不能享受养老保险待遇人

员的用工关系定性，实践中存在争议。一种意见认为，用人单位应当继续履行劳动合同，为劳动者缴纳社会保险，当符合可以享受基本养老保险待遇的条件时，用人单位可以终止劳动合同。另一种意见认为，劳动者已经达到法定退休年龄而不能依法享受养老保险待遇的情况非常复杂，可能用人单位为劳动者缴纳了社会保险费，但是由于该劳动者累计缴费年限不满十五年，因此不能享受按月支付的基本养老保险待遇；还有的地方没有把农民工等人员纳入基本养老保险覆盖范围，这些劳动者可能根本没有参加基本养老保险。如果在这些情况下，一律禁止用人单位终止劳动合同，对其不公。《劳动合同法实施条例》第二十一条规定，劳动者达到法定退休年龄的，劳动合同终止。我们认为，可以将该条规定视为劳动合同法第四十四条第六项规定的“法律、行政法规规定的其他情形”。但是这并不意味着劳动关系必然自动终止。人民法院应当对该条规定适用情形作实质审查，对于达到法定退休年龄，但是非因用人单位原因不能享受基本养老保险待遇的，例如前述另一种意见中出现的情况，可以终止劳动关系；对于达到法定退休年龄，但是由于用人单位原因不能享受基本养老保险待遇的，不能随意终止劳动关系。

四、关于涉港澳台劳动关系认定

关于涉港澳台劳动关系认定问题，《最高人民法院关于审理劳动争议案件适用法律若干问题的解释（四）》（以下简称《原解释四》）第十四条作了规定，《劳动争议司法解释一》制定过程中，根据国务院行政法规变化作了修订。

第一，涉港澳台劳动关系建立不再需要台港澳人员就业证。依照《原解释四》第十四条的规定，港澳台居民未依法取得就业证件即与内地用人单位签订劳动合同的，不认定为劳动关系。2018年7月28日，国务院印发《关于取消一批行政许可等事项的决定》（国发〔2018〕28号，以下简称《决定》），取消台港澳人员在内地的就业许可；之后，人力资源和社会保障部印发《关于香港澳门台湾居民在内地（大陆）就业有关事项的通知》，规定自2018年7月28日起，港澳台人员在内地（大陆）就业不再需要办理《台港澳人员就业证》。据此，本解释制定中，对《原解释四》第十四条作出修改，删除前述涉及港澳台居民内地用工相关内容，即通过司法解释予以明确，港澳台居民与内地（大陆）用人单位建立劳动关系，不再需要办理《台港澳人员就业证》。

第二，国务院《决定》对涉港澳台劳动关系认定的影响。本解释制定过程中，出现了“溯及论”和“分段论”两种意见。所谓“溯及论”，是指无论港澳台居民与用人单位签订劳动合同的时间在《决定》出台前还是出台后，只要一方起诉时间在《决定》出台后，均不适用《原解释四》第十四条关于港澳台居民就业须办理就业证的规定。这种意见有其合理性，但是从人力资源和社会保障部门及人民法院实践出发，综合考虑劳动者和用人单位权益平衡保护、同一时段劳动者权益的平等保护、相关问题属于特殊阶段司法实践问题等因素，我们认为“分段论”更符合实践情况，更具操作性和稳妥性，也更符合司法解释时效规定的总体逻辑。劳动者未办理《台港澳人员就业证》的，以《决定》施行日期（2018年7月28日）为时间节点分段，对于《决定》施行以前建立的用工关系，不宜认定为劳动关系，可以认定为劳务关系；对于《决定》施行以后（含当日）建立的用工关系，应当认定为劳动关系，受劳动法律保护。

五、关于劳动合同期满后权利义务的确定

关于劳动合同期满后权利义务的确定问题，虽然《劳动争议司法解释一》第三十四条对《原解释一》第十六条未作修改，但是应当结合劳动合同法、《劳动合同法实施条例》等相关规定作出准确理解。

第一，关于对“视为双方同意以原条件继续履行劳动合同”中“原条件”的理解。劳动合同期满，用人单位未与劳动者续订劳动合

同，但是劳动者继续在用人单位工作的，视为双方同意以原条件继续履行劳动合同。实践中，对原条件如何把握，是否包括原劳动合同约定的履行期限，存在争议。我们认为，本条规定的原条件，是指原劳动合同中除劳动合同期限以外的其他权利义务内容，包括劳动时间、工资报酬、奖金、福利待遇等，"以原条件继续履行"是指上述问题参照原劳动合同的约定执行。关于劳动合同履行期限的约定，属于双方对劳动合同持续时间的合意，这种合意很难通过默示行为来推定，与可以通过工资报酬的支付、接受行为来推定双方对工资报酬的合意不同，因此，不宜以劳资双方的履行默示来认定原劳动合同约定的期限就是双方合意，而需要根据当事人明示意思表示来确定。如果双方就继续履行的期限未协商或者协商不成，则应当根据劳动合同法等法律法规来认定。

第二，视为双方同意以原条件继续履行劳动合同的，不能免除用人单位应当与劳动者签订书面劳动合同的法定责任。一般情况下，为使劳动者对原劳动合同到期后是否续订有合理预期，以便提前准备再就业等，用人单位应当基于诚信原则在原合同到期前的合理期间内通知劳动者，协商办理终止或者续订劳动合同事宜。如果用人单位按时履行相关附随义务，就不会出现视为双方同意以原条件继续履行劳动合同的情况。用人单位未履行上述附随义务，用工关系继续的，用人单位对原劳动合同期满和继续用工的法律后果均有预期，原劳动合同期满之日，即是用人单位应当续订劳动合同之日和承担未续订法律后果之日。依照劳动合同法第十条、第十四条第三款、第八十二条和《劳动合同法实施条例》第六条的规定，劳动合同期满后，用人单位未与劳动者续订书面劳动合同的，应当按规定向劳动者每月支付二倍工资，并补订书面劳动合同；如果经用人单位书面通知，劳动者不与用人单位续订劳动合同的，用人单位应当书面通知劳动者终止劳动关系，依照有关规定支付经济补偿。用人单位自劳动合同期满之日起满一年不与劳动者续订书面劳动合同，视为用人单位与劳动者已订立无固定期限劳动合同。

第三，关于对“一方提出终止劳动关系的，人民法院应予支持”的理解。本条款内容并非赋予用人单位任意终止权。劳动合同期满一年内，为平衡劳动者和用人单位的利益，用人单位不愿与劳动者续订书面劳动合同，提出终止劳动关系的，视为符合劳动合同法第四十四条第一项规定的劳动合同终止情形，应当依照劳动合同法第四十六条第五项的规定支付经济补偿，不以违法终止劳动关系论。

第四，关于对第二款的理解。符合劳动合同法第十四条规定的订立无固定期限劳动合同情形，用人单位不与劳动者订立的，视为双方已经依照原劳动合同确定的权利义务建立无固定期限劳动合同关系，并且依照劳动合同法第八十二条第二款等规定支付二倍工资。符合劳动合同法第十四条第二款规定情形的，劳动者有权选择续订、订立固定期限劳动合同或者终止劳动合同，用人单位无权作此选择，否则应当承担违法终止等相关责任。

六、关于劳动合同无效的处理

《劳动争议司法解释一》第四十一条对劳动合同被确认无效后，用人单位如何承担责任作了系统规定，准确理解应注意三个方面。

第一，关于劳动报酬。劳动合同被确认无效后，劳动者已经付出劳动的，用人单位应当支付劳动报酬；劳动报酬支付标准依照劳动合同法第二十八条确定。劳动合同明确约定了劳动报酬数额，且不违反法律、法规和国家规定的，虽然劳动合同被确认全部无效或者部分无效，用人单位仍可以参照劳动合同约定支付劳动报酬；劳动合同没有约定劳动报酬，但是用人单位支付了劳动报酬，且符合法律、法规和国家规定的，该劳动报酬数额有效；用人单位没有支付劳动报酬或者实际支付报酬不符合法律、法规和国家规定的，报酬数额可以参照本单位相同或者相近岗位劳动者的劳动报酬确定。相同岗位，即劳动者从事工种相同，提供劳动相同；相似岗位，指劳动者从事工种不同，提供劳动性质不同，但是在本单位所处位置、发挥作用相同。

第二，关于经济补偿。劳动合同法第二十六条第一款规定了劳动合同无效的三种情形；依照劳动合同法第三十八条第一款第五项的规定，由于用人单位存在前述三种情形致使劳动合同无效的，劳动者获得单方解除权；在上述情形下，依照劳动合同法第四十六条第一项的规定，用人单位应当依照第四十七条规定的计算标准向劳动者支付经济补偿。因此，本条第一款规定，劳动合同被确认无效，用人单位应当按照劳动合同法第四十六条、第四十七条规定支付经济补偿。

第三，关于经济损失赔偿。依照劳动法第九十七条、劳动合同法第八十六条的规定，由于用人单位原因订立无效劳动合同，给劳动者造成损害的，用人单位应当赔偿劳动者因合同无效所造成的经济损失，本条第二款对此作了明确规定。该款规定的损害赔偿责任系过错责任，赔偿损失应当以实际损失为限，不同于惩罚性赔偿。

七、关于口头变更劳动合同的效力规则

司法实践中，如何理解口头变更劳动合同的效力规则存在争议，《劳动争议司法解释一》第四十三条对此作了进一步明确。

第一，关于对“应当采用书面形式”的理解。劳动合同法第三十五条规定，变更劳动合同应当采用书面形式。此条规定既是签订书面劳动合同原则的延伸，也是为了预防因对变更事项理解不明而发生争议。对于是否应当承认口头或者事实变更劳动合同的法律效力，目前已有共识。劳动合同法第三十五条规定的“应当”，应理解为管理性规范，而非效力性规范，当事人未采取书面变更形式的，不能认为其违反了强制性规范，只要变更后的合同内容不违法且经过一定期间劳动者未提异议的，就应当肯定这种变更行为的效力。这主要是考虑到劳动合同变更采取口头形式符合我国用人单位生产经营管理现状，在签订了书面劳动合同的情况下，对于通过口头变更后履行了较长时间的劳动合同，应当确

认其效力，防止一直处于悬而未决的事实状态。

第二，关于对“用人单位与劳动者协商一致”的理解。依照劳动合同法第三十五条的规定，用人单位与劳动者协商一致，可以变更劳动合同约定的内容。口头变更劳动合同，应当建立在劳资双方合意前提下，这种合意可以是明示的，也可以是默示的，即通过当事人连续的实际履行行为表现出来。需要注意的是，不能把沉默当成默示，依照民法典第一百四十条的规定，沉默只有在有法律规定、当事人约定或者符合当事人之间的交易习惯时，才可以视为意思表示。《原解释四》第十一条未强调变更需协商一致这个前提，导致司法实践中形成一种误解，认为只要实际履行变更的劳动合同超过一个月，就认定变更有效，而不论变更是否经过双方协商一致。例如，用人单位在没有明确告知劳动者的情况下单方降薪，并按照降薪后的标准发放超过一个月的工资，劳动者以不知情或者不同意为由请求用人单位补足工资差额，此时用人单位抗辩称劳动者对降薪未提异议，工资标准已经通过实际履行的方式作变更。这种观点忽略了本条的适用前提是双方就变更劳动合同已经协商一致，如果仅是劳动者对降薪未持异议，实际上劳动者是对降薪保持消极沉默，用人单位没有证据证明其与劳动者就降薪进行协商，这种沉默并不构成民法典第一百四十条规定的意思表示，不能视为双方就变更劳动合同已经协商一致。

第三，准确把握《劳动争议司法解释一》第四十三条规定的内容。为与劳动合同法第二十六条和民法典第一百五十三条的规定保持一致，《劳动争议司法解释一》第四十三条除增加“用人单位与劳动者协商一致”条件外，还将《原解释四》第十一条中的“不违反法律、行政法规、国家政策以及公序良俗”修改为“不违反法律、行政法规且不违背公序良俗”。因此，应当从四个方面理解本条内容：一是用人单位与劳动者协商一致变更劳动合同；二是协商一致可以是明示，也可以是默示；三是默示判断标准是变更的劳动合同已经实际履行超过一个月；四是变更后的劳动合同内容合法不违反法律、行政法规且不违背公序良俗。

八、关于加付赔偿金的理解

《劳动争议司法解释一》第四十五条就加付赔偿金问题作了规定。如何理解这一规定？其与劳动合同法第八十七条规定的二倍赔偿金适用有何不同？

第一，将加付赔偿金案件纳入劳动争议案件受案范围的考量。对于加付赔偿金案件是否纳入劳动争议处理程序，本解释制定过程中有不同意见，司法实践中也有争议。一种意见认为，依照劳动合同法第八十五条规定，用人单位存在该条规定情形的，应当由劳动行政部门责令用人单位限期支付劳动报酬、加班费或者经济补偿，逾期不支付的，责令用人单位按一定比例加付赔偿金。因此，责令加付赔偿金是劳动行政部门的职责，不属于人民法院主管范围，建议删除《原解释一》第十五条有关规定。另一种意见认为，劳动者往往在劳动关系中处于弱势，用人单位存在劳动合同法第八十五条或者第三十八条规定的情形时，表面上是劳动者可以获得单方解除权，实质上可能是劳动者迫于前述情形提出解除合同，用人单位借此规避由其解除合同的相关责任。这种情况下，仅通过劳动者向劳动行政部门检举等，由劳动行政部门责令用人单位承担相应支付责任，保障力度不够，应当赋予劳动者请求司法保护并获得强制执行的权利。《劳动争议司法解释一》原则上采纳了第二种意见，保留《原解释一》第十五条有关规定，并在第一条中明确赋予劳动者就加付赔偿金案件依法提起诉讼的权利。至于是否要求劳动者提供经劳动行政部门先行处理的证据，将劳动争议处理程序作为一种补充救济手段，从贯彻落实劳动合同法第八十五条规定的立法原意来看，司法实践中还可以继续探索优化。

第二，关于对《劳动争议司法解释一》第四十五条规定的理解。

本条解释与劳动者单方解除劳动合同的权利密切相关。依照劳动合同法第三十八条的规定，用人单位具有该条所列五种情形时，劳动者可以获得单方解除权；在该五种情形下，劳动者被迫提出解除劳动合同的可能性大，此时用人单位应当依法支付劳动报酬和经济补偿，如果未按时支付，参照劳动合同法第八十五条的规定按应付金额50%以上100%以下标准向劳动者加付赔偿金。具体案件中确定具体标准时，要因时制宜，不能追求惩罚过度，否则对用人单位不公平。应当着重考虑以下因素：一是用人单位违法行为严重性及过错程度；二是劳动者因用人单位违法行为所受损害大小；三是用人单位因违法行为获利情况；四是用人单位接受其他处罚情况。

第三，关于《劳动争议司法解释一》第四十五条规定的加付赔偿金规定与劳动合同法第八十七条规定的二倍赔偿金规定的区别。如前所述，前者是劳动者受迫提出解除劳动合同，符合有关条件时，用人单位应当加付的赔偿金；如果用人单位按时支付劳动报酬和经济补偿，就不再加付赔偿金；另外，在《劳动争议司法解释一》第四十五条规定的五种情形下，劳动者解除劳动合同符合劳动合同法第三十八条的规定，属于合法解除，作为解除方的劳动者不承担责任。对于后者，依据劳动合同法第八十七条的规定，用人单位违反劳动合同法等法律规定，解除或者终止劳动合同的，应当依照劳动合同法第四十七条的规定经济补偿标准的二倍支付赔偿金；根据《劳动合同法实施条例》第二十五条的规定，用人单位依照劳动合同法第八十七条的规定支付了赔偿金的，不再支付经济补偿；相对于前者，后者是用人单位违法解除或者终止劳动合同，作为解除方的用人单位需要承担责任。因此，二者区别明显，不能混同。

（来源：《人民司法》2021年第7期）

最高人民法院

关于确定民事侵权精神损害赔偿责任若干问题的解释

（2001年2月26日最高人民法院审判委员会第1161次会议通过 根据2020年12月23日最高人民法院审判委员会第1823次会议通过的《最高人民法院关于修改〈最高人民法院关于在民事审判工作中适用《中华人民共和国工会法》若干问题的解释〉等二十七件民事类司法解释的决定》修正）

为在审理民事侵权案件中正确确定精神损害赔偿责任，根据《中华人民共和国民法典》等有关法律规定，结合审判实践，制定本解释。

第一条 因人身权益或者具有人身意义的特定物受到侵害，自然人或者其近亲属向人民法院提起诉讼请求精神损害赔偿的，人民法院应当依法予以受理。

第二条 非法使被监护人脱离监护，导致亲子关系或者近亲属间的亲属关系遭受严重损害，监护人向人民法院起诉请求赔偿精神损害的，人民法院应当依法予以受理。

第三条 死者的姓名、肖像、名誉、荣誉、隐私、遗体、遗骨等受到侵害，其近亲属向人民法院提起诉讼请求精神损害赔偿的，人民法院应当依法予以支持。

第四条 法人或者非法人组织以名誉权、荣誉权、名称权遭受侵害为由，向人民法院起诉请求精神损害赔偿的，人民法院不予支持。

第五条 精神损害的赔偿数额根据以下因素确定：

（一）侵权人的过错程度，但是法律另有规定的除外；

（二）侵权行为的目的、方式、场合等具体情节；

（三）侵权行为所造成的后果；

（四）侵权人的获利情况；

（五）侵权人承担责任的经济能力；

（六）受理诉讼法院所在地的平均生活水平。

第六条 在本解释公布施行之前已经生效施行的司法解释，其内容有与本解释不一致的，以本解释为准。

解读《最高人民法院关于确定民事侵权精神损害赔偿责任若干问题的解释》修改条文

张 闻*

一、修改情况说明

根据2020年12月23日最高人民法院审判委员会第1823次会议通过的《最高人民法院关于修改〈最高人民法院关于在民事审判工作中适用《中华人民共和国工会法》若干问题的解释〉等二十七件民事类

* 作者单位：最高人民法院民事审判第一庭。

司法解释的决定》，最高人民法院对 2001 年《最高人民法院关于确定民事侵权精神损害赔偿责任若干问题的解释》（以下简称原司法解释）进行了修正，修正后的司法解释简称新司法解释。

新司法解释对原司法解释共修改 5 条、废止 6 条。其中，引言涉及调整法律依据以及规范文字表述。第一条、第三条、第四条、第五条涉及实质性修改。废止的条款为：原第四条、原第六条、原第七条、原第八条、原第九条、原第十一条。

二、关于适应性修改条文的说明

引言部分：民法典颁布实施后，民法通则同时废止，因此在对司法解释修改时，将其引言中“根据《中华人民共和国民法通则》等有关法律规定”修改为“根据《中华人民共和国民法典》等有关法律规定”。同时，采取司法解释规范表述，将“结合审判实践经验，对有关问题作如下解释”修改为“结合审判实践，制定本解释”。

三、关于重点修改条文的修改说明和理解与适用

以下为新司法解释条文。

（一）第一条

【修改内容】

本规定共有两处修改：一是将有权提起精神损害赔偿之诉的主体由“自然人”修改为“自然人或者其近亲属”。二是将精神损害赔偿之诉的受案范围由列举式改为概括式，将可以提起精神损害赔偿诉讼的情形由“生命权、健康权、身体权、姓名权、肖像权、名誉权、荣誉权、人格尊严权、人身自由权等人格权利、隐私以及其他人格利益受到非法侵害”修改为侵害“人身权益或者具有人身意义的特定物受到侵害”。

【修改说明】

民法典规定了精神损害赔偿制度，为与民法典关于精神损害赔偿制度相关规定相衔接，并进一步细化规则，本规定作出修改。

【理解与适用】

本条是关于精神损害赔偿受案范围的规定。精神损害赔偿受案范围涉及两个问题：一是主体范围，即何种类型的民事主体就其民事权益受到侵害，可以请求赔偿精神损害；二是指客体范围，即何种性质的民事权益受到侵害可以请求赔偿精神损害。

1. 精神损害赔偿的主体

按照大陆法系国家传统的民法理论，因侵权致人损害，其损害后果可以区分为两种形态：即“财产上损害”和“非财产上损害”。“财产上损害”是指一切有形财产和无形财产所受损失，包括现有实际财产的减少和可得利益的丧失。其基本特征是损害具有财产上的价值，可以用金钱加以计算。“非财产上损害”相对于财产上损害而言，是指没有直接的财产内容或者不具有财产上价值的损害。其损害本身不能用金钱加以计算，在此意义上，凡属“财产损害”以外的其他一切形态的损害、包括生理、心理以及超出生理、心理范围的抽象精神利益损害，都是“非财产上损害”，不以民事主体是否具有生物形态的存在和精神感受力为前提。广义上认为，无论自然人、法人，其民事权益遭受侵害时都会发生“非财产上损害”；而狭义的观点认为，“非财产上损害”作为具体的损害结果，首先是指精神痛苦，忧虑、绝望、怨愤、失意、悲伤、缺乏生趣等均为其表现形态；其次还包括肉体痛苦。通常认为，由于法人不具有精神感受力，无法产生精神和肉体上的痛苦，因此对法人而言不存在精神损害赔偿。我国民法典采狭义论观点，认为对法人和非法人组织不能适用精神损害赔偿。

需要注意的是，本规定此次修改将有权提起精神损害赔偿的主体由“自然人”修改为“自然人或者其近亲属”，主要是考虑到与民法典第一千一百八十一条、第一千一百八十三条规定的衔接。根据民法典第一千一百八十一条的规定，被侵权人死亡的，其近亲属有权请求侵权人承担侵权责任。此处的侵权责任是否包括精神损害赔偿？应当说，自侵权责任法明确规定精神损害赔偿制度以来，我国立法与司法实践对上述问题都是持肯定态度的，即认可因侵权行为而死亡的被侵权人的近亲属有权主张精神损害赔偿。民法典释义认为，民法典第一千一百八十三条第一款“侵害自然人人身权益”中的“自然人”包括了被侵权人死亡时其近亲属。然而，在民法典编纂过程中，有的观点提出，被侵权人因侵权行为死亡的，其近亲属能不能主张精神损害赔偿，不够明确，建议予以明确。[①] 在司法解释修正征求意见时，也有反馈意见建议明确规定精神损害赔偿的主体是否包括被侵权人的近亲属。考虑到审判实践的需要，我们在规定精神损害赔偿主体资格时采取“自然人或者其近亲属”的表述，目的是在进一步强调精神损害赔偿的主体范围排除法人及非法人组织的同时，明确被侵权人死亡时其近亲属有权提起精神损害赔偿，这与民法典第一千一百八十三条规定的精神并不矛盾。

2. 精神损害赔偿的客体

从立法政策的角度来看，大陆法系各国对精神损害赔偿客体的规定，一般有两种立法模式：其一是限定主义的立法，明确规定“非财产上损害”以法律规定者为限，可以请求金钱赔偿。其二是非限定主义的立法，即在立法上对财产损害和非财产损害不作区分，或虽作区分但对精神损害赔偿的范围不作特别的限制性规定，而是一般规定因过错致人损害的，应负损害赔偿责任。在第二种立法模式下，无论是人身权还是财产权受到侵害，凡能证明因为此种侵害遭受非财产上损害的，都可以请求赔偿其损害。但前已述及，由于精神损害与自然人的人身权益遭受侵害的不利益状态具有较为直接和密切的联系，有关国家和地区的民事法律一般都将精神损害的赔偿范围限定在自然人的人身权益遭受侵

① 参见黄薇主编：《中华人民共和国民法典释义及适用指南》，中国民主法制出版社2020年版，第1803页。

害的情形之中，对财产权益受到侵害发生的精神损害，原则上不得主张损害赔偿救济。民法典从维护人身权利和人格尊严的基本价值目标出发，同时考虑到一些特定的物品对于被侵权人而言具有重要的人身意义，比如结婚纪念册、特殊纪念品等，这些物品一般独一无二、难以复制，如果这些物品损毁、灭失，也会造成被侵权人严重的精神损害。因此，民法典将精神损害赔偿的客体范围主要规定为自然人的人身权益的同时，还规定了对自然人具有人身意义的特定物，也属于精神损害赔偿的客体范围。

3. 精神损害赔偿诉讼受案范围

需要注意的是，本规定并非对原司法解释中关于精神损害赔偿客体范围的修改，而是基于体例协调的考虑，对精神损害赔偿诉讼受案范围采取了概括式的规定。原司法解释第一条至第四条规定了精神损害赔偿的客体是人格权益、以监护权为代表的身份权以及具有人格意义的特定物，上述规定已为民法典一千一百八十三条所吸收，并规定为自然人及其近亲属实体上可以获得支持的权利。在 2001 年制定本规定时，精神损害赔偿制度处于探索完善时期，司法实践对这类诉讼是否属于民事诉讼受案范围尚有疑义，因此，原司法解释第一条至第四条均采“应予受理”的表述，是为了解决此类诉讼“进门”的问题。应当说，随着审判实践的发展，特别是 2015 年立案登记制改革，对于精神损害赔偿应作为民事诉讼案件受理且权利人能够依法得到实体法上的支持，已为立法和实践认可，现阶段再规定精神损害赔偿的受理规则已无必要。因此，本规定在此次修正时的总体思路是：第一，关于精神损害赔偿诉讼的受案范围，不再按照精神损害赔偿客体逐条强调受理要件，而是将本规定作为第一条，在吸收原司法解释第一条至第四条客体范围的基础之上，统一规定精神损害赔偿受案范围，以保持体例完整。同时，本规定第二条为监护权的特别规定，尽管第一条已经规定了身份权是精神损害赔偿的客体，即第一条已经包括了第二条的内容。在司法解释修正征求意见过程中，大部分意见建议保留，理由是有利于强调对未成年人的保护。我们采纳了大部分意见，将第二条保留。第二，对于民法典有明确规定的，对于该类起诉应予受理毋庸赘述，其受理规则不再保留，故删除了原第四条。第三，对于近亲属是否可以主张精神损害赔偿，民法典没有明确规定，故将第三条由受理规则修改为实体判断规则，与民法典第一千一百八十三条的规定相衔接。

本规定对精神损害赔偿受案范围作出修改，需要注意三个问题：第一，民法典第九百九十条的规定："人格权是民事主体享有的生命权、身体权、健康权、姓名权、名称权、肖像权、名誉权、荣誉权、隐私权等权利。除前款规定的人格权外，自然人享有基于人身自由、人格尊严产生的其他人格权益。"因此，原规定所列举的具体人格权益已被民法典第九百九十条的规定吸收，本规定不再详细列举。还需要说明的是，隐私权在民法典人格权编中，已经规定为人格权利，原规定将隐私列入人格利益范畴已不恰当。第二，原司法解释第四条关于"具有人格象征意义的特定纪念物品，因侵权行为而永久性灭失或者毁损，物品所有人以侵权为由，向人民法院起诉请求赔偿精神损害的，人民法院应当依法予以受理"的规定，已被民法典第一千一百八十三条第二款的规定吸收。故在原司法解释第四条废止的同时，此类情形仍需指引。至于此类诉讼请求能否得到支持，应依法进行实体判断。第三，民法典第一千一百八十三条规定的精神损害赔偿客体是自然人的人身权益，新司法解释第二条监护权受到侵害可以提起精神损害赔偿的规定，即体现了身份权亦为精神损害赔偿保护客体。除了监护权之外，如果自然人因其他身份权益遭受严重精神损害，是否可以依法主张精神损害赔偿？本规定没有具体列举其他身份权益，而是采取一种较为开放的态度，为今后司法实践留出探索空间。

（二）第三条

【修改内容】

本规定共有两处修改：一是将原司法解释列举的自然人死亡后其近

亲属可以提起精神损害赔偿的三种情形精简规定为“死者的姓名、肖像、名誉、荣誉、隐私、遗体、遗骨等受到侵害”；二是将符合上述情形而自然人的近亲属提起精神损害赔偿的，人民法院“应当依法予以受理”修改为“应当依法予以支持”。

【修改说明】

民法典第一千一百八十三条关于精神损害赔偿的规定，是实体判断规则。2015年实行立案登记制改革，对于符合民事诉讼法第一百一十九条①规定的案件，人民法院应当有案必立、有诉必理。在立案登记制的背景之下，结合民法典的相关规定，本规定作出相应修改。

【理解与适用】

本规定是对死者的人身权益延伸保护的规定。审判实践中，因死者的姓名、肖像、名誉、荣誉、隐私、遗体、遗骨等受到侮辱、贬损、丑化引起的纠纷不断出现。自然人死亡后，其姓名、肖像、名誉、荣誉等应当受到法律保护自无争议，但对法律和司法解释在这里保护的是谁的权利，是什么权利还存在不同的认识。一种观点认为，自然人死亡后的一段时间内，死者仍然可以作为人身权的主体享有权利。因此，法律保护的是民事主体人身权的延伸。另一种观点则认为，自然人的民事权利能力始于出生，终于死亡。之所以在死者姓名、肖像、名誉、荣誉受到侵害时，允许其近亲属向人民法院起诉，主要是为了保护死者近亲属的利益。

近代民事立法中一般均规定，自然人的民事权利始于出生，终于死亡。法律在保护自然人的人身权益的同时，对于其在诞生前或死亡后依法享有的利益，给予延伸保护。既然我国民法典第十三条已经明确规定，自然人从出生时起到死亡时止，具有民事权利能力，依法享有民事权利，承担民事义务。死者不具有民事权利能力，也就不享有民事权利。因此，将本规定中保护的内容解释为死者的民事权利，就缺少法律依据，故不能理解为本规定确定了对死者人身权的保护。同时，根据死

① 现为2023年修正的民事诉讼法第一百二十二条。——编者注

者近亲属享有诉权就认为本条解释的目的是保护死者近亲属的民事权利的观点则明显与本司法解释的原意相悖。姓名、肖像、名誉、荣誉均属于人格权的范畴，人格权是民事主体的一种专属权利，只能由每个民事主体单独享有，不得转让、抛弃、继承。人格权的这种专属性，决定了除自然人本人以外，任何他人均不可能通过转让、继承来取得他人的人格权，所以，自然人死亡以后，其姓名、肖像、名誉、荣誉受损的事实，不能视为其近亲属民事权利受损。法律和司法解释保护的，也不是死者近亲属的民事权利。现代民法理论认为，自然人生命终止以后，继续存在着某些与该自然人作为民事主体存续期间已经取得和享有的与其人身权相联系的利益，损害这些利益，将直接影响到曾经作为民事主体存在的该自然人的人格尊严。通常认为，民事主体享有民事权利能力时，其享有人身权益；当民事主体还未诞生以及消灭以后，作为权利主体已经不存在，但由于其围绕人身权益而存在的先期利益和延续利益客观地存在着。民法典第九百九十四条将死者的姓名、肖像、名誉、荣誉、隐私、遗体、遗骨作为一种合法利益给予法律保护，体现了法律对民事主体权益保护的完整性，也有利于引导人们重视个人生前和身后的声誉，符合社会主义核心价值观。

理解本条规定还应该注意，既然司法解释的本意是对自然人生前享有的人身权而产生的利益给予延伸保护，死者的近亲属享有的是什么权利？应该说死者近亲属享有的是一种请求权是为了保护死者人身权利益必备的一种请求权。之所以规定由死者近亲属行使这种请求权，是考虑到由于近亲属与死者具有在共同生活中形成的感情、亲情或特定的身份关系，最关心死者人身权利益的延伸保护问题；另外，以往最高人民法院的司法解释已经对近亲属的内涵作了明确的规定，又因为近亲属的存活年限有一般的规律存在，可以作为对死者人身权利益的保护期限。明确这一点，对于审判实践最直接的意义是，当死者的人身权利益受损的事实发生后，无论其亲属有多少人同时提起诉讼，都不影响人民法院判令侵权人支付精神损害抚慰金的数额；一个损害事实只能引起一次诉讼，死者的其他近亲属就同一侵权事实提起的请求精神损害赔偿的诉讼，人民法院不能因为提起诉讼的主体不同而全部予以支持。

（三）第四条

【修改内容】

本规定共有三处修改：一是将“其他组织”修改为“非法人组织”；二是将法人或者非法人组织的“人格权利”修改为“名誉权、荣誉权、名称权”；三是将此类主体起诉请求精神损害赔偿时，人民法院“不予受理”修改为“不予支持”。

【修改说明】

民法典总则编将民事主体分为三类：自然人、法人以及非法人组织，原司法解释规定中关于“其他组织”的表述与民法典规定不符。同时，根据民法典第一百一十条第二款的规定，法人享有的人格权仅为名称权、名誉权、荣誉权，原规定中关于“人格权利”的表述过于宽泛。此外，民法典第一千一百八十三条规定的有权主张精神损害赔偿的主体为自然人而排除了法人以及非法人组织，此为实体判断规则。据此，为与民法典相关规定精神保持一致，本规定作出修改。

【理解与适用】

本条是对自然人以外的其他民事主体能否主张精神损害赔偿的规定。

关于自然人以外的其他民事主体人格权受到侵害是否可以主张精神损害赔偿，学术界大致存在两种观点：一种为所谓的“精神痛苦说”。这种观点认为，精神损害在本质上是一种非财产损害，它是指自然人因侵害人格权的行为而导致的生理、心理、精神、感情上的创伤和痛苦。这种创伤和痛苦只有自然人才存在，并以悲伤、忧虑、绝望等形式表现出来。精神痛苦是精神损害赔偿的基础和前提。而法人和非法人组织作为社会组织，在名称权、名誉权、荣誉权等人格权利受到侵害时，不存在精神、心理等方面的痛苦，不存在精神损害的问题，自然没有精神损害赔偿适用的余地。在法人或者非法人组织的人格权受到侵害的情况下，损害赔偿应以财产损失为前提，即造成法人和非法人组织财产损失的，应当予以赔偿；未造成财产损失的，应采取其他民事责任形式如停止侵害、赔礼道歉、消除影响等方式来处理。故精神损害赔偿只能限定在自然人的范围。另一种观点认为，精神损害不仅指因侵权行为导致的受害人生理、心理、精神等方面的痛苦，也包括受害人因侵权行为而遭受的抽象精神利益的损害。依这种观点，精神损害可以分为三种情况：以侵害权利人生命权、健康权、身体权为主要内容的生理方面的损害；以造成受害人精神痛苦、焦虑、绝望等损害为主要内容的心理方面的损害和以侵害权利人姓名（名称）、肖像、名誉、婚姻家庭关系等为主要内容的精神利益的损害。精神利益不以权利主体的生物形态为存在的基础，凡是法律上的“人”，不论自然人还是法人均存在精神利益，都可能成为精神损害的受害者。因此，在侵权行为造成法人或者非法人组织的精神利益受损时，也应当承担精神损害赔偿责任。这种观点还认为，导致精神损害的行为也不限于侵害人身权益的行为，侵害他人财产权的行为，甚至违约行为，均可能导致他人的精神损害，并引起精神损害赔偿的发生。而“精神痛苦说”混淆了精神利益与精神痛苦的关系，将精神痛苦作为精神损害的唯一客体，缩小了精神损害赔偿的适用范围，特别是将法人和非法人组织排除在精神损害赔偿之外，使法人和非法人组织的精神利益无法实现，不利于保护法人和非法人组织的合法权益。其他国家和地区的学说和立法上一般不采用精神损害赔偿的提法，而是使用“非财产损害赔偿”的概念。所谓非财产损害，有学者认为即指精神痛苦和生理痛苦，以此为前提，法人“仅其社会价值与自然人相同而已”，不存在精神痛苦，不应适用非财产损害赔偿；也有学者认为，“非财产损害赔偿”是无形损害，不仅仅指精神痛苦，所有的非财产损害均应包括在内，不能因为法人没有精神而否认其有非财产损害。各个国家和地区由于立法原则不同，立法和判例对于法人是否可以适用非财产损害赔偿问题采取不同的立场。我国的立法和实践主流观点不支持法人和非法人组织的精神损害赔偿，民法典采纳了这一观点，将侵权责任法中有权主张精神损害赔偿的主体“他人”修改为“自然人”，明确了只有自然人才可以作为有权主张精神损害赔偿的主体。因此，为与民法典规定精神保持一致，人民法院对于法人或者非法人组织以名称权、名誉权、荣誉权遭受侵害为由，请求赔偿精神损害的，不应予以支持。需要注意的人、法人或者非法人组织以名称权、名誉权、荣誉权之外的其他人格权益遭受侵害为由请求精神损害赔偿，人民法院应如何处理？由于民法典人格权编中，名称权、名誉权、荣誉权之外的其他人格权益是自然人专属的人格权，法人或者非法人组织并不享有，因此，法人或者非法人组织以名称权、名誉权、荣誉权之外的其他人格权益遭受侵害为由主张侵权损害赔偿的，由于其不具有诉的利益，不符合民事诉讼法第一百一十九条[①]的规定，人民法院对此类诉讼应不予受理，已经受理的，应当驳回起诉。

（四）第五条

【修改内容】

本规定共有四处修改：一是将原第一款第一项修改为“但是”；二是将第一款第二项“手段、场合、行为方式”修改为“目的、方式、场合”；三是将“受诉法院”修改为“受理诉讼”法院；四是删除原司法解释第二款。

【修改说明】

关于“但是”“受理诉讼法院”的表述是民法典的规范表述，本规定系根据民法典相关表述进行修改。关于第二项侵权行为的具体情节，系参照民法典第九百九十八条关于侵害人格权民事责任的参考因素的规定进行的修改。此外，关于删除残疾赔偿金、死亡赔偿金相关规定的原因是，民法典第一千一百七十九条将残疾赔偿金、死亡赔偿金作为财产

① 现为2023年修正的民事诉讼法第一百二十二条。——编者注

损失的具体项目予以明确，民法典第一千一百八十三条关于精神损害赔偿是独立于财产损失的赔偿类目，精神损害赔偿中不涉及适用残疾赔偿金、死亡赔偿金。

【理解与适用】

本规定是关于确定精神损害赔偿数额的规定。精神损害赔偿数额的确定标准是审判实践中经常遇到的问题。由于缺少法律和司法解释的依据，各地人民法院在审判实践中裁判出的数额悬殊。因此，有必要对精神损害赔偿金数额的确定标准加以规范。

不同国家对于精神损害赔偿金采取了不同的标准，固定赔偿、标准赔偿和限额赔偿的原则在大陆法系国家中采用得较为普遍。而英美法系多由法官自由裁量。考虑到涉及精神损害赔偿的案件类型多种多样，每一个案件的具体侵权状况和引起的后果各不相同，采取列举的方式并不能穷尽所有的侵权行为，且各侵权行为发生地的经济情况和当事人的收入水平也不尽一致，很难制定出一个统一的精神损害赔偿标准。因此，本规定仍采取的是由法官根据确定的因素进行裁量的办法，但这种裁量要遵循一定的原则，尽可能降低裁量的主观性和任意性。

赔偿损失是承担民事责任的一种重要方式，精神损害赔偿本质上与财产损害赔偿的责任构成要件并无不同。本规定之所以要求法官在确定精神损害赔偿数额时首先考虑侵权人的主观过错，是因为过错责任原则是侵权责任法的一般归责原则。精神损害赔偿作为一种民事责任，自然应遵循这一归责原则。因此，侵权人主观上具有过错，过错程度是否严重，是故意还是过失，应该成为法官在确定精神损害赔偿数额时所要考虑的重要因素。这是过错责任原则的基本要求。将这一原则应用到审判实践中，就是要在确定精神损害赔偿数额时做到：（1）侵权人没有过错的，只有在法律另有规定的情况下，才可以判决其承担精神损害赔偿责任；（2）在侵权后果大致相同的情况下，故意侵权致人损害的当事人较之过失侵权致人精神损害的当事人责任要重，支付的精神损害赔偿金的数额相对要多一些；（3）对于过失致人精神损害的当事人，重大过失和一般过失相比较，前者支付的精神赔偿数额要高一些。

侵权人的侵害目的、方式、场合等具体情节和侵权行为所造成的后果是法官在确定精神损害赔偿数额时需要结合起来考虑的问题。精神损害是一种无形损害，本质上不可用金钱计量，金钱也并不能像填补物质损害一样对受害人的精神损害起到填平损害的作用。要求侵权人承担精神损害的赔偿责任，主要是基于对侵犯他人人身权益的侵权行为的可归责性及道德上的可谴责性作出的主观评价。因此，精神损害赔偿兼具抚慰、惩罚和调整功能。精神损害的性质决定了损害后果是由多种因素综合造成的，单纯考虑某一种因素所得出的结果并不科学。例如，精神损害后果的严重与否，与受害人的主观状态，特别是其心理承受能力有密切的关系。同样的侵权行为，发生在不同的当事人身上，可引起不同的后果。因此，在确定精神损害赔偿数额的时候，不仅仅要看到侵权行为造成的直接后果，还要结合侵害人的侵害目的、方式、场合等具体侵权情节加以考虑。一般说来，审判实践中结合侵权行为所造成的后果和侵权人的目的、方式、场合考虑确定精神损害赔偿数额时应注意：(1) 从损害后果上看，侵权致人精神损害，造成受害人死亡、精神失常丧失劳动能力、生活自理能力的，较造成受害人一般精神痛苦的，侵权人的精神损害赔偿责任要重；(2) 从侵权行为的道德可谴责性看，在公众场合，公然侮辱、诽谤他人，采取恶劣手段侮辱妇女，造成重大影响的，较一般后果、影响不大的侵权行为，侵权人的精神损害赔偿责任要重。也就是说，从侵害目的、方式、场合看，侵权行为的道德可谴责性越大，侵权人所应承担的精神损害赔偿责任也就相应地应该加重。

对于因人身权益造成的损失到底是什么，是多少，实践中往往难以认定。这时就要考虑采用其他合理的赔偿标准。在财产损失赔偿中，如果被侵权人的财产损失难以确定的，一般情况下采取侵权人所获利益标准进行赔偿。采取这种标准的原因在于，在被侵权人损失难以计算的情况下，通常对方所获得的利益就是等同于所遭受的损失。这种做法在知识产权领域早有实践，在此背景下，民法典第一千一百八十二条在总结有关经验的基础上明确了以侵权人获利为标准的赔偿方式。本条规定参照民法典第一千一百八十二条的规定，将获利标准作为精神损害赔偿数额的考虑因素，是一种务实的选择。

是否应当将侵权人承担经济责任的能力作为确定精神损害赔偿数额的考虑因素，是争议较大的问题。持反对意见的人认为，将侵权人的经济承担能力作为确定精神损害赔偿数额的依据，造成的直接后果是，实施同样侵权行为的人，有钱的就多赔，无钱的就少赔；对于受害者来说，受到有钱的行为人侵害，就可以多获赔偿，受到没有钱的行为人的侵害，就要少得赔偿或得不到赔偿，这种做法直接违反法律面前人人平等的原则。其实，这种观点是片面的。民法的一项基本功能就是平衡当事人之间的经济利益。精神损害赔偿有着许多不同于财产损害赔偿的特点：一是精神损害是无形的，其本身无法以金钱数额的多少进行计量，因此，不能单纯以给付数量的多少体现判决是否公平；二是从精神损害抚慰金的功能上看，受害人是否从精神上得到满足，往往也不是由精神损害抚慰金的绝对数额决定的，只要能够给侵权人以惩罚，就能够起到安抚受害人的作用。如果受害人看到侵权人因为他的侵权行为而承担的责任对于其经济状况来说已经属于一种惩罚，常常能够感到一种安慰从而接受这样的裁决。相反，如果法院判决加害人支付的精神损害抚慰金远远超过其支付能力而使受害人得不到实际的赔偿，则无法起到安抚受害人的作用。精神损害赔偿的另一个功能是调整作用，目的是平衡双方当事人之间的经济利益，如果法官在作出裁决时不考虑侵权人的责任承担能力，使判决的结果在当事人之间造成新的重大的利益失衡，会使判决的执行变为不可能，从而使人民法院裁决的公平性、公正性受损。

处理侵权赔偿纠纷案一般要适用侵权行为地法，但侵权行为地又可以分为侵权行为发生地和侵权行为结果地。根据民事诉讼法的规定，受害人可以选择在侵权行为发生地或侵权行为结果地提起民事诉讼。又由于侵权人和受害人可能分属两个不同的国家或地区，所以，受诉法院常常在确定损害赔偿数额时，就参考哪一地的平均生活水平而发生分歧。

由于精神损害赔偿不同于财产损害赔偿，不需要针对受害人的实际经济损失的大小作出准确的裁决，本着诉讼经济的原则，为了免去法官在就精神损害赔偿数额作出裁决时考察受害人或侵权人住所地平均生活水平的麻烦，新司法解释明确规定法官在确定精神损害抚慰金的数额时可以只将受诉法院所在地的平均生活水平作为考虑因素。

四、关于废止条文的说明

（一）原司法解释第四条

根据民法典第一千一百八十三条第二款的规定，因故意或者重大过失侵害自然人具有人身意义的特定物造成严重精神损害的，被侵权人有权请求精神损害赔偿。该条从实体法角度支持了被侵权人的主张，原司法解释第四条规定为被侵权人提起此类诉讼，人民法院应予受理，是程序性规定，在民法典已经进行实体性规定的情况下，原规定已无意义，故予以废止。

（二）原司法解释第六条

《最高人民法院关于适用〈中华人民共和国民事诉讼法〉的解释》第二百四十七条规定："当事人就已经提起的事项在诉讼过程中或者裁判生效后再次起诉，同时符合下列条件的，构成重复起诉：（一）后诉与前诉的当事人相同；（二）后诉与前诉的诉讼标的相同；（三）后诉与前诉的诉讼请求相同，或者后诉的诉讼请求实质上否定前诉裁判结果。当事人重复起诉的，裁定不予受理；已经受理的，裁定驳回起诉，但法律、司法解释另有规定的除外。"根据上述规定，当事人在侵权诉讼中没有提出赔偿精神损害的诉讼请求，诉讼终结后又基于同一侵权事实另行起诉请求赔偿精神损害的，当事人另诉主张的精神损害赔偿与前诉并不相同，二者不构成重复起诉。在立案登记制的背景之下，原规定不予受理没有法律依据。特别是在一些侵害人身权益的案件中，被侵权人的精神损害在其提起诉讼之时并未凸显，时隔多年才产生或者发现精神损害，这种情况下，剥夺当事人提起精神损害赔偿的诉权，于理不公。据此，当事人就此种情形提起诉讼的，应由人民法院依法判断，不宜采取“一刀切”的规定，故在本司法解释修改过程中，废止原第六条的规定。但是，需要说明的是，从两便原则以及提高纠纷解决效率的角度考虑，应当鼓励当事人将纠纷一次性解决。

（三）原司法解释第七条

该条规定已被民法典第九百九十四条吸收，并且与新司法解释第三条重复，不必重复规定。

（四）原司法解释第八条

该条规定已被民法典第一千一百八十三条、第九百九十五条的规定吸收，不必重复规定。

（五）原司法解释第九条

民法典第一千一百七十九条中规定的残疾赔偿金或死亡赔偿金，属于独立于精神损害抚慰金的赔偿项目。原第九条规定与民法典第一千一百七十九条、第一千一百八十三条规定的精神不一致，应予以废止。

（六）原司法解释第十一条

该条规定已被民法典第一千一百七十三条的规定所吸收，不必重复规定。

最高人民法院

关于审理道路交通事故损害赔偿案件适用法律若干问题的解释

（2012年9月17日最高人民法院审判委员会第1556次会议通过
根据2020年12月23日最高人民法院审判委员会第1823次会议
通过的《最高人民法院关于修改〈最高人民法院关于在民事
审判工作中适用《中华人民共和国工会法》若干问题的
解释〉等二十七件民事类司法解释的决定》修正）

为正确审理道路交通事故损害赔偿案件，根据《中华人民共和国民法典》《中华人民共和国道路交通安全法》《中华人民共和国保险法》《中华人民共和国民事诉讼法》等法律的规定，结合审判实践，制定本解释。

一、关于主体责任的认定

第一条 机动车发生交通事故造成损害，机动车所有人或者管理人有下列情形之一，人民法院应当认定其对损害的发生有过错，并适用民法典第一千二百零九条的规定确定其相应的赔偿责任：

（一）知道或者应当知道机动车存在缺陷，且该缺陷是交通事故发生原因之一的；

（二）知道或者应当知道驾驶人无驾驶资格或者未取得相应驾驶资格的；

（三）知道或者应当知道驾驶人因饮酒、服用国家管制的精神药品或者麻醉药品，或者患有妨碍安全驾驶机动车的疾病等依法不能驾驶机动车的；

（四）其他应当认定机动车所有人或者管理人有过错的。

第二条 被多次转让但是未办理登记的机动车发生交通事故造成损害，属于该机动车一方责任，当事人请求由最后一次转让并交付的受让人承担赔偿责任的，人民法院应予支持。

第三条 套牌机动车发生交通事故造成损害，属于该机动车一方责任，当事人请求由套牌机动车的所有人或者管理人承担赔偿责任的，人民法院应予支持；被套牌机动车所有人或者管理人同意套牌的，应当与套牌机动车的所有人或者管理人承担连带责任。

第四条 拼装车、已达到报废标准的机动车或者依法禁止行驶的其他机动车被多次转让，并发生交通事故造成损害，当事人请求由所有的转让人和受让人承担连带责任的，人民法院应予支持。

第五条 接受机动车驾驶培训的人员，在培训活动中驾驶机动车发生交通事故造成损害，属于该机动车一方责任，当事人请求驾驶培训单位承担赔偿责任的，人民法院应予支持。

第六条 机动车试乘过程中发生交通事故造成试乘人损害，当事人请求提供试乘服务者承担赔偿责任的，人民法院应予支持。试乘人有过错的，应当减轻提供试乘服务者的赔偿责任。

第七条 因道路管理维护缺陷导致机动车发生交通事故造成损害，当事人请求道路管理者承担相应赔偿责任的，人民法院应予支持。但道路管理者能够证明已经依照法律、法规、规章的规定，或者按照国家标准、行业标准、地方标准的要求尽到安全防护、警示等管理维护义务的除外。

依法不得进入高速公路的车辆、行人，进入高速公路发生交通事故造成自身损害，当事人请求高速公路管理者承担赔偿责任的，适用民法典第一千二百四十三条的规定。

第八条 未按照法律、法规、规章或者国家标准、行业标准、地方标准的强制性规定设计、施工，致使道路存在缺陷并造成交通事故，当事人请求建设单位与施工单位承担相应赔偿责任的，人民法院应予支持。

第九条 机动车存在产品缺陷导致交通事故造成损害，当事人请求生产者或者销售者依照民法典第七编第四章的规定承担赔偿责任的，人民法院应予支持。

第十条 多辆机动车发生交通事故造成第三人损害，当事人请求多个侵权人承担赔偿责任的，人民法院应当区分不同情况，依照民法典第一千一百七十条、第一千一百七十一条、第一千一百七十二条的规定，确定侵权人承担连带责任或者按份责任。

二、关于赔偿范围的认定

第十一条 道路交通安全法第七十六条规定的“人身伤亡”，是指机动车发生交通事故侵害被侵权人的生命权、身体权、健康权等人身权益所造成的损害，包括民法典第一千一百七十九条和第一千一百八十三条规定的各项损害。

道路交通安全法第七十六条规定的“财产损失”，是指因机动车发生交通事故侵害被侵权人的财产权益所造成的损失。

第十二条 因道路交通事故造成下列财产损失，当事人请求侵权人赔偿的，人民法院应予支持：

（一）维修被损坏车辆所支出的费用、车辆所载物品的损失、车辆施救费用；

（二）因车辆灭失或者无法修复，为购买交通事故发生时与被损坏车辆价值相当的车辆重置费用；

（三）依法从事货物运输、旅客运输等经营性活动的车辆，因无法从事相应经营活动所产生的合理停运损失；

（四）非经营性车辆因无法继续使用，所产生的通常替代性交通工具的合理费用。

三、关于责任承担的认定

第十三条 同时投保机动车第三者责任强制保险（以下简称交强险）和第三者责任商业保险（以下简称商业三者险）的机动车发生交通事故造成损害，当事人同时起诉侵权人和保险公司的，人民法院应当依照民法典第一千二百一十三条的规定，确定赔偿责任。

被侵权人或者其近亲属请求承保交强险的保险公司优先赔偿精神损害的，人民法院应予支持。

第十四条 投保人允许的驾驶人驾驶机动车致使投保人遭受损害，当事人请求承保交强险的保险公司在责任限额范围内予以赔偿的，人民法院应予支持，但投保人为本车上人员的除外。

第十五条 有下列情形之一导致第三人人身损害，当事人请求保险公司在交强险责任限额范围内予以赔偿，人民法院应予支持：

（一）驾驶人未取得驾驶资格或者未取得相应驾驶资格的；

（二）醉酒、服用国家管制的精神药品或者麻醉药品后驾驶机动车发生交通事故的；

（三）驾驶人故意制造交通事故的。

保险公司在赔偿范围内向侵权人主张追偿权的，人民法院应予支持。追偿权的诉讼时效期间自保险公司实际赔偿之日起计算。

第十六条 未依法投保交强险的机动车发生交通事故造成损害，当事人请求投保义务人在交强险责任限额范围内予以赔偿的，人民法院应予支持。

投保义务人和侵权人不是同一人，当事人请求投保义务人和侵权人在交强险责任限额范围内承担相应责任的，人民法院应予支持。

第十七条 具有从事交强险业务资格的保险公司违法拒绝承保、拖延承保或者违法解除交强险合同，投保义务人在向第三人承担赔偿责任后，请求该保险公司在交强险责任限额范围内承担相应赔偿责任的，人民法院应予支持。

第十八条 多辆机动车发生交通事故造成第三人损害，损失超出各机动车交强险责任限额之和的，由各保险公司在各自责任限额范围内承担赔偿责任；损失未超出各机动车交强险责任限额之和，当事人请求由各保险公司按照其责任限额与责任限额之和的比例承担赔偿责任的，人民法院应予支持。

依法分别投保交强险的牵引车和挂车连接使用时发生交通事故造成第三人损害，当事人请求由各保险公司在各自的责任限额范围内平均赔偿的，人民法院应予支持。

多辆机动车发生交通事故造成第三人损害，其中部分机动车未投保交强险，当事人请求先由已承保交强险的保险公司在责任限额范围内予以赔偿的，人民法院应予支持。保险公司就超出其应承担的部分向未投保交强险的投保义务人或者侵权人行使追偿权的，人民法院应予支持。

第十九条 同一交通事故的多个被侵权人同时起诉的，人民法院应当按照各被侵权人的损失比例确定交强险的赔偿数额。

第二十条 机动车所有权在交强险合同有效期内发生变动，保险公司在交通事故发生后，以该机动车未办理交强险合同变更手续为由主张免除赔偿责任的，人民法院不予支持。

机动车在交强险合同有效期内发生改装、使用性质改变等导致危险程度增加的情形，发生交通事故后，当事人请求保险公司在责任限额范围内予以赔偿的，人民法院应予支持。

前款情形下，保险公司另行起诉请求投保义务人按照重新核定后的保险费标准补足当期保险费的，人民法院应予支持。

第二十一条 当事人主张交强险人身伤亡保险金请求权转让或者设定担保的行为无效的，人民法院应予支持。

四、关于诉讼程序的规定

第二十二条 人民法院审理道路交通事故损害赔偿案件，应当将承保交强险的保险公司列为共同被告。但该保险公司已经在交强险责任限额范围内予以赔偿且当事人无异议的除外。

人民法院审理道路交通事故损害赔偿案件，当事人请求将承保商业三者险的保险公司列为共同被告的，人民法院应予准许。

第二十三条 被侵权人因道路交通事故死亡，无近亲属或者近亲属不明，未经法律授权的机关或者有关组织向人民法院起诉主张死亡赔偿金的，人民法院不予受理。

侵权人以已向未经法律授权的机关或者有关组织支付死亡赔偿金为理由，请求保险公司在交强险责任限额范围内予以赔偿的，人民法院不予支持。

被侵权人因道路交通事故死亡，无近亲属或者近亲属不明，支付被侵权人医疗费、丧葬费等合理费用的单位或者个人，请求保险公司在交强险责任限额范围内予以赔偿的，人民法院应予支持。

第二十四条 公安机关交通管理部门制作的交通事故认定书，人民法院应依法审查并确认其相应的证明力，但有相反证据推翻的除外。

五、关于适用范围的规定

第二十五条 机动车在道路以外的地方通行时引发的损害赔偿案件，可以参照适用本解释的规定。

第二十六条 本解释施行后尚未终审的案件，适用本解释；本解释施行前已经终审，当事人申请再审或者按照审判监督程序决定再审的案件，不适用本解释。

最高人民法院

关于审理医疗损害责任纠纷案件适用法律若干问题的解释

（2017年3月27日最高人民法院审判委员会第1713次会议通过　根据2020年12月23日最高人民法院审判委员会第1823次会议通过的《最高人民法院关于修改〈最高人民法院关于在民事审判工作中适用《中华人民共和国工会法》若干问题的解释〉等二十七件民事类司法解释的决定》修正）

为正确审理医疗损害责任纠纷案件，依法维护当事人的合法权益，推动构建和谐医患关系，促进卫生健康事业发展，根据《中华人民共和国民法典》《中华人民共和国民事诉讼法》等法律规定，结合审判实践，制定本解释。

第一条　患者以在诊疗活动中受到人身或者财产损害为由请求医疗机构，医疗产品的生产者、销售者、药品上市许可持有人或者血液提供机构承担侵权责任的案件，适用本解释。

患者以在美容医疗机构或者开设医疗美容科室的医疗机构实施的医疗美容活动中受到人身或者财产损害为由提起的侵权纠纷案件，适用本解释。

当事人提起的医疗服务合同纠纷案件，不适用本解释。

第二条　患者因同一伤病在多个医疗机构接受诊疗受到损害，起诉部分或者全部就诊的医疗机构的，应予受理。

患者起诉部分就诊的医疗机构后，当事人依法申请追加其他就诊的医疗机构为共同被告或者第三人的，应予准许。必要时，人民法院可以依法追加相关当事人参加诉讼。

第三条 患者因缺陷医疗产品受到损害，起诉部分或者全部医疗产品的生产者、销售者、药品上市许可持有人和医疗机构的，应予受理。

患者仅起诉医疗产品的生产者、销售者、药品上市许可持有人、医疗机构中部分主体，当事人依法申请追加其他主体为共同被告或者第三人的，应予准许。必要时，人民法院可以依法追加相关当事人参加诉讼。

患者因输入不合格的血液受到损害提起侵权诉讼的，参照适用前两款规定。

第四条 患者依据民法典第一千二百一十八条规定主张医疗机构承担赔偿责任的，应当提交到该医疗机构就诊、受到损害的证据。

患者无法提交医疗机构或者其医务人员有过错、诊疗行为与损害之间具有因果关系的证据，依法提出医疗损害鉴定申请的，人民法院应予准许。

医疗机构主张不承担责任的，应当就民法典第一千二百二十四条第一款规定情形等抗辩事由承担举证证明责任。

第五条 患者依据民法典第一千二百一十九条规定主张医疗机构承担赔偿责任的，应当按照前条第一款规定提交证据。

实施手术、特殊检查、特殊治疗的，医疗机构应当承担说明义务并取得患者或者患者近亲属明确同意，但属于民法典第一千二百二十条规定情形的除外。医疗机构提交患者或者患者近亲属明确同意证据的，人民法院可以认定医疗机构尽到说明义务，但患者有相反证据足以反驳的除外。

第六条 民法典第一千二百二十二条规定的病历资料包括医疗机构保管的门诊病历、住院志、体温单、医嘱单、检验报告、医学影像检查资料、特殊检查（治疗）同意书、手术同意书、手术及麻醉记录、病理资料、护理记录、出院记录以及国务院卫生行政主管部门规定的其他病历资料。

患者依法向人民法院申请医疗机构提交由其保管的与纠纷有关的病历资料等，医疗机构未在人民法院指定期限内提交的，人民法院可以依照民法典第一千二百二十二条第二项规定推定医疗机构有过错，但是因不可抗力等客观原因无法提交的除外。

第七条 患者依据民法典第一千二百二十三条规定请求赔偿的，应当提交使用医疗产品或者输入血液、受到损害的证据。

患者无法提交使用医疗产品或者输入血液与损害之间具有因果关系的证据，依法申请鉴定的，人民法院应予准许。

医疗机构，医疗产品的生产者、销售者、药品上市许可持有人或者血液提供机构主张不承担责任的，应当对医疗产品不存在缺陷或者血液合格等抗辩事由承担举证证明责任。

第八条 当事人依法申请对医疗损害责任纠纷中的专门性问题进行鉴定的，人民法院应予准许。

当事人未申请鉴定，人民法院对前款规定的专门性问题认为需要鉴定的，应当依职权委托鉴定。

第九条 当事人申请医疗损害鉴定的，由双方当事人协商确定鉴定人。

当事人就鉴定人无法达成一致意见，人民法院提出确定鉴定人的方法，当事人同意的，按照该方法确定；当事人不同意的，由人民法院指定。

鉴定人应当从具备相应鉴定能力、符合鉴定要求的专家中确定。

第十条 委托医疗损害鉴定的，当事人应当按照要求提交真实、完整、充分的鉴定材料。提交的鉴定材料不符合要求的，人民法院应当通知当事人更换或者补充相应材料。

在委托鉴定前，人民法院应当组织当事人对鉴定材料进行质证。

第十一条 委托鉴定书，应当有明确的鉴定事项和鉴定要求。鉴定人应当按照委托鉴定的事项和要求进行鉴定。

下列专门性问题可以作为申请医疗损害鉴定的事项：

（一）实施诊疗行为有无过错；

（二）诊疗行为与损害后果之间是否存在因果关系以及原因力大小；

（三）医疗机构是否尽到了说明义务、取得患者或者患者近亲属明确同意的义务；

（四）医疗产品是否有缺陷、该缺陷与损害后果之间是否存在因果关系以及原因力的大小；

（五）患者损伤残疾程度；

（六）患者的护理期、休息期、营养期；

（七）其他专门性问题。

鉴定要求包括鉴定人的资质、鉴定人的组成、鉴定程序、鉴定意见、鉴定期限等。

第十二条 鉴定意见可以按照导致患者损害的全部原因、主要原因、同等原因、次要原因、轻微原因或者与患者损害无因果关系，表述诊疗行为或者医疗产品等造成患者损害的原因力大小。

第十三条 鉴定意见应当经当事人质证。

当事人申请鉴定人出庭作证，经人民法院审查同意，或者人民法院认为鉴定人有必要出庭的，应当通知鉴定人出庭作证。双方当事人同意鉴定人通过书面说明、视听传输技术或者视听资料等方式作证的，可以准许。

鉴定人因健康原因、自然灾害等不可抗力或者其他正当理由不能按期出庭的，可以延期开庭；经人民法院许可，也可以通过书面说明、视听传输技术或者视听资料等方式作证。

无前款规定理由，鉴定人拒绝出庭作证，当事人对鉴定意见又不认可的，对该鉴定意见不予采信。

第十四条 当事人申请通知一至二名具有医学专门知识的人出庭，对鉴定意见或者案件的其他专门性事实问题提出意见，人民法院准许的，应当通知具有医学专门知识的人出庭。

前款规定的具有医学专门知识的人提出的意见，视为当事人的陈述，经质证可以作为认定案件事实的根据。

第十五条 当事人自行委托鉴定人作出的医疗损害鉴定意见，其他当事人认可的，可予采信。

当事人共同委托鉴定人作出的医疗损害鉴定意见，一方当事人不认可的，应当提出明确的异议内容和理由。经审查，有证据足以证明异议成立的，对鉴定意见不予采信；异议不成立的，应予采信。

第十六条 对医疗机构或者其医务人员的过错，应当依据法律、行政法规、规章以及其他有关诊疗规范进行认定，可以综合考虑患者病情的紧急程度、患者个体差异、当地的医疗水平、医疗机构与医务人员资质等因素。

第十七条 医务人员违反民法典第一千二百一十九条第一款规定义务，但未造成患者人身损害，患者请求医疗机构承担损害赔偿责任的，不予支持。

第十八条 因抢救生命垂危的患者等紧急情况且不能取得患者意见时，下列情形可以认定为民法典第一千二百二十条规定的不能取得患者近亲属意见：

（一）近亲属不明的；

（二）不能及时联系到近亲属的；

（三）近亲属拒绝发表意见的；

（四）近亲属达不成一致意见的；

（五）法律、法规规定的其他情形。

前款情形，医务人员经医疗机构负责人或者授权的负责人批准立即实施相应医疗措施，患者因此请求医疗机构承担赔偿责任的，不予支持；医疗机构及其医务人员怠于实施相应医疗措施造成损害，患者请求医疗机构承担赔偿责任的，应予支持。

第十九条 两个以上医疗机构的诊疗行为造成患者同一损害，患者请求医疗机构承担赔偿责任的，应当区分不同情况，依照民法典第一千一百六十八条、第一千一百七十一条或者第一千一百七十二条的规定，确定各医疗机构承担的赔偿责任。

第二十条 医疗机构邀请本单位以外的医务人员对患者进行诊疗，因受邀医务人员的过错造成患者损害的，由邀请医疗机构承担赔偿责任。

第二十一条 因医疗产品的缺陷或者输入不合格血液受到损害，患者请求医疗机构，缺陷医疗产品的生产者、销售者、药品上市许可持有人或者血液提供机构承担赔偿责任的，应予支持。

医疗机构承担赔偿责任后，向缺陷医疗产品的生产者、销售者、药品上市许可持有人或者血液提供机构追偿的，应予支持。

因医疗机构的过错使医疗产品存在缺陷或者血液不合格，医疗产品的生产者、销售者、药品上市许可持有人或者血液提供机构承担赔偿责任后，向医疗机构追偿的，应予支持。

第二十二条 缺陷医疗产品与医疗机构的过错诊疗行为共同造成患者同一损害，患者请求医疗机构与医疗产品的生产者、销售者、药品上市许可持有人承担连带责任的，应予支持。

医疗机构或者医疗产品的生产者、销售者、药品上市许可持有人承担赔偿责任后，向其他责任主体追偿的，应当根据诊疗行为与缺陷医疗产品造成患者损害的原因力大小确定相应的数额。

输入不合格血液与医疗机构的过错诊疗行为共同造成患者同一损害的，参照适用前两款规定。

第二十三条 医疗产品的生产者、销售者、药品上市许可持有人明知医疗产品存在缺陷仍然生产、销售，造成患者死亡或者健康严重损害，被侵权人请求生产者、销售者、药品上市许可持有人赔偿损失及二倍以下惩罚性赔偿的，人民法院应予支持。

第二十四条 被侵权人同时起诉两个以上医疗机构承担赔偿责任，

人民法院经审理，受诉法院所在地的医疗机构依法不承担赔偿责任，其他医疗机构承担赔偿责任的，残疾赔偿金、死亡赔偿金的计算，按下列情形分别处理：

（一）一个医疗机构承担责任的，按照该医疗机构所在地的赔偿标准执行；

（二）两个以上医疗机构均承担责任的，可以按照其中赔偿标准较高的医疗机构所在地标准执行。

第二十五条 患者死亡后，其近亲属请求医疗损害赔偿的，适用本解释；支付患者医疗费、丧葬费等合理费用的人请求赔偿该费用的，适用本解释。

本解释所称的“医疗产品”包括药品、消毒产品、医疗器械等。

第二十六条 本院以前发布的司法解释与本解释不一致的，以本解释为准。

本解释施行后尚未终审的案件，适用本解释；本解释施行前已经终审，当事人申请再审或者按照审判监督程序决定再审的案件，不适用本解释。

最高人民法院

关于依法妥善审理高空抛物、坠物案件的意见

2019 年 10 月 21 日　　　　法发〔2019〕25 号

近年来，高空抛物、坠物事件不断发生，严重危害公共安全，侵害人民群众合法权益，影响社会和谐稳定。为充分发挥司法审判的惩罚、

规范和预防功能，依法妥善审理高空抛物、坠物案件，切实维护人民群众“头顶上的安全”，保障人民安居乐业，维护社会公平正义，依据《中华人民共和国刑法》《中华人民共和国侵权责任法》等相关法律，提出如下意见。

一、加强源头治理，监督支持依法行政，有效预防和惩治高空抛物、坠物行为

1. 树立预防和惩治高空抛物、坠物行为的基本理念。人民法院要切实贯彻以人民为中心的发展理念，将预防和惩治高空抛物、坠物行为作为当前和今后一段时期的重要任务，充分发挥司法职能作用，保护人民群众生命财产安全。要积极推动预防和惩治高空抛物、坠物行为的综合治理、协同治理工作，及时排查整治安全隐患，确保人民群众“头顶上的安全”，不断增强人民群众的幸福感、安全感。要努力实现依法制裁、救济损害与维护公共安全、保障人民群众安居乐业的有机统一，促进社会和谐稳定。

2. 积极推动将高空抛物、坠物行为的预防与惩治纳入诉源治理机制建设。切实发挥人民法院在诉源治理中的参与、推动、规范和保障作用，加强与公安、基层组织等的联动，积极推动和助力有关部门完善防范高空抛物、坠物的工作举措，形成有效合力。注重发挥司法建议作用，对在审理高空抛物、坠物案件中发现行政机关、基层组织、物业服务企业等有关单位存在的工作疏漏、隐患风险等问题，及时提出司法建议，督促整改。

3. 充分发挥行政审判促进依法行政的职能作用。注重发挥行政审判对预防和惩治高空抛物、坠物行为的积极作用，切实保护受害人依法申请行政机关履行保护其人身权、财产权等合法权益法定职责的权利，监督行政机关依法行使行政职权、履行相应职责。受害人等行政相对方对行政机关在履职过程中违法行使职权或者不作为提起行政诉讼的，人民法院应当依法及时受理。

二、依法惩处构成犯罪的高空抛物、坠物行为，切实维护人民群众生命财产安全

4. 充分认识高空抛物、坠物行为的社会危害性。高空抛物、坠物行为损害人民群众人身、财产安全，极易造成人身伤亡和财产损失，引发社会矛盾纠纷。人民法院要高度重视高空抛物、坠物行为的现实危害，深刻认识运用刑罚手段惩治情节和后果严重的高空抛物、坠物行为的必要性和重要性，依法惩治此类犯罪行为，有效防范、坚决遏制此类行为发生。

5. 准确认定高空抛物犯罪。对于高空抛物行为，应当根据行为人的动机、抛物场所、抛掷物的情况以及造成的后果等因素，全面考量行为的社会危害程度，准确判断行为性质，正确适用罪名，准确裁量刑罚。

故意从高空抛弃物品，尚未造成严重后果，但足以危害公共安全的，依照刑法第一百一十四条规定的以危险方法危害公共安全罪定罪处罚；致人重伤、死亡或者使公私财产遭受重大损失的，依照刑法第一百一十五条第一款的规定处罚。为伤害、杀害特定人员实施上述行为的，依照故意伤害罪、故意杀人罪定罪处罚。

6. 依法从重惩治高空抛物犯罪。具有下列情形之一的，应当从重处罚，一般不得适用缓刑：（1）多次实施的；（2）经劝阻仍继续实施的；（3）受过刑事处罚或者行政处罚后又实施的；（4）在人员密集场所实施的；（5）其他情节严重的情形。

7. 准确认定高空坠物犯罪。过失导致物品从高空坠落，致人死亡、重伤，符合刑法第二百三十三条、第二百三十五条规定的，依照过失致人死亡罪、过失致人重伤罪定罪处罚。在生产、作业中违反有关安全管理规定，从高空坠落物品，发生重大伤亡事故或者造成其他严重后果的，依照刑法第一百三十四条第一款的规定，以重大责任事故罪定罪处罚。

三、坚持司法为民、公正司法，依法妥善审理高空抛物、坠物民事案件

8. 加强高空抛物、坠物民事案件的审判工作。人民法院在处理高空抛物、坠物民事案件时，要充分认识此类案件中侵权行为给人民群众生命、健康、财产造成的严重损害，把维护人民群众合法权益放在首位。针对此类案件直接侵权人查找难、影响面广、处理难度大等特点，要创新审判方式，坚持多措并举，依法严惩高空抛物行为人，充分保护受害人。

9. 做好诉讼服务与立案释明工作。人民法院对高空抛物、坠物案件，要坚持有案必立、有诉必理，为受害人线上线下立案提供方便。在受理从建筑物中抛掷物品、坠落物品造成他人损害的纠纷案件时，要向当事人释明尽量提供具体明确的侵权人，尽量限缩"可能加害的建筑物使用人"范围，减轻当事人诉累。对侵权人不明又不能依法追加其他责任人的，引导当事人通过多元化纠纷解决机制化解矛盾、补偿损失。

10. 综合运用民事诉讼证据规则。人民法院在适用侵权责任法第八十七条裁判案件时，对能够证明自己不是侵权人的"可能加害的建筑物使用人"，依法予以免责。要加大依职权调查取证力度，积极主动向物业服务企业、周边群众、技术专家等询问查证，加强与公安部门、基层组织等沟通协调，充分运用日常生活经验法则，最大限度查找确定直接侵权人并依法判决其承担侵权责任。

11. 区分坠落物、抛掷物的不同法律适用规则。建筑物及其搁置物、悬挂物发生脱落、坠落造成他人损害的，所有人、管理人或者使用人不能证明自己没有过错的，人民法院应当适用侵权责任法第八十五条的规定，依法判决其承担侵权责任；有其他责任人的，所有人、管理人或者使用人赔偿后向其他责任人主张追偿权的，人民法院应予支持。从建筑物中抛掷物品造成他人损害的，应当尽量查明直接侵权人，并依法

判决其承担侵权责任。

12. 依法确定物业服务企业的责任。物业服务企业不履行或者不完全履行物业服务合同约定或者法律法规规定、相关行业规范确定的维修、养护、管理和维护义务，造成建筑物及其搁置物、悬挂物发生脱落、坠落致使他人损害的，人民法院依法判决其承担侵权责任。有其他责任人的，物业服务企业承担责任后，向其他责任人行使追偿权的，人民法院应予支持。物业服务企业隐匿、销毁、篡改或者拒不向人民法院提供相应证据，导致案件事实难以认定的，应当承担相应的不利后果。

13. 完善相关的审判程序机制。人民法院在审理疑难复杂或社会影响较大的高空抛物、坠物民事案件时，要充分运用人民陪审员、合议庭、主审法官会议等机制，充分发挥院、庭长的监督职责。涉及侵权责任法第八十七条适用的，可以提交院审判委员会讨论决定。

四、注重多元化解，坚持多措并举，不断完善预防和调处高空抛物、坠物纠纷的工作机制

14. 充分发挥多元解纷机制的作用。人民法院应当将高空抛物、坠物民事案件的处理纳入到建设一站式多元解纷机制的整体工作中，加强诉前、诉中调解工作，有效化解矛盾纠纷，努力实现法律效果与社会效果相统一。要根据每一个高空抛物、坠物案件的具体特点，带着对受害人的真挚感情，为当事人解难题、办实事，尽力做好调解工作，力促案结事了人和。

15. 推动完善社会救助工作。要充分运用诉讼费缓减免和司法救助制度，依法及时对经济上确有困难的高空抛物、坠物案件受害人给予救济。通过案件裁判、规则指引积极引导当事人参加社会保险转移风险、分担损失。支持各级政府有关部门探索建立高空抛物事故社会救助基金或者进行试点工作，对受害人损害进行合理分担。

16. 积极完善工作举措。要通过多种形式特别是人民群众喜闻乐见的方式加强法治宣传，持续强化以案释法工作，充分发挥司法裁判规

范、指导、评价、引领社会价值的重要作用，大力弘扬社会主义核心价值观，形成良好社会风尚。要深入调研高空抛物、坠物案件的司法适用疑难问题，认真总结审判经验。对审理高空抛物、坠物案件中发现的新情况、新问题，及时层报最高人民法院。

解读《最高人民法院关于依法妥善审理高空抛物、坠物案件的意见》

姜启波　郭　锋　陈龙业*

最高人民法院发布的《最高人民法院关于依法妥善审理高空抛物、坠物案件的意见》（以下简称《意见》），针对近年来不断发生的高空抛物、坠物事件，回应人民群众呼声，明确要求各级人民法院切实贯彻以人民为中心的发展理念，把维护人民群众的合法权益放在首位，充分认识高空抛物、坠物行为的社会危害性，将预防和惩治相结合，加强源头治理，依法惩治犯罪，妥善审理民事纠纷，完善相关工作机制，全面保护人民群众的人身和财产安全，保障人民群众安居乐业，促进社会和谐稳定。

一、《意见》起草的背景和过程

党的十八大以来，以习近平同志为核心的党中央坚持以人民为中心，从党和国家事业发展全局、实现中华民族伟大复兴中国梦的战略高度，把保障人民安居乐业放在“五位一体”总体布局和“四个全面”

* 作者单位：最高人民法院研究室。

战略布局中统筹谋划部署，在体制机制、法律法规、监督管理等方面采取了一系列重大举措。党的十九大报告提出“提高保障和改善民生水平，加强和创新社会治理”，党的十九届四中全会强调“确保人民安居乐业、社会安定有序，建设更高水平的平安中国”。保障和改善民生要抓住人民最关心最直接最现实的利益、安全问题，要不断满足人民日益增长的美好生活需要，不断促进社会公平正义，形成有效的社会治理、良好的社会秩序，使人民获得感、幸福感、安全感更加充实、更有保障、更可持续。

近年来，全国各地陆续发生了一些高空抛物、坠物的情况，严重影响了人民群众生命财产安全。为贯彻落实习近平总书记和党中央决策部署，切实维护人民群众“头顶上的安全”，促进社会公平正义，最高人民法院高度重视，召开专题会议进行研究部署，成立专项工作小组，做好具体贯彻落实工作。其中，最重要的措施就是紧密结合人民法院职责，起草指导全国法院依法预防和惩治高空抛物、坠物行为的意见。最高人民法院研究室在深入学习有关政策文件、法律法规，认真梳理研究现有资料、典型案例的基础上，起草了《意见（稿）》，经征求意见和按程序审议通过，于2019年10月30日印发并施行。

二、《意见》起草遵循的基本原则

一是坚持问题导向。《意见》的起草紧紧围绕高空抛物、坠物给人民群众生命财产安全带来极大危害的一系列现实问题，比如针对抛物行为人查找难、打击弱，受害人救济不及时不充分，承担补偿责任的无辜居民范围过广等问题，提出了具体措施和要求。特别是，《意见》坚持把维护当事人合法权益放在首位，既要求人民法院充分发挥自身职能作用，切实有效保护人民群众生命财产安全，又明确提出人民法院要积极推动预防和惩治高空抛物、坠物行为的综合治理、协同治理、源头治理工作，坚持预防为先，切实有效排查整治安全隐患，尽可能防范此类行为发生，真正消除人民群众“头顶上的威胁”，不断提高和改善人民群众安全感、幸福感，不断推动国家治理体系和治理能力现代化。

二是注重总结审判经验。在起草《意见》的过程中，高度重视对各级人民法院审判经验的总结，充分运用人民法院信息化成果，借助大数据分析，从三年多来的涉高空抛物、坠物的1000多件案件中筛选出较为典型的案例进行客观化、类型化分析研判，确保《意见》有关条文更加符合实际情况，更具可操作性。

三是坚持依法规范。《意见》的内容既涉及高空抛物、坠物入刑的问题，也涉及民事责任承担的内容。在《意见》起草过程中，严格依照刑法、侵权责任法的相关规定，对高空抛物、坠物定罪量刑、民事责任承担的内容予以具体细化。在符合法律规定精神的前提下，充分运用文义解释、体系解释等方法，使得有关责任承担的规定更加公平合理，更具可操作性。

三、《意见》的主要内容

《意见》分为4个部分，共16条，要求全国法院充分发挥职能作用，既要加强源头治理，监督支持依法行政，有效预防和惩治高空抛物、坠物行为，又要注重多元化解和诉源治理，不断完善调处和预防高空抛物、坠物纠纷的工作机制；既要依法惩处构成犯罪的高空抛物、坠物行为，切实维护人民群众生命财产安全，又要坚持司法为民、公正司法，依法妥善审理高空抛物、坠物民事案件，旨在打出预防和惩治的组合拳，切实维护人民群众“头顶上的安全”，不断提高和改善民生水平，不断满足人民日益增长的美好生活需要。概括起来，《意见》的主要内容包括以下几个方面。

（一）加强对高空抛物、坠物行为的综合治理和诉源治理

高空抛物、坠物事件的发生，有多方面的原因。从根本上规制和预防此类行为的发生，需要有关部门的积极配合，联动解决，特别是要在预防方面下更大气力，要在诉源治理上下更大气力。结合人民法院职

责，《最高人民法院关于建设一站式多元解纷机制一站式诉讼服务中心的意见》明确提出：主动融入党委和政府领导的诉源治理机制建设。切实发挥人民法院在诉源治理中的参与、推动、规范和保障作用，推动工作向纠纷源头防控延伸。主动做好与党委政府创建“无讼”乡村社区、一体化矛盾纠纷解决中心、行政争议调解中心工作对接，支持将诉源治理纳入地方平安建设考评体系。加强对非诉讼方式解决纠纷的支持、指导和规范。预防和惩治高空抛物、坠物行为需要多措并举、多部门联动，做好协同治理、诉源治理。

实际上，对于高空抛物的规制和预防，不少地方已经做了有益探索，比如早在2006年广东省深圳市安全生产监督管理局就出台了《关于对楼宇高空抛物危害公众安全行为依法加强监管的通知》。为加强高速铁路沿线安全管理，确保铁路运行安全和人身财产安全，贵州省贵阳市于2014年出台了《高速铁路沿线禁止高空抛物等行为管理办法》，针对向高速铁路线路及其安全保护区和邻近区域、列车等抛掷物品，以及随意倾倒、抛撒垃圾，或者因违反规定导致高速铁路线路安全保护区及邻近区域的建（构）筑物及其他设施上堆放、悬挂的物品坠落、脱落、飘落等影响高速铁路安全的行为作出了系统全面的管理规定。此外，重庆市有关部门在2016年出台了《关于印发重庆市深入开展“车窗抛物”专项治理行动实施方案的通知》，对于多部门合力规制和预防高空抛物行为也作出了明确规定。

在总结有关地方实践经验的基础上，《意见》以从根本上解决问题为导向，在第一部分明确提出，人民法院要坚决贯彻以人民为中心的发展理念，将预防和惩治高空抛物、坠物行为作为当前和今后一段时期的重要任务，充分发挥自身职能作用，切实有效保护人民群众生命财产安全。要积极推动预防和惩治高空抛物、坠物行为的综合治理、协同治理工作，及时排查整治安全隐患，切实维护人民群众“头顶上的安全”。同时，要积极推动将高空抛物、坠物案件的预防与惩治工作纳入诉源治理机制建设当中，充分发挥人民法院在诉源治理中的参与、推动、规范和保障作用。要加强与公安、基层组织等的联动，积极推动和助力有关部门完善防范高空抛物、坠物的工作举措，形成有效合力。在具体适用《意见》本部分内容时，可以参考上述地方的实践做法，以更有效地增强相关规制和预防措施的针对性和可操作性。

同时，规制和预防高空抛物行为，要注重发挥司法建议的作用。司法建议是法律赋予人民法院的重要职责，是人民法院工作的重要组成部分，也是充分发挥审判职能作用的重要方式。实践证明，做好司法建议工作，对于促进有关单位科学决策、完善管理、消除隐患、改进工作、规范行为，不断提高科学管理水平，预防和减少社会矛盾纠纷具有十分重要的作用。有鉴于此，《意见》明确要求，在审理高空抛物、坠物案件中发现行政机关、基层组织、物业服务企业等存在工作疏漏、隐患风险等问题，要及时提出司法建议。要充分发挥行政审判促进依法行政的职能作用，切实保护受害人依法申请行政机关履行保护其人身权、财产权等合法权益法定职责的权利，监督行政机关依法行使行政职权、履行相应职责。

（二）法律适用上要明确区分抛物和坠物的不同规则

高空抛物和坠物行为在主观恶性、社会危害性方面有很大不同，不可一概而论，但目前法律对此规定得并不十分清晰，有必要予以厘清。这一点在刑事制裁方面尤为突出。通常而言，高空抛物行为的社会危害性更为严重，行为人主观方面通常是故意；而高空坠物的行为人主观方面通常为过失，通常以造成相应结果作为入罪要件。因此，要区分两种情形，妥当选择适用罪名。比如，《意见》明确，对于故意从高空抛弃物品，尚未造成严重后果，但足以危害公共安全的，依照刑法第一百一十四条规定的以危险方法危害公共安全罪定罪处罚；为伤害、杀害特定人员实施上述行为的，依照故意伤害罪、故意杀人罪定罪处罚。但对于高空坠物行为，《意见》则明确，过失导致物品从高空坠落，致人死亡、重伤，符合刑法第二百三十三条、第二百三十五条规定的，依照过失致人死亡罪、过失致人重伤罪定罪处罚。

另一方面，在民事审判中，有必要准确适用侵权责任法第八十五条和第八十七条[①]，合理界定不同侵权行为的民事责任。侵权责任法第八十五条规定："建筑物、构筑物或者其他设施及其搁置物、悬挂物发生脱落、坠落造成他人损害，所有人、管理人或者使用人不能证明自己没有过错的，应当承担侵权责任。所有人、管理人或者使用人赔偿后，有其他责任人的，有权向其他责任人追偿。"我们认为，关于建筑物、构筑物或者其他设施及其搁置物、悬挂物发生脱落、坠落造成他人损害的责任承担，在侵权责任法第八十五条对于坠落物致人损害的责任承担有明确规定的情况下，从实体法上应直接适用这一规定，从而尽量限缩侵权责任法第八十七条规定的适用，缓解该条不当扩大责任承担主体的问题。同时，依据侵权责任法第八十五条的规定，如果在此类案件中存在其他责任人的，比如该建筑物存在设计缺陷或者建筑质量不合格等情况，则允许该建筑物的所有人、管理人或者使用人赔偿后依法行使追偿权。简言之，建筑物及其搁置物、悬挂物发生脱落、坠落造成他人损害，所有人、管理人或者使用人不能证明自己没有过错的，人民法院应当适用侵权责任法第八十五条的规定，依法判决其承担侵权责任；有其他责任人的，所有人、管理人或者使用人赔偿后向其他责任人主张追偿权的，人民法院应予支持。从建筑物中抛掷物品造成他人损害的，应当尽量查明直接侵权人，并依法判决其承担侵权责任。

侵权责任法第八十七条规定："从建筑物中抛掷物品或者从建筑物上坠落的物品造成他人损害，难以确定具体侵权人的，除能够证明自己不是侵权人的外，由可能加害的建筑物使用人给予补偿。"对于本条的适用，相较于侵权责任法第八十五条，必须作两方面的限定。

一方面，造成损害的物品必须是从建筑物而非构筑物或其他设施中抛掷或者坠落的物品。这是因为，建筑物如住宅楼、办公楼往往层数较

① 现为民法典第一千二百五十二条、第一千二百五十四条，下同。——编者注

多且存在多个所有人（如建筑物区分所有权）或使用人，难以确定具体的侵权人，而构筑物或者其他设施的权利人多为单个的民事主体。

另一方面，责任主体是可能加害的建筑物使用人而非建筑物的所有人。比如，在叶某英诉余某琴、余某安物件脱落、坠落损害责任纠纷案中，法院就严格区分了侵权责任法第八十五条和第八十七条的适用条件，综合全案证据推定造成受害人伤害的坠落物由被告家中坠落的可能性较大，判决二被告承担20%的补偿责任，更为公平地保护了相关当事人的权益。

（三）充分发挥刑罚的威慑、教育功能，有效预防和惩治高空抛物、坠物行为

高空抛物、坠物行为具有高度危险性，极易引发重大事故，造成人身伤亡、财产损失。鉴此，《意见》明确要求人民法院要高度重视高空抛物、坠物行为的社会危害，用足用好刑法现有规定，恪守罪刑法定原则，准确认定行为性质，对于构成犯罪的要依法追究刑事责任，以充分发挥刑罚的威慑、教育功能，有效维护人民群众生命财产安全，预防、减少该类不法行为的发生。具体而言，需要注意以下几点：

其一，基本思路。对于高空抛物行为，应当根据行为人的动机、抛物场所、抛掷物的情况以及造成的后果等因素，全面考量行为的社会危害程度，准确判断行为性质，正确适用罪名，准确裁量刑罚。

其二，关于高空抛物行为的刑事责任认定。故意从高空抛弃物品，尚未造成严重后果，但足以危害公共安全的，依照刑法第一百一十四条规定的以危险方法危害公共安全罪定罪处罚；致人重伤、死亡或者使公私财产遭受重大损失的，依照刑法第一百一十五条第一款的规定处罚。为伤害、杀害特定人员实施上述行为的，依照故意伤害罪、故意杀人罪定罪处罚。

其三，依法从重惩治高空抛物犯罪的情形。具有下列情形之一的，应当从重处罚，一般不得适用缓刑：（1）多次实施的；（2）经劝阻仍

继续实施的；(3) 受过刑事处罚或者行政处罚后又实施的；(4) 在人员密集场所实施的；(5) 其他情节严重的情形。

其四，准确认定高空坠物犯罪。过失导致物品从高空坠落，致人死亡、重伤，符合刑法第二百三十三条、第二百三十五条规定的，依照过失致人死亡罪、过失致人重伤罪定罪处罚。在生产、作业中违反有关安全管理规定，从高空坠落物品，发生重大伤亡事故或者造成其他严重后果的，依照刑法第一百三十四条第一款的规定，以重大责任事故罪定罪处罚。

（四）准确适用法律，做好高空抛物、坠物民事案件的审判工作

《意见》明确要求，人民法院在处理高空抛物、坠物民事案件时，要充分认识此类案件中侵权行为给人民群众生命、健康、财产造成的严重损害，把维护人民群众合法权益放在首位。针对此类案件直接侵权人查找难、影响面广、处理难度大等特点，要创新审判方式，坚持多措并举，依法严惩高空抛物行为人，充分保护受害人。这既需要完善相应的工作机制，更需要准确适用现行法律规定；既要明确实体责任认定，又要科学运用民事诉讼程序规则。具体而言，应当注意以下两个问题。

1. 侵权责任法第八十七条的适用问题

从法律适用角度讲，这首先就涉及侵权责任法第八十七条规定的“由可能加害的建筑物使用人给予补偿”的基本考虑在于，在具体加害人无法确定的情况下，受害人相对于众多可能成为加害人的建筑物使用人而言，处于弱势地位。如果非要其明确具体加害人，其损害方能获得救济，对受害人而言无疑雪上加霜。因此，对无辜的受害人予以保护，由可能成为加害人的民事主体对损害进行合理分配，是一种特殊情形下相对合理的分摊风险的手段和方法，属于对弱者的特殊保护。这一规定的初衷是好的，但是实践中普遍存在此类案件直接侵权人难以查找，判决无侵权责任构成的居民范围过广又有失公平等问题。对此，我们调研后认为，对于本条的适用，有必要做好相应的利益平衡保护，既要依法保护受害人的合法权益，又要注重维护建筑物使用人特别是建筑物居民的合法权益，尽量查明直接侵权人，尽量限缩可能加害的建筑物使用人的范围，实现救济损害与保障安居乐业的有机统一，促进社会和谐稳定。

基于这样的思路，《意见》第9条明确要求人民法院对高空抛物、坠物案件，要坚持有案必立、有诉必理，为受害人线上线下立案提供方便，以充分保障当事人的诉权。对侵权人不明又不能依法追加其他责任人的，引导当事人通过多元化纠纷解决机制化解矛盾、补偿损失。同时，为最大限度查找确定直接侵权人并判决其承担责任，一方面，《意见》第9条提出，人民法院在受理从建筑物中抛掷物品、坠落物品造成他人损害的纠纷案件时，要向当事人释明尽量提供具体明确的侵权人，尽量限缩可能加害的建筑物使用人范围，引导和鼓励受害人一方积极查找直接侵权人；另一方面，《意见》第10条又强化了人民法院依职权调查取证的问题，要积极主动向物业服务企业、周边群众、技术专家等询问查证，加强与公安部门、基层组织等沟通协调，充分运用日常生活经验法则，最大限度查找确定直接侵权人，并依法判决其承担侵权责任。

此外，从工作程序的角度，对于疑难复杂或社会影响较大的高空抛物、坠物民事案件，特别是涉及侵权责任法第八十七条适用的，《意见》明确提出，人民法院可以根据案件的具体情况提交院审判委员会讨论决定，以最大限度发挥现有程序机制功能，确保高空抛物、坠物案件处理结果的法律效果与社会效果有机统一。

2. 依法强化物业服务企业的责任

在当今社会，高层建筑林立，楼宇遍及各地，物业服务企业在维护写字楼、住宅区、酒店式公寓等各类楼盘的正常秩序，在履职范围内保护广大人民群众人身财产安全方面具有不可替代的作用。同样，物业服务企业在预防和规制高空抛物、坠物行为方面也能够发挥重要作用，也属于其加强管理、做好修缮等职责范围内的重要事项。正因如此，《意见》第12条在总结当前审判经验的基础上，依据侵权责任法有关规定，明确了物业服务企业在未尽到法定或者约定义务的情况下，依法承担相应的侵权责任。本条规定依法赋予了物业服务企业一定的责任，其目的在于引导和规范物业服务企业更加注意采取相应的安全保障和防范、监控措施，从而更有利于发现直接侵权人，也更有利于预防高空抛物事件的发生。

依据本条规定，物业服务企业承担侵权责任的前提是其不履行或者不完全履行物业服务合同约定或者法律法规规定、相关行业规范确定的维修、养护、管理和维护义务，而此义务的违反与造成建筑物及其搁置物、悬挂物发生脱落、坠落并最终致使他人损害具有因果关系。从责任形态上讲，物业服务企业承担的通常是作为直接侵权人依照其过错大小承担的按份责任，归责原则上应当适用侵权责任法第八十五条规定的过错推定责任。

但也可能存在有其他直接侵权人的情形，物业服务企业违反了相应的作为义务，从解释论上讲，这时应有适用侵权责任法第三十七条①关于安全保障义务规定的空间，即由物业服务企业承担相应的补充责任，物业服务企业在承担责任后可以向直接侵权人依法主张追偿权。②当然，在有其他侵权人的情形下，依据侵权责任法第八十五条的规定，物业服务企业作为建筑物管理人（有时也可能是使用人）承担赔偿责任后，可以向其他责任人追偿。比如在姜某诉凤某物业服务有限公司、刘某琼等物件损害责任纠纷案中，因坠落致害物的冰柱系自然原因所致，法院依法排除了对此坠落物没有管理维护义务的相关业主的责任，同时根据坠落物形成的天气原因、物业费的交费数额、其履行管理责任的客观情况及其未设明显警示标志的过错程度，判定物业公司承担部分赔偿责任。

从证据法角度，依据《最高人民法院关于适用〈中华人民共和国民

---

① 参见民法典第一千一百九十八条的规定。

② 民法典第一千二百五十四条第二款明确规定了物业服务企业等建筑物管理人的责任。

事诉讼法〉的解释》第一百一十二条[①]规定："书证在对方当事人控制之下的，承担举证证明责任的当事人可以在举证期限届满前书面申请人民法院责令对方当事人提交。申请理由成立的，人民法院应当责令对方当事人提交，因提交书证所产生的费用，由申请人负担。对方当事人无正当理由拒不提交的，人民法院可以认定申请人所主张的书证内容为真实。"物业服务企业隐匿、销毁、篡改或者拒不向人民法院提供相应证据，导致案件事实难以认定的，应当承担相应的不利后果。在此需要注意的是，物业服务企业承担相应的不利后果，必须是其作为案件当事人，存在隐匿、销毁、篡改或者拒不向人民法院提供相应证据的情形。至于是否存在这一情形，应当贯彻"谁主张，谁举证"的一般规则。同时，还必须因为存在上述情形，导致案件事实不能认定。虽然存在上述情形，但是案件事实能够认定，则物业服务企业不必承担相应的不利后果。

此外，《意见》对强化多元解纷、加强社会救助、完善工作举措等也作了相应的规定。比如，关于社会救助的问题，为了加强对受害人的救济或者救助，《意见》明确要求，要充分运用诉讼费缓减免和司法救助制度，依法及时对经济上确有困难的高空抛物、坠物案件受害人给予救济。同时我们还倡导鼓励当事人积极参加社会保险来转移风险、分担损失。关于司法救助的具体内容，应当依据《最高人民法院关于加强和规范人民法院国家司法救助工作的意见》的相关规定处理。

各级人民法院要深入调研高空抛物、坠物案件的司法适用疑难问题，认真总结审判经验，切实抓好《意见》的贯彻落实工作，在维护人民群众"头顶上的安全"、保障人民安居乐业方面多出实招细招，为推进国家治理体系和治理能力现代化提供有力司法服务和保障。

（来源：《人民司法》2020年第16期）

---

① 现为2022年修正的《最高人民法院关于适用〈中华人民共和国民事诉讼法〉的解释》第一百一十二条。——编者注

最新法律文件解读丛书

稿　约

最新法律文件解读丛书是一套以为最新法律规范提供同步“解读”为主的系列丛书,分为刑事、民事、商事、行政与执行4个分册,按月出版。

本丛书以“解读”为重点,突出全、专、新、快、准等特点,通过对最新出台的法律、法规、司法解释、部门规章以及重要地方性法规进行同步动态解读,弥补了法律、法规、司法解释汇编类出版物没有同步阐释、解读内容的不足,为广大读者学习理解最新法律规范,正确贯彻执行法律文件,及时解决实践中的新情况、新问题,提供一个全方位、多层面的法律信息平台。

欢迎您向以下栏目赐稿:

【最新法律文件解读】主要是对最新颁行的法律文件进行解读,帮助司法和执法人员正确理解法律文件的立法背景、意义、重点内容、在适用中应注意的问题、与相关法律文件的衔接与互动关系等。

【司法实务问题研究】主要刊登对司法理论、实务及司法管理工作中的热点、疑难问题进行研究及评论的文章。

【新类型疑难案例选评】主要是对司法和行政执法实践中具有典型性和代表性的疑难案例,结合具体案情以及审理或处理结果进行简练精辟的点评,解析认识问题的方法、处理问题的法律依据和在个案中的具体适用。

【法学前沿与新视点】以摘要的形式刊登相关法学理论研究的最新动态及具有代表性和典型性的前沿问题,扩展法学研究的深度和广度。

【法律适用问题解答】主要针对司法和行政执法实践中面临的新问题、热点问题、疑难问题进行简要的解答,指出涉及的法律关系,明确法律适用依据。

稿件一经刊用即付稿酬,稿酬从优。

《刑事法律文件解读》　周　敏　邮箱:xingshijiedu@163.com

《民事法律文件解读》　杨　洁　邮箱:1216921515@qq.com

《商事法律文件解读》　路建华　邮箱:shangshijiedu@126.com

《行政与执行法律文件解读》　丁塞峨　邮箱:1290312696@qq.com

人民法院出版社

最新法律文件解读丛书编辑部